U1010257

安徽师范大学
传媒视界丛书

沈正赋◎著

对话新闻

新闻采写理论与实践

安徽师范大学出版社
·芜湖·

图书在版编目(CIP)数据

对话新闻:新闻采写理论与实践 / 沈正赋著. — 芜湖 : 安徽师范大学出版社, 2018.8
(安徽师范大学传媒视界丛书)
ISBN 978-7-5676-3051-2

Ⅰ.①对… Ⅱ.①沈… Ⅲ.①新闻 – 作品集 – 中国 – 当代 Ⅳ.①I253

中国版本图书馆CIP数据核字(2017)第167477号

本书由首批部校共建新闻学院专项经费资助出版

对话新闻:新闻采写理论与实践

DUIHUA XINWEN　XINWEN CAIXIE LILUN YU SHIJIAN

沈正赋　著

责任编辑:汪碧颖
装帧设计:丁奕奕
出版发行:安徽师范大学出版社
芜湖市九华南路189号安徽师范大学花津校区　邮政编码:241000
网　　址:http://www.ahnupress.com/
发 行 部:0553-3883578　5910327　5910310(传真) E-mail:asdcbsfxb@126.com
印　　刷:浙江新华数码印务有限公司
版　　次:2018年8月第1版
印　　次:2018年8月第1次印刷
规　　格:700 mm × 1000 mm　1/16
印　　张:16.5
字　　数:305千字
书　　号:ISBN 978-7-5676-3051-2
定　　价:60.00元

总　序

安徽师范大学新闻与传播学院成立于2010年5月，原名传媒学院，2015年1月改为现名。学院是学校应用性专业综合改革试验田，承载着创新办学模式和人才培养模式的使命。2013年，学院与中国人民大学、南京大学、武汉大学等高校新闻学院一起，入选中宣部、教育部10所部校共建新闻学院试点单位。根据部校共建新闻学院的协议精神，中共安徽省委宣传部和安徽师范大学围绕建设一流新闻学院、培养卓越新闻传播人才这一目标，共建管理体系、共商培养方案、共建核心课程、共建双师队伍、共建实验基地、共建研究平台，投入专项资金，推动新闻与传播学院加速发展成为特色鲜明、国内一流的现代化新闻与传播学院。

学院现有教职员工92人，其中专职教师（含实验系列）76人，高级职称36人，二级教授1人，博士（含在读）34人，博士生导师1人，硕士生导师31人，安徽省学术和技术带头人1人，享受国务院特殊津贴专家1人，皖江学者特聘教授1人。学院现有新闻学、广告学、网络与新媒体、文化产业管理、摄影、动画、播音与主持艺术I、播音与主持艺术II（空乘与礼仪）等8个本科专业。其中，新闻学、广告学、动画、摄影等4个专业为安徽省特色专业，播音与主持艺术专业为安徽省综合改革试点专业。学院拥有新闻传播学、戏剧与影视学2个一级学科硕士学位授权点，新闻与传播、广播电视2个专业学位硕士授权点。建有安徽省重点人文社科基地——“创意产业发展研究中心”和安徽省校企合作实践教育基地——“传媒与艺术综合实验中心”等。

自部校共建新闻学院工作开展以来，学院依托部校共建新闻学院的平台资源，发挥省属重点师范大学学科较为齐全的传统优势，确立“人文与科学并重、理论与实践结合”的目标定位，坚持以学科建设引领专业、学位点建设的发展之路。广大师生围绕马克思主义新闻观和中国特色社会主义新闻传播理论进行系统设计，开展专题研究，撰写了系列论著；打造课程群，组建专门教学团队，建设名师工作坊，编写了系列专业教材；进行创、采、写、摄、编、播、评、管一体化实践，取得了系列创作成果。学院在此基础上，策划了“安徽师范大学传媒视界丛书”，呈现学院在部校共建新闻学院工作中科研、教学、实践方面的成果。

出版“安徽师范大学传媒视界丛书”，旨在充分发挥部校共建新闻学院的平台优势，在新闻业务、中外新闻传播思想史、品牌传播、媒介文化、艺术传播等研究领域，促进高显示度的标志性成果产生，形成相对明确的学术格局，打造部校共建的安徽师范大学新闻与传播学院学术品牌。我们将以丛书出版为推动，强化团队建设，合理布局研究方向，突出研究的前沿性，将新闻传播学建设成省内一流、国内知名学科；不断提升团队科研能力，凝练研究方向，强化成果的学术水平，将戏剧与影视学建设成目标明晰、特色鲜明的学科；共同打造特色鲜明、优势明显的文化传播学研究团队。

根据学院规划，“安徽师范大学传媒视界丛书”分为学术成果、教材、艺术作品三个子系列。这其中既有学院特聘教授、学术骨干的精品，又有学术新锐、新传学子的力作；既有科研领域的最新探索，又有教学方面的长期思考；既有研究思考的宏观论述，又有实践育人的具体案例；既有隽永文字的深邃详述，又有优秀图片的精彩呈现……综合反映了学院师生在部校共建新闻学院建设中的理论与实务成果。

“安徽师范大学传媒视界丛书”是部校共建新闻学院“十个一工程”中重点项目之一。对此，安徽省委宣传部新闻处给予了充分肯定，并提出了指导性意见。学校领导以及相关职能部门一直关注新传学院的建设与发展，首批“传媒视界丛书”的出版正是他们的关心的成果之一。新传学院汇聚了新闻传播、品牌传播、艺术传播、文化传播等领域人才，展示出人文与艺术兼容、理论与实践并重的学科发展特色，呈现出“求真、至善、尚美、笃行”的学院文化风貌。学院成立了“安徽师范大学传媒视界丛书”编委会，负责进行丛书的评选等工作。第一届编委会成员由杨柏岭、胡靖、袁立庠、沈正赋、陈新平、马梅、赵昊、刘刚、秦宗财组成。同时，在策划“传媒视界丛书”的过程中，得到学院师生的大力支持，保证了丛书的质量。最后，特别要感谢安徽师范大学出版社领导对这套丛书出版的高度重视，感谢责任编辑为丛书出版所付出的辛勤劳动。我们将以“传媒视界丛书”为抓手,探索学院转型发展之路,以不辜负师生对学院发展的期待。

“安徽师范大学传媒视界丛书”编委会

二〇一七年七月

目　录

第一编　人物聚焦

第二编　事件透视

第三编　媒体互动

第四编 作品解读

第五编 理论诠释

第一编

人物聚焦

RENWU
JUJIAO

王　蒙:持久地保持着对春天的激情

2002年4月13日至14日,著名作家王蒙应邀到安徽师范大学参加中国李商隐研究会第六届年会暨国际学术研讨会。期间,他接受了记者的集体采访,并回答了学校师生提出的一系列问题,下面刊出的是对话的部分内容。

问:您这次来安徽师范大学和苏童、卫慧等一批中青年作家来此的意图有什么不同?

答:我是作为李商隐诗歌爱好者来和同道们交换意见的。另外,安徽师范大学的刘学锴教授还是原李商隐研究会会长,所以我有兴趣来认识一下,并来看一看刘老师所在的、有很长历史的安徽师范大学。

问:听说您不久前刚受聘中国海洋大学文学院院长,现在又应邀来安徽师范大学参加学术会议,您跟高校频繁接触,是不是意味着您对高校有着特殊的感情?

答:大概是高校对我的错爱吧,或者说是高校对我是青睐的,他们这样做的目的往往是让我出点主意、给点帮助,或者助助威呀,帮助联络一些文学界和学界人士。

问:作为一个作家,您同时还从事文学研究,而且出版了不少研究性专著,尤其是在《红楼梦》和李商隐研究方面成就非常突出,这样做是不是意味着您正在走一条作家兼学者的路子?

答:我不敢肯定我的那些关于古典文学的文章,我还有很多关于当代文学的评论和随笔，而且篇幅远远超过古典文学方面的东西，至于有没有学术价值、学术价值有多大，我不知道，但是我确实是一个爱好者。我是一个作家，我的大部分时间放在创作上，尤其是放在小说写作上，所以我感到我有自己的一种角度。至于我对古典文学的一些理解、一些心得，其实这是我很早就有的一个愿望，我年轻的时候就读过《红楼梦》，而且特别喜爱它，所以我就希望把自己读《红楼梦》时的一些感受、一些体会和别人交流。对李商隐的喜爱也是这样。当然，不仅是这些，我也写过一些小杂文，或者是跟《白蛇传》有关的，或者是跟外国文学有关的——我非常愿意和别人交换这方面的意见。至于我能不能算是一个学者，我觉得还不能。因为我不能很完整地、非常缜密地来做学问，实际上还差得很远，这是实话。

问：最近在小说创作方面有没有什么大的动作？

答：这几年我都集中精力在写我的"季节系列"。"季节系列"计划写四部——《恋爱的季节》《失态的季节》《踌躇的季节》和《狂欢的季节》，只是太长了，我还没有写完。我现在在写一部"后季节系列"，再写三部改换一下角度，改换一下写法。但是从总体的发展和年代上说，这是前四部的一个延伸，所以我现在在写"后季节系列"的第一部。

问：作为老一辈作家，您是为数不多的几个至今还保持着青春和创作活力的作家之一，而且据说去年您还获得诺贝尔文学奖提名？

答：第一，我谈不上永葆青春，而且感觉从精力上、从效率上、从灵感上都不如过去，但是也还没到彻底"收摊"那一步。至于诺贝尔文学奖嘛，我是这样想的：有一批旅居美国的华人作家和学者，他们成立了一个推举委员会，他们中的一些人可能推举了我，但这个到底是些什么性质，我不知道。因为据我所知，过去瑞典科学院也曾多次征求过中国作家协会的意见，希望中国作家协会向他们推荐中国作家，所以这是很普通的事情。如果安徽师范大学愿意推荐一个人的话，我想你们也有权利这样做。

问：有人说如今的作家是一代不如一代——有一些"新新人类"作家宣称用身体写作，请问您对这种身体写作有何看法？

答：这也许是我未能永葆青春的一个证明。你说的什么"身体作家""新新人类"作家，他们的作品我都不太熟悉。我对他们并没有偏见，但是我要读的东西实在是太多了，而我的时间和精力都达不到过去那个程度，所以我暂时不准备花很多时间去读你刚才所说的那些令人关注的作家作品。我想这也许是我老化的一些征兆吧。

问：小说中的爱情常常是不吃饭的，现实中的爱情常常是很艰难的。听说您在年轻的时候对自己的文字特别自信，您与您的爱人也是通过文字的形式从认识到相爱，最后走到一起的，能否给我们谈谈这方面的情况？

答：其实我们并不是从文字接触开始的，起先还是有所接触的，而且是20世纪50年代这样一个革命高潮时期，社会生活中的接触也很频繁，我们并不是单纯地通过信件交往，更不像现在的年轻人通过网络恋爱接触。但是文字也很重要。不管是恋人还是情人，你给她写一封信，至于叫不叫情书没关系，如果你写得好，我想对交流有很大的帮助。我只能说如果你的文字好，会有很大的帮助；如果你的文字非常糟糕，也可能有负面的作用。第一次给情人写信，如果句子不通，用字粗鄙，比喻不伦不类，我想不会起到很好的作用。

问：如果您评价一下您所写过的小说，不说下一部，那么哪一部最令您满意？

答：我只能说，我正在集中精力写一部长篇小说，特别是最近写的一个系列。一部长篇是不容易写的，也不是容易读的，因为你要花费的工夫特别大，它也许不像一部短篇小说那样很快为人们所接受，但从我自己的主观努力来说，我是把我一生的见闻、体验、回忆和思索放在我现在写的长篇小说之中。有人说他们现在特别喜欢看我写的论文，他的意思是小说你可以不写了，但我想写。我认为，论文就好比是快餐，就好比是早晨的一杯牛奶，它的含义非常清楚，接触了以后很快就知道你想说什么，你是喜欢还是不喜欢非常明确。读的时间其实也不长，读5 000字的论文半小时到40分钟，但是，读一部长篇小说则非常麻烦。虽然麻烦，但是一部长篇小说可以用几篇、几十篇甚至更多的论文来评价它，而一篇论文却无需用一部长篇小说来解释它。

问：您既是作家又是学者，我发现您的专著就像您的小说一样非常具有亲和力，读起来也不枯燥。请问您是如何用一个作家的眼光来研究学问的？换句话说，您是如何区分作家和学者这两个角色的？

答：因为我是写小说的，也就是说我是写书的，我在谈李商隐和《红楼梦》的时候，我首先是一个读书人。那么读书也好，写书也罢，我有一个最根本的东西，那就是靠人生，我读小说是在读人生。我常用的一个说法是，从小说里、从文学中来发现生活，小说从生活当中、从人生当中发现文学，所以对我来说，小说是个非常活的东西。《红楼梦》对我来说是个活的东西，不是死的东西。我认为，红楼梦里的那些人、那些人际关系，都是非常活的。至于《红楼梦》里面的各种故事，虽然与现在社会背景不相同，但那种关系、那种事件、那种爱情、那种对春天的激情，今天的人也还是会有的。《红楼梦》里面的冷子兴跟贾雨村之间的那种关系——冷子兴有点钱，贾雨村懂文墨——我觉得跟现在的企业家与文艺家联姻有差不多的意思。《红楼梦》里元妃省亲一幕，贾政作为父亲跪在他的女儿面前，在封建社会父亲是至高无上的，但是比起君王来说，父子关系、父女关系好比小道理必须服从大道理。我好像看到贾政在向元妃含着泪叩禀的那种情形，那种表达自己忠心的那种心情，对此我有些不理解。新中国成立后人们把贾政叫做“假正经”。贾政很无能，他不了解社会，也不了解国情和家情，但贾政是不是那么虚伪，我有点怀疑。李商隐也是一样，李商隐的一些诗，对我来说，它们不仅仅是些文字，而且是一种人生的体验。他的寂寞，他的软弱，他对美的追求，他的失望等，都是些活的东西。就这一点来说，你当作家也好，当研究者也好，或者就当一个文学爱好者也好，其实对它的理解都是相通的。就是学工科、学理科，也需要对世界有这样一种活生生的体验。如果没有对宇宙、对世界、对万物这样一个活生生的体验，我想什么都做不好。

问：您曾经当过文化部长，现在又继续当作家，那么您觉得是当官好还是当作家好？

答：我认为好不好不是对所有人都一样的。对于我个人来说，我只能说我更适合当作家，因为我觉得还是写作更能发挥我的长处，避开我的短处。那么对有些人来说，也许他担任领导工作可以更好地发挥他的特长，所以不存在当官好还是当作家好的问题。另外，你是当好官，还是当坏官，还是当赃官？要是赃官，因为贪污被处分？作家群里也是参差不齐的，作家中也有剽窃的，也有不好的，不能一概而论。

问：作为一个当代作家，您为什么对中国古代文学感兴趣并研究它？

答：我对古代文学的阅读和兴趣，早在我立志写小说之前就产生了。中国的学生或者说读书人大概都对古代文学感兴趣，连我的四五岁的小外孙，都会背很多唐诗。他经常突然给我念两句，然后问我：“谁写的？”我有好几次被他问得哑口无言，然后他就跟他妈说：“姥爷真傻！”所以我觉得不单做当代文学的对古代文学有兴趣，教数学的，教体育的，还是搞电脑的，都可以对古代文学感兴趣。如果你是学理工科的话，更应该对古代文学感兴趣，因为它可以拓展自己的精神空间。

问：您认为李商隐诗歌对中国新诗的意义何在？

答：我想研究这方面的文章有很多。中国的新诗追求一种弥漫的感情，是追求“无端”的（越现代越“无端”），包括语言的颠倒、排列、组合，等等。我们有“朦胧诗”一说，其实李商隐的诗可称得上是朦胧诗。

问：您对中国当代文人有什么看法？

答：我对中国当代文人状况没有什么看法，这个问题太“无端”了。但是我觉得中国现在的文人，很多人都在感受一个冲击，这个冲击就是市场的冲击。有些文人也叫苦连天，但一个真正有出息的文人是不会计较太多的，过多的叫苦反倒降了自己的格。现在还有一些夸大其词的说法，说中国“入世”啦，中国人失去了中国心啦，再过几十年中国人就不会说中文啦，等等。这些都是无稽之谈，都是不可能的事。一个严肃的文人应该专心做自己的事情，此外我无话可说。

问：中国哪位现当代诗人受过李商隐的影响？

答：我不觉得中国有哪位诗人专门受李商隐的影响。也许可能有人受过他的影响，因为有人做过关于戴望舒与李商隐关系的论文。

问：您在中国当代文学史上的地位是应该列专章介绍，还是应该跟张贤亮合在一起写？

答：这个不归我管，人家不提也没关系，对不对？

问：您认为意识流小说是“无端”的，还是“有端”的？

答：这也是无中生有、有中生无的。因为许多现象的出现是有前因和后果的，它不会完全没有由头的。但这个由头又不像一个简单的叙述，不像推理小说那样。推理小说就是把事物的因果关系弄得非常清楚，比如，你在这里看到一个手印，可这个手印不是凶手的，但为什么有这个手印，你必须说清楚。而“意识流”可以不说清楚，没有这个手印你也可以想象一个手印，这就是“意识流”。

王蒙：1934年出生于一个知识分子家庭，1948年入党并担任青年团干部。他的成名作《组织部新来的青年人》直指官僚作风，成为他被划为“右派”的一大罪证。1958年至1962年，王蒙被下放到北京郊区劳动，终止了创作。1963年被调到新疆维吾尔自治区文联工作。1979年王蒙的“右派”问题得到平反。复出后的王蒙在很短的时间内便奉献出了一批样式别致的小说。其中，短篇小说《最宝贵的》《悠悠寸草心》《春之声》和中篇小说《蝴蝶》《相见时难》，都在全国小说评比中获奖。王蒙的小说大多涉及政治，如《青春万岁》《悠悠寸草心》等。即便是后来借鉴西方现代派创作技巧创作的一批被称为“意识流”的小说，如《春之声》《夜的眼》《布礼》《蝴蝶》《海的梦》和《风筝飘带》，从创作的主题来看仍是属于意识形态范畴，只不过作者创作的姿态与以往相比显示出了矛盾性。《杂色》是这类小说中最有意味的一篇。“季节系列”小说是王蒙近年来着力创作的系列长篇小说，现已发表的两部为《恋爱的季节》和《失态的季节》。

（原载《新安晚报》2002年4月21日）

陈庭元：十八颗红手印点燃农村改革之火

今年（1998年）是我国改革开放20周年。20年前，我党召开了具有历史意义的十一届三中全会，明确提出把全党工作重心转移到经济建设上来的战略思想。20年来，在邓小平有中国特色的社会主义理论指引下，我国的社会主义建设事业蒸蒸日上，人民生活持续改善，国民经济实力大大增强。为纪念三中全会的召开，坚持改革开放方针，我们将刊登一批与此相关的文章，敬请读者垂注。

——《经济世界》编者

20年前，一场自下而上的中国农村经济改革，由安徽省凤阳县小岗村18位农民率先发动，并形成强大的社会冲击波逐渐辐射到全国。这一举动之所以能够一步步化险为夷，最终得到中央的肯定，离不开时任凤阳县委书记陈庭元的大胆支持。事后有人说，如果没有陈庭元的多方奔走呼号，这场改革当时就很难出现，陈庭元在其中功不可没。因此，谈到中国农村经济改革，不能不谈小岗村，不能不谈陈庭元。

20年后，为了更冷静、更客观地了解和分析这一历史事件的来龙去脉及其给我们留下的启示，记者日前在合肥采访了这位曾站在改革前列、和“大包干”这个名称紧紧地联系在一起的风云人物——陈庭元。当记者提起1978年那段往事时，年过古稀的陈庭元显示出一脸的激动和万分的感慨，饱含深情地把我们带进那个令人难忘又令人心酸的年代。

一、“那是块穷得简直要冒烟的地方”

“说凤阳，道凤阳，凤阳本是个好地方。自从出了朱皇帝，十年倒有九年荒。大户人家卖骡马，小户人家卖儿郎。奴家没有儿郎卖，身背花鼓走四方。”陈庭元一开口就给我们朗诵了这首悲凉而闻名中外的《凤阳花鼓》。他说：“提起凤阳，没有人不知道花鼓戏的，可这首令人揪心的民间戏曲却被当成讨饭歌传唱了600年，从而又使凤阳声名远播。”

坐在记者对面沙发上的陈庭元点了一支烟，不无痛心地告诉我们：1956年以后，尤其是“大跃进”和“文化大革命”时期，凤阳的农业生产受到了严重的破坏。到了1978年，也就是陈庭元作为县委书记到任的那一年，全县人均生产粮食仅为635斤，比1955年减少了180斤；农村集体固定资产总值只有1 879万元，还不够还国家的贷款。不少大队没有办公之处，有的生产队既无公共积累，也无集体储备，连仓库都没有，甚至落到了无钱买煤油照明的窘境。农村集体经济实际上成了个“空壳”。集体经济的极度匮乏，造成了多年来不少社队的种子要靠国家调，肥料靠向国家要，牲畜要靠国家买，生产投资要靠国家贷，生活要靠救济款，口粮要靠吃返销。23年全县共上缴国家9.6亿斤粮食，国家共返销13.4亿斤，110多万亩土地等于没产粮！国家拨发救济粮食4.1亿斤，救济款2 838万元。救济钱粮数字如此巨大，依然解决不了农民的温饱问题。于是，他们不得不重新顺着先人们所走过的道路，背起祖辈曾用过的花鼓，捡起那一度丢弃的讨饭棍，乞食卖艺，漂泊他乡。“生产贷款年年给，救济粮款年年发，人口外流年年有。”凤阳成了全国闻名的“吃粮靠返销、花钱靠救济、生产靠贷款”的“三靠”县。

“1977年12月10日，那是一个很冷的冬天，我作为凤阳县的第14任县委书记，走马上任到凤阳，此时的所见所闻所感是那样的刻骨铭心，我一辈子也忘不了。”陈庭元说，当年农历腊月二十七，他陪同省委负责农业的书记王光宇来到梨园公社前王生产队。他们惊奇地发现，全队10户人家，有4户人家是篱笆门，3户人家没有饭桌、板凳和吃水缸。全村68人，很多人没有棉裤。社员杨学勤，全家7口人，挤在一间露天的茅屋里，一口小锅支在门后头，刚坐过月子的老婆，一冬都未穿上棉裤。队长史成德是复员军人，全家10口人，老少三辈住两间破草房，只有一张三条腿的凉床，常年睡地铺，10口人合用两条破棉花套，7个小孩只有3只破碗，筷子就用秫秸秆代替。不少家庭一家人一年四季的衣服就在那一根绳子上挂着。“泥巴墙，泥巴床，泥巴囤里没有粮”，便是当地农民生活的真实情境。“如果不是亲眼目睹，我也很难相信，解放已快三十年了，还会有如此贫穷的村庄和如此困苦的社员！”陈庭元说，“那是块穷得简直要冒烟的地方。”

二、惊心动魄的小岗之夜

小岗地处皖东淮水南岸，在行政区划上属凤阳县，距首都北京两千多里，距安徽省省城合肥也有数百里，过去不被人知晓并不奇怪。然而，奇怪的是，这个村18户人家用自己的生死为赌注，对未来作出抉择的一个夜晚，却不知不觉地改写了中国农村的历史，为成立近二十年的人民公社画上了一个句号，给中国农村经济改革打响了一个“冲天炮”。这里发生的一切似乎完全出乎陈庭元的预料，然而事实毕竟发生了——

1978年12月的一天，北方的冷风和乌云席卷南下，笼罩了江淮腹地不为人知的小岗村，傍晚时分，全村20户社员（除2个单身汉在外流浪外）聚集在村民严立华家破旧的茅草屋里忧心忡忡地沉思着、讨论着——

这个只有20户人家的生产队，在全县推行包干到组时划分为两个组，麦子刚种齐，两个组都闹起来，于是划分为四个包干组。干了不多天，组里又产生了新的矛盾，每个组又“发叉”分为八个，每组只有2~3户，差不多都是一个门儿的，有的是父子组，有的是兄弟组。按照当地老百姓编的歇后语来说，这叫“被窝里划拳——未掺外手”。可是，对集体生产已完全失去信心的小岗人来说，尽管是“根连枝结，唇齿相依”的人在一起干活，没干几天，又有吵架的，还是干不好。

会开到快天亮时，矛盾依然没有解决好。这时，村里年龄最长的关庭珠大爷对大伙说：“你们想治穷，只有一条道儿，那就是‘包产到户’，就怕政府不准许，你们当干部的敢不敢干？”年长者的思想尚能如此大胆开放，年轻的还有什么话说呢！于是，大家一致表示同意。生产队副队长严宏昌说：“如果大家答应我两个条件，我就同意包干包到户。第一，夏秋两季打的头场粮食，要先把国家的公粮和集体提留交齐，谁也不能装孬种；第二，我们是明组暗户，瞒上不瞒下，不准对上级和队外任何人讲，谁讲谁就是与全村人为敌。”年过六旬的严国平老人补充道：“我再加上一条，今后如果队长因为让我们包干到户犯法坐班房，他家的农活由我们全队包下来，他的小孩由全村抚养到18岁。”大家一合计就这么干，纷纷举手赞成。

严宏昌是村民中唯一读过中学、识得几个字的人，几天前才被众人推举为副队长，因为队长严俊昌不识字，所以起草这份契约的事理所当然落到严宏昌的头上。在众目睽睽之下，严宏昌用他那只拙朴的手写道：

1978年12月，地点：严立华家，我们分田到户，每户户主签字盖章，如以后能干，每户保证完成每户全年上交的公粮，不在（再）向国家伸手要钱粮，如不成，我们干部作（坐）牢杀头也干（甘）心，大家社员也保证把我们的小孩养活到18岁。

写好后，社员们个个赌咒发誓，表示决不反悔，并在拟好的16开纸的契约上按下了18颗血手印。今天，在我们描述这一惊心动魄的历史事件时，不妨把他们的名字一一列出：严俊昌、严宏昌、严立学、严国品、关有江、关有申、严家齐、严富昌、严学昌、韩国云、关有章、严家芝、关庭珠、严立坤、严立华、严立富、严美昌、严金昌。如今，这份馆藏号为GB54563的“绝密文件”陈列在北京中国革命博物馆里，向人民昭示着20年前掠过中国大地的那一场暴风骤雨。

说到这里，陈庭元呷了口茶深沉地说：“大包干到户就这样偷偷摸摸诞生在凤阳，也就从这天起，小岗村的命运和凤阳县委领导班子的命运联系在一起，历经了艰苦的磨难。”一句话又把我们从历史中拉回到现实中来。

三、“哪怕我再丢一次‘乌纱帽’”

陈庭元这位农民出身的县委书记，解放战争期间就参加了工作，而且一直从事农村工作。他熟悉农村，了解农民，30年来从没有离开农村，心系农民，多次为了维护农民的基本利益，遭批判斗争，身心受到创伤。但他没有因此而随被逐流，仍千方百计为农民办好事。他说：“这次出任凤阳县委书记，我已经‘官到顶点，名利无争’，只想在有生之年，为农民做点好事。只要凤阳农民早日丢掉讨饭棍，过上好日子，哪怕我再丢一次‘乌纱帽’，甚至为此而粉身碎骨，也在所不惜。”

陈庭元刚到任的那年春节，凤阳县委过得很不安宁，江苏、浙江、上海、广州等地的电报接连不断地发来，电报的内容都相同：要他们立即派人把凤阳外流人员接回去。1978年1月的一个早晨，陈庭元出县城赶到临淮关。此关倚巫山、临淮河，旧时曾是淮盐集散地，盛名远播，而今却已沦为乞丐集散地。陈庭元在这里看到的是刚刚从江浙一带被遣送回来的一群“叫花子”，他们衣衫褴褛，蓬头垢面，寒风中一堆堆蜷缩在一起。作为县委书记的他没有训斥他们，而是蹲下身来和他们拉家常：“为什么老是要跑呢？”一位农民说：“唉！谁愿意跑，背井离乡，看人冷脸。”另一位则瑟瑟发抖地问：“书记，我们回队后，还扣我们工分，扣口粮，办学习班吗?”一串串硬邦邦的话像榔头一样,击在陈庭元的心上。此情此景他还能说些什么呢?他的一双眼睛湿润了,为了让全县社员过年能吃上饺子,陈庭元和县委其他领导一起奔波,终于使得一些困难的社员每人得到半斤面、半斤肉和3斤米,社员们夸陈书记是个“清官”。

陈庭元记忆犹新地说:“1978年是我在凤阳大抓改革的一年。这一年凤阳遇到历史上罕见的大旱,为了率领全县人民抗旱,我一年几乎没进过办公室。吃过早饭就走,看看淮河水能否抽到,水库里面有没有水了,晚上就住在乡下茅竹撑的简易防震棚里。夏天下乡时,上穿老头衫,下穿西装短裤,脚穿凉鞋,遇到下雨道路泥泞就脱了鞋光着脚丫子到处跑,一年下来几乎跑遍全县农村的沟沟坎坎,全县大部分群众都认识我,并且亲切地喊我‘老元子’。听到这样的称呼我感到自己与老百姓之间更加贴近了。”

俗话说,世上没有不透风的墙。1978年包干到户的小岗人不说,邻队的社员也能看得出,别的队干活都是一帮一帮的,只有小岗是一家一户的。“1979年3月,我才听说小岗的事。等我来到小岗,小岗的农民还想瞒天过海。我问严宏昌:‘你们在搞什么?’他一本正经地说:‘没搞什么。’我是搞农业的行家,到地里把庄稼看了一眼,心明如镜:‘他妈的,你们干的是什么?别骗我。’丢下这句话我就走了。”陈庭元愉快地回忆起当年自己说的这句粗话。几天之后,有人来告状说小岗正在搞资本主义,陈庭元轻描淡写地对公社干部说:“他们已经穷‘灰’掉了,还能搞什么资本主义,最多是多收点粮食,解决吃粮问题。既然群众下了这么大的决心,就让他们试试看吧,也许这个办法管用。如果将来有问题,我负责任。”陈庭元把责任一下子揽到自己头上,小岗村的大包干到户就这样幸存下来了。

“一年后,小岗全年粮食总产13.2万多斤,相当于1966年到1970年粮食产量的总和;收油料3.5万斤,是过去20年产量的总和;生猪饲养量135头,超过历史上的任何一年;向国家交售粮食2.99万斤,是任务的10倍;卖油料2.4万斤,超过任务的80倍;人均收入由1978年22元上升到近200元。对这群‘叫花子’来说,这无疑像一座光芒四射的金山。”陈庭元兴奋地扳着指头算着、说着。

说到这里,陈庭元还颇为神秘地告诉我们:“在这一连串激动人心的数字背后,还隐藏着一个更加精彩的故事。那就是小岗村我行我素的那一年,我虽然默许此种行动,但还是有些心虚,因此,没有去总结它,更没有去宣传它。我和县委同志把所有文件中涉及小岗的地方,都小心翼翼地删去,这样小岗就在近乎封闭的状态中‘复辟’着它的‘资本主义’。”

四、“这个官司交给我万里给你打好了”

1979年6月15日，正值麦收完毕的时候，省委书记万里来到了凤阳。在县委招待所的小楼里，他听取了陈庭元的汇报。陈庭元对当时的情景历历在目、念念不忘：“万里问：‘什么是大包干？’我回答说：‘凤阳生产责任制的主要形式是大包干，’而大包干的主要内容简单地说就是：‘大包干，大包干，直来直去不拐弯，保证国家的，留足集体的，剩下都是自己的。’当时凤阳实行大包干的农户已占农户总数的80%以上。万里又问：‘实行大包干效果怎样？’我说，老百姓对大包干的评价编了顺口溜，就是‘大包干就是好，干部群众都想搞。只要搞上三五年，吃陈粮，烧陈草，个人富，集体富，国家还要盖仓库。’听着老百姓编写的顺口溜，万里笑了，他大声对我说：‘那好！老陈，我就批准你干三五年……’万里最后说：‘只要能增产，把凤阳的讨饭棍扔得远远的，扔到太平洋去，就什么也不要怕。无论怎么说，讨饭不是社会主义优越性。’”陈庭元说，“万里同意了，我等于把此事捅到了天。领导的指示使我们在彷徨中更加坚定了改革的信心和决心。”

有了万里的支持，陈庭元的胆子壮大了许多，他开始做小岗的文章。陈庭元派吴庭美前往小岗村调查，写了一篇题为《一剂必不可少的补药》的调查报告。他说：“1980年4月，在全省县委书记会议上，当我把这份调查报告交给万里同志时，他像读小说那样一口气连看了两遍。省委扩大会议后，万里到凤阳，他让我陪同他驱车去小岗。”在小岗村，万里一行踏着泥泞挨家挨户地走访。当他来到人口多、劳力差的关友江家，见到他家竟贮存着数千斤粮食，由衷地赞道：“呵，这回‘讨饭庄’不再饿肚子了！”万里又走进了严宏昌家。严宏昌向万里诉苦道：“有人说我们小岗‘包产到户’是‘拉历史车轮倒转’‘挖社会主义墙角’。”万里被激怒了，神情庄重地回答：“谁这样说，我就问问他：如果他有更好的办法，能使农民富裕，就照他的干。如果没有更好的办法，谁要说你‘拉倒车’‘挖墙角’，不准你们干，这个官司交给我万里给你打好了。”人们这才放下心来，万里一连看了十几户，最后来到队长严俊昌家。这时，全村的人都汇聚到这里，连步履蹒跚的老太太也一步一挪地赶来了。严俊昌把一大箩刚炒熟的花生端上，招待万里一行，万里客气地摆摆手：“不吃，不吃！”“不要钱！”严俊昌幽默地说，在场的人都笑了。老太太说话了：“万书记，以前想给你吃也没有，现在多了，也不在乎了。”万里点点头，“我带点给常委们尝尝你们‘大包干’的成果！”万里回到合肥后，在省委常委会上把装得满满一袋的花生“哗”地倒在会议桌上，大声说：“咱们先吃花生，再开会……”此后不久，万里便离开了工作两年多的安徽，也离开了正在腾飞中的江淮大地。这是历史性的告别，告别了贫困，告别了沉沦，也告别了饥饿。“要吃米，找万里。”就是发自农民内心的呐喊和称道。

采访中一张口还是“我们凤阳”的陈庭元，后来虽出任安徽省人大常委会副主任，但他每年仍要回凤阳几次。他说，不回去总感到心里不踏实。他告诉记者，“我最近到小岗去，严俊昌的四儿子严德友在当书记，我告诉他们田地不能丢，现在要把田种好，小岗的发展要靠农业，因为他们不懂工业，工业生产需要有市场。农民对土地、对粮食是有感情的，小岗不能依靠自己在外很响的名声，搞所谓‘圈地运动’，到处占用良田大搞开发区，那样做是得不偿失的。”当我们问起小岗村的现状时，陈庭元高兴地说，1997年小岗村共产粮食60万公斤，人均1 500公斤，人均年纯收入达到2 500元。59岁的沈家云老人，自从1959年嫁到小岗村，将近20年没吃过几顿饱饭。1978年以后，家里的孩子们才敢放开肚皮吃饭。她说，现在村里大部分人家有了电视机和洗衣机，还有20多户人家和她家一样买了摩托车。小岗村还与张家港市长江村结成“东西联动振兴经济友好村”，1998年3月，小岗村所建的700米长、6米宽的水泥路就是长江村无偿援建的。说着，说着，陈庭元感到特别欣慰和自豪，他对小岗村美好的明天充满希望。

（原载《经济世界》1998年第10期）

鲁彦周:皓月星河抚玉弦

1998新年来临之际,我们来到合肥樱榴居,拜望著名作家鲁彦周先生。

1997年,鲁老年届70,但依然保持着旺盛的精力,出版了一本长篇小说《双凤楼》,一本小说集,一本散文集,还有一本中篇小说即将出版。趁《双凤楼》面世之际,安徽省文联原本打算为鲁老召开一个大型作品研讨会,老作家担心花费大和惊动太多的人便婉拒了,令有关领导和主办者稍感意外。

但鲁老认为,1997年是自己创作的一个小结,1998年将做新的探索。他自称:“《双凤楼》是自己给70岁的纪念品。”这部作品面世后受到不少读者的关注。为什么要写这样一部作品,鲁老告诉我们,“依我对中国社会的观察,总感到有不少封建时代遗留的东西阻碍着社会进步,压抑和摧残着人性,其中有很多值得作家去挖掘。”这部作品在叙述方式上的变化体现了作家的创新意识,并受到评论界积极的评价。其实,小说《天问》《乱伦》《孽缘》《泥淖》等的相继发表,足以说明作家清晰的思维脉络和探索精神。

鲁彦周先生坦率地说,“今后可能要有些改变,从内容到表现手法,内容会更广阔些,同时运用一些新的表现手法”,“作家最大的乐趣就是不断探索”。

对于当代一些小说写得让人看不懂,以形式新奇掩盖内容贫乏,鲁老表示作品要得到大众的喜爱,要与时代、社会相关联,他至今仍然十分欣赏中国古典小说。

谈到文学评奖,鲁老说:“心情很平静,自己写作,不会考虑别人的事。”但实际上，本届“茅盾文学奖”评选，他的中篇小说《阴阳观的阴阳梦》进入评委的视界并受到很高的赞誉。

鲁彦周先生不仅勤奋创作，还十分关注安徽作家队伍的成长。他在很多场合呼吁，给作家营造更好的创作条件，同时殷切希望“皖军”在文坛为安徽塑造更美好的形象。鲁老偶作旧诗，但从不示人，今天也许兴致很高，他拿出1997年重阳诗会上的自作诗给我们看：“舞墨弄文年复年，回头如梦又如烟。霜天号角催征马，皓月星河抚玉弦。泽国水深悲屈子，荒山木落问陶潜。江州司马青衫湿，滴到心田作砚田。”品味诗中感慨与意境，令人对老作家平添许多敬意。

（本文与张家濂合作，原载《新安晚报》1998年1月1日）

年广九:“傻子”正传

刚到芜湖我们就从新闻界朋友处听到近日发生的一则鲜为人知的新闻,而这则新闻正好与我们的采访对象——“中国第一商贩”年广九有关。朋友说,日前,中央电视台的几位记者受命前来采访1997中国四大风云人物之一的“傻子”年广九。采访中,年广九声称,他去年一年就兼并了全国九十多家企业。当一位女记者要求他出示有关兼并企业的协议材料时,年广九显得非常不耐烦,也非常不悦,竟毫无道理地数落这位女记者,咆哮着说:“既然你们不相信我的话,还来采访我干什么?”任凭几位记者百般解释,年广九就是听不进去,硬是把他们撵走了。最后,这场采访活动不欢而散。

我们还未采访就仿佛受到了一个“下马威”。于是,格外小心,生怕采访不慎得罪或者惹怒了这位“太师爷”,使这次难得的采访流产。在芜湖晚报采访部主任程启贵的引荐下,我们在1月3日上午冒雨来到设在芜湖市中山南路185号的傻子瓜子技术开发有限责任公司,找到了正在忙碌的公司总经理年广九。“眼见不如耳闻”,面前的年广久穿着油黑发亮的高档皮衣,右手无名指上戴着一枚大方戒,蓄一头长发,长相一般,甚至有点土,毫无企业家的风度和气派。当把眼前的年广九与大名远扬的“傻子”联系到一起时,我们略感意外。寒暄过后便尾随他走进一间非常简陋的厂部办公室。在我们的“循循善诱”下,“傻子”年广九把他近年来的是是非非、恩恩怨怨一股脑儿端了出来。

“一手抓市场，一手抓就业”，“傻子”也有“两手抓”

刚刚过去的1997年，年广九干得最漂亮、也是让他感到最得意的一件事，就是成立“安徽芜湖傻子瓜子技术开发有限责任公司”，并在全国设立了96个“傻子”瓜子专卖店，几乎遍及全国所有的省份。据年广九介绍，党的十五大一召开，他就不顾一切代价马不停蹄地在全国范围内开瓜子专卖店。一夜只睡一两个小时的年广九，无论哪个专卖店开张，作为总经理的他总要到场说几句话，与当地的新闻界朋友和老百姓照照面，打声招呼。这不，在接受记者采访的前一天，他才从北京、徐州匆匆赶回大本营。为什么会想到这一招呢？年广九说，这不是他“傻子”的独创，他的这一经营思路是从繁昌峨桥人那里学来的。他说，在做生意上，徽商是过去的代表，峨桥是现在的代表。十几年前，峨桥只是一个只有几户人家的普通小村庄，是个穷得没根的地方，交通很不方便。峨桥虽不产茶叶，但峨桥人却能把低价买来的茶叶一批批地销售到外地去，后来逐渐以“买全国茶、卖全国茶”闻名海内外。如今峨桥已成为全国唯一的国家级茶叶专业批发市场，峨桥人也摇身一变，个个腰缠万贯。在安徽人纷纷跟外省人学的时候，我悄悄跟峨桥学。党的十五大一召开，我马上把经营思路定位为“两手抓”，那就是“一手抓市场，一手抓就业”。记者问年广九是否知道十五大报告中提出的“两手抓”的具体内容时，年广九说，“我知道，抓市场不就是抓物质文明，抓就业不就是抓精神文明吗?”目不识丁的“傻子”讲得还多少有点道理。

据悉，不识字的年广九还特意请办公室的人给他读十五大报告全文，自己是一字一句认认真真听完的。年广九说：“学习十五大精神，光喊口号不行，要做实际工作。作为一个私营企业家，我的责任就是尽自己的一份力量，不仅吸纳安徽的下岗人员，还要吸纳全国的下岗人员，个人富了没啥意思，要把钱给大家赚。现在有的国营企业的产品质量不过关，东西卖不出去，职工就业出现困难，私营企业就要帮助解决。”

1997年，随着一些国营企业不景气，下岗待业人员越来越多，社会上流传这样一句话：“赚钱找‘傻子’”。当全国各地不少人找上门来求年广九给一碗饭吃的时候，年广九想，如果按一个门市部至少能解决7个人就业来计算，96个门市部就可以解决近700人就业。此外，还能解决像运输人员等隐性就业问题，这不正是一件大好事吗？于是，“傻子”爽快地一一答应下来。在实际操作中，年广九发现这些下岗人员大多不会搞经营，他就主动帮他们在当地找门面，上门手把手地教他们销售，根据当地人的口味给他们配花色品种，卖不掉的瓜子可以办理退货，如果生意实在做不下去了，就帮他们转让门面，决不让经营者吃亏。年广九说："小小瓜子在全国设专卖店搞批发，销售量也很大，而且能让更多的人富起来。"目前，在这96个专卖店中，最小的投资是一两万元，最大的已达几百万元。

"傻子"的股份制，"一般人想不出来，也做不出来"

搞经营，年广九确实有"一把刷子"。1995年下半年，年广九要东山再起、复出江湖，继续从事他的炒货业时，连他的大儿子，也是他强有力的竞争对手年金宝都认为，"老头子"已不能适应如今的市场了。年广九不认这个理，这一年，他和5位有着丰富市场营销经验的中年人一起，组建了仍以"傻子"命名的股份公司，他将个人60万元积蓄全部投入进去，占60%的股份，除了在芜湖开办加工基地，还在外地办了6家联营厂。几年来的实践证明，年广九在炒货业市场上摸爬滚打，论功力，论出招的快、准、狠，尚无人能出其右。去年10月10日，随着"安徽芜湖傻子瓜子技术开发有限责任公司"在他的大本营芜湖正式挂牌营业，仅仅几个月的功夫，瓜子品种达到20多个。年广九说："我不跟在别人后面开发瓜子品种，不学别人产品的路子。像葵花籽，品种虽一样，但由于工艺不同，炒出来的味道就不一样。我的技术别人学不到，也不是什么秘方，而主要是一种思想，这种思想就是敢闯不敢闯，敢搞不敢搞，即使别人学到了，我马上又改花样了。"

据年广九介绍，台湾"正林"瓜子在芜湖跟他打了整整三年的"仗"，结果硬把"正林"给打垮了。在整个国内瓜子市场，"傻子"瓜子已从去年8月底开始向上海市场发起进攻，他与合肥的"小刘"瓜子团结起来共斗上海的"阿明"瓜子。几个月过后，在上海瓜子市场强手如林的情况下，傻子瓜子的销售量扶摇直上，而"阿明"瓜子的营业额与上一年同期相比却减少了3 000多万元。记者问年广九制胜的法宝是不是因为自己拥有雄厚的资金时，他神气十足地说："这不是资金多少的问题，我靠的是产品质量、服务态度、人勤快以及与市场跟得紧等四大因素。"

采访中，傻子瓜子厂汤成福厂长无意中将日产量透露给我们，说每天要加工12 500公斤瓜子，生意场上"贼精"的年广九马上反驳说："没有那么多，别听他瞎说。我告诉你们，反正每天加工的瓜子炒出来就没有了，供不应求。不过，我看中的是质量而不是数量。"有报道说他年营业额超过2 000万元，年广九当面却不承认。据说，年广九不愿抖搂家底的个中原因是怕惹麻烦。

"傻子"瓜子不仅在国内声名鹊起，而且在海外也享有一定的知名度。自创立品牌以来已先后两次漂洋过海，逐渐走向国际市场。去年12月15日，17吨“傻子”系列瓜子远销美国洛杉矶，这是继1985年出口加利福尼亚之后“傻子”瓜子又一次走出国门。谈到此事时，年广九显得出奇的冷静，这有点出乎我们的预料。他说：“暂时我不愿过多考虑国外市场，私营企业是一步一个脚印走出来的，只有在国内市场站稳脚跟之后才能占领国外市场，个体走企业化、企业走合资化才是私营企业今后发展的路子。”

在谈到他的股份公司时，年广九接着说，“党的十五大报告提出企业搞股份制，我年广九举双手赞成。其实，我早就实行了股份制，但我这个股份制跟别人的不一样，我搞的是外贸股份制，我把江苏、杭州、上海等地的私营企业组织到一起，互为各自的产品在当地开发销售市场，走私营企业相互联姻的路子。比如他在上海帮我销瓜子，我在芜湖帮他销虎皮豆。这种股份是跨省、跨市进行的，产供销灵活，门点批发加零售，对方提供当地的销售行情和信息，我傻子提供瓜子。这种股份制经营操作性强，风险性小，是一种在实践上行得通，而在理论上或许讲不通的股份制。”记者告诉他，这是对股份制的一种曲解。年广九却神气活现地说：“对，这是书上没有的。我说话很简单，一般人想不出来，也做不出来。”说完便大笑起来。

“傻子”一生只会写三个字，腰里只有一分钱

“傻子”年广九确实是一个你不得不关注的新闻人物，印有他肖像的“傻子瓜子”系列产品正在全国各地畅销不衰。一谈到傻子瓜子，人们往往不约而同地对它纯正香脆的口味赞不绝口，但对于“傻子”是何许人也却不甚了解。就连芜湖人也很少有人亲眼见过傻子的模样，即使有时在大街上见到也不知道他就是“傻子”。若不是一部名叫《傻子沉浮记》电视专题片在全国范围播放的话，也许芜湖的一些人甚至还不知道“傻子”的真实姓名叫年广九。

1937年1月17日凌晨，在淮河之滨的怀远县一户满族人家，伴随着雄鸡高亢的啼鸣声，一个小生命呱呱坠地。这家男主人年明举是个举人，他希望自己刚出生的儿子今后能大有作为，便取中间字为“广”，儿子出生时正值天寒地冻的三九天，又取“九”字，合在一起便是“年广九”。小时候，左邻右舍都亲切地称年广九为“九儿”“老九”。那为什么后来人们称他为“傻子”呢？年广九自己解释说：“不该讲的话我讲了，而且还稀里糊涂地讲了，这不是傻子吗？”他的总顾问管毓清这时插话说：“1991年底法院问他是否有6个老婆，他一气之下信口开河地说‘不对，

不止6个，我有12个老婆’，所以人家说他是‘傻子’。”年广九接着说，“当年我卖瓜子时，顾客抓瓜子吃，我假装没看到，别人买一袋瓜子，我还要送上一把，你说这不是‘傻子’又是什么呢！”

年广九一生只会写三个字，那就是他的鼎鼎大名“年广九”。采访中，记者递过采访本请他签名留念，年广九看到是一张白纸不愿签字。这时，他身边的管毓清告诉记者，你必须先在那张纸上写两行字他才会签字，因为他从不在白纸上签名，害怕别人写假借据欺骗他，据说他在这方面吃过亏。记者看到，目不识丁的年广九写这三个字倒十分熟练，并且别人很难模仿。当年广九谈到台湾“正林”瓜子时，记者不经意间脱口而出问年广九，“‘正林’是哪两个字？”但话一出口就感到很后悔，明知年广九不识字就不该在这种场合让他难堪。谁知年广九马上接话说，“‘正’就是三横一竖，‘林’是双木林”。说着便从记者手中接过笔，在一个香烟盒上三横一竖写了“王”字，“林”字却不会写，年广九把“王”字错认作“正”字，写后兴奋得大声叫了起来：“我又会写一个字啦！”笑得一脸灿烂，全然不顾我们的纠正。

如今，家大业大的年广九对自己的家底讳莫如深。据说，年广九是在交过一笔昂贵的“学费”之后才逐渐学会如何保护自己的。当记者问他的固定资产有多少时，只见他竖起一个拇指说：“一分钱。”记者便追问道：“1 000万？”他摇摇头。“100万？”他又摇摇头。记者感到很纳闷：“不会只有10万吧？肯定不止。”这时，陪同我们采访的芜湖晚报记者程启贵答道：“这一分钱大概就是一分利。”年广九马上正色说：“也不对，就是一分钱！”记者要他解释，他手一挥说：“就一分钱，不解释！”说罢还狡黠地一笑，“傻子”一点也不傻，他的自我保护能力挺强。

据他本人说，芜湖一家房地产开发公司愿出40万年薪、10万旅游费等特别优厚的待遇力邀年广九加盟，目的是想利用“傻子”的名气和牌子做大文章，被年广九婉言谢绝了。他说，“钱可以挣，但名不是用钱就能买到的。”另外，当听说合肥一家私营企业老板愿意出1 000万元购买他的品牌时，他扑哧一笑，“1 000万不算什么，出亿元的也有，我不稀罕。”看来，深谙此道的年广九经历了20多年的风风雨雨之后变得精明多了。从一分钱到100个亿，这似乎是个无穷小、无穷大的数学命题，其中演绎着“傻子”年广九经商生涯中的生活哲学。

“傻子”说“我要入党”

俗话说，傻人有傻福。年广九做梦也没想到自己的傻名字竟然被邓小平同志多次提起，并写入《邓小平文选》第三卷。

今年62岁的年广九一生中也经历了“三起三落”。1961年，没有生活来源的年广九自找出路，从山东烟台贩水果回芜湖卖。由于小生意越做越大，结果被市打击投机倒把办公室抓起来投进监狱，5个多月后获释。“文化大革命”期间，年广九为了谋生拎个小包走街串巷卖瓜子。当时个体户是不允许存在的，况且他的瓜子在价格上还优惠于国营企业，又被打成“牛鬼蛇神”，关了5个多月。1984年，年广九与市新芜区劳动服务公司、市清水工业公司三方联营成立傻子瓜子公司。由于承包利益问题发生纠纷，1989年9月，法院以贪污和挪用公款罪将他批捕。两年后，又以年广九生活腐化堕落、讨小老婆为由改判为流氓罪，继续关押。直到1992年3月13日，年广九才真正获得新生。年广九回忆说：“当时还是法院派车把我从芜湖市西江看守所接出来的。”

命运多舛、道路坎坷的年广九对记者说，“我不是党员，但现在想入党。”据说，他在十几岁的时候就有入党的动机，只是苦于没有机会。他说，现在国家政策稳定，路子对了，党的阳光雨露也洒到了像他们这样的私营企业主身上，年广九入党的愿望再次被唤发出来。他说：“邓小平同志为什么为我傻子说话，是因为我以实际行动证明，党指向哪里，傻子就走向哪里，而且决不后退。拥护党和政府的富民政策，跟着党的路线走不动摇。”他又说，“我虽不是党员，但我是党的好儿女，执行党的政策我不会‘出轨’，宁愿生意不做也不能违背党的政策，对不起共产党。跟党走不会吃亏，小小瓜子跟党分不开。今年，我要求入党，但‘傻子’够不够党员资格，要拿出实际行动来，要让社会来评价。”年广九的实际行动就是：用一粒小小的瓜子，带动一座城市的发展，一粒小小的瓜子撬动偌大的瓜子市场。

“不能拿小平同志的话做招牌”

当改革开放总设计师邓小平在南方谈话中再一次提到“傻子问题”的时候，傻子瓜子厂的员工就提出要把小平同志的话抄下来贴在办公室的墙上，谁知却遭到年广九的反对。他说，“这是做生意，不能拿小平同志的话做招牌，有本事自己闯市场，不要拿它来促销。”年广九还说，“小平同志是伟大领袖，我们要在心里爱他，不光在口头上爱他，要用实际行动来爱他，跟他的路线走就是爱他，爱他就要高举他的旗帜。”

1993年春节，年广九特意给邓小平一家寄去了一包亲手炒制的瓜子，以表达他对党的政策的感激之情。他告诉记者，“我这样做是想告诉小平同志，他的话已经执行了，我被放出来了，让他老人家放心！”年广九还补充道：“小平同志不是为我傻子一个人说话，是为我们党和国家说话，为所有冤假错案者平反。”1997年2月19日，当小平同志逝世的噩耗传到江城芜湖，年广九悲痛万分，他立即给邓小平治丧委员会发了一封唁电。记者问他当时是否想去北京看小平同志最后一眼呢？他说，“小平逝世是国家大事，很多事情都急需处理。如果我年广九要去，全国很多人都要去，那不给国家带来太多的麻烦吗？人不一定到北京去，但要以实际行动来继承小平同志的遗志。”

年广九说，1984年他被推荐为芜湖市新芜区政协常委，但他干了一届就不干了。据了解，年广九虽然只任了一届政协常委，但他在历次常委会上为少年儿童的教育提案和社会治安综合治理提案，均受到有关方面的高度重视。

记者问年广九，现实生活中一些做生意的人总想方设法找个当官的做后台，并且为自己撑腰打气，他是否考虑过。年广九说：“我从未想过要这么做，企业是为了效率不是为官。如果跟当官的合作能给企业带来更大的经济效益的话，我认为那是犯罪。别人错了，我不能错。”他还说：“我要依法办事，做一个廉政的企业家。”当记者提出索求年广九与省长回良玉在最近召开的六省一市农副产品促销会上围在一起的照片时，年广九坚决不给，他说他不同意把自己与领导人在一起的照片刊登出来。这就是年广九。据傻子瓜子公司总顾问管毓清说，我们这次采访是年广九自浙江电视台拍摄《傻子沉浮记》以来说得最充分的一次，也是他最尽兴的一次。这是我们都始料未及的。采罢归来，记者感到很过瘾，匆匆写下这段文字，权作给“傻子”年广九立个“正传”。

（原载《新安晚报》1998年1月17、24日）

万绳楠：追随陈寅恪的步伐

他是一个已经逝去的人，然而他至今仍被师生们深深地怀念。写下这篇迟到的文章，既是对这样一个出色的学人，一个学识渊博、师德高尚的老教授的追念，也是对教师同仁们的一种激励。

1995年冬，当芜湖弋矶山医院的医生告诉万绳楠及其家人，他的哮喘病已发展到必须立即住院接受治疗的时候，万绳楠急了，任凭别人怎么劝，他说什么也不愿将手头正忙着的国家教委八五重点科研项目——《中国长江流域开发史》的编纂任务中途搁置起来。“这可是国家教委下达的重点科研项目，耽误不得呀！我不能愧对国人，愧对学界。”拗不过他，家人只好心痛地看着他带着病痛，夜以继日地赶写书稿。万绳楠白天出门查资料，晚上回到家立马坐到书桌前，奋笔疾书，一直到深夜一两点钟。就这样，紧锣密鼓，紧追慢赶，到1996年2月，终于在脱稿之际，万绳楠把几位研究生召集到自己的身边，拉着他们的手说，“我这一辈子太累了，我需要休息。”

在医院的病榻上躺了一周没说话的万绳楠，一天突然把儿子叫到自己身边，要儿子把右手放到他的左眼前面，他说他已经什么都看不见了，一定是眼睛瞎了，于是急得手拍桌子大吼：“我的眼睛不能瞎，瞎了就没法做学问了，我宁愿死也不能让眼睛瞎了！”住院期间，最让万绳楠教授牵挂的是，由他担纲主编的二十四史中的《南史》精注工作尚未启动，他对前来看望和护理他的两名研究生千叮咛万嘱咐：“一定要把这项工作做好，并定期来医院向我汇报进展情况。”当中外友好文化促进会的负责同志、安徽师范大学领导和历史系领导来医院看望他时，刚刚从昏迷状态中抢救过来的万绳楠，用颤抖的声音说的第一句话就是："我的愿望还没有实现，如果《南史》精注工作能顺利完成，我便死而无憾。"在场的人含着泪水祝他早日康复，实现心愿。然而，年逾古稀的万绳楠却再也没能回到他的书桌前。1996年9月30日，万绳楠带着对教育事业的无限眷恋匆匆地告别了人世。熟悉他的人都说，万绳楠教授把身体当作一部机器高速运转，透支生命，他不是病死的，而是累死的。北京师范大学著名教授李虎在唁电中说："万绳楠先生学术上正达炉火纯青境界，他还可以做出更多更辉煌的成就。先生的学问和道德堪称楷模。他走了，真是太可惜了！"

全国批"三家村"，安徽批万绳楠

万绳楠的一生是充满坎坷的不平凡的一生，他的前半辈子总是与苦难结伴而行。1923年，他出生于江西南昌县一个国文教员家庭，兄弟姐妹4人，4岁时母亲去世，12岁时父亲又离开了人间。抗日战争初期，两个哥哥当了兵，妹妹给人家当丫环，万绳楠自己则几乎沦为孤儿。为了读书，天资聪颖的他不得不辗转求学。1942年，凭着自己的才智，他同时考取了3所大学：西南联大、交通大学和浙江大学。为了维持生计，万绳楠选择了助学金比较丰厚的西南联大。4年后，矢志不渝的万绳楠又如愿考取清华大学历史研究所研究生，师从国学大师陈寅恪先生，同时也成为翦伯赞、吴晗的学生。

新中国成立前，万绳楠就投身革命工作。自1949年3月起，历任华北军政大学学员、中国人民解放军南下工作团二分团小组长、第十五兵团民运工作队小队长、第四十一军政治部文教干事、中南军区文化速成学校与直属文化师范学校教员等职。1960年，他从北京来到安徽，先后在安徽大学、合肥师范学院历史系执教。从1961年6月到1963年2月，他在省内外报刊上相继发表了《竹林七贤》《四种人》《论嵇康》《谈王安石变法》《"百家争鸣"三题》等杂文，还为吴晗主编的《中国历史小丛书》写了几本小册子。正因为如此，万绳楠在"文化大革命"中受到牵连，身材不高的万绳楠被淹没在"口诛笔伐"的汪洋大海之中。这期间，他虽身处逆境，仍忧国忧民，敢于针砭时弊，表现了一个正直的知识分子的骨气和爱国情操。

最容易接近和沟通的一位老学者

党的十一届三中全会给万绳楠带来人生的第二个青春，他终于又回到了魂牵梦萦的大学校园，找回了一度失落的书桌和讲坛。当他再次走上讲台，面对一双双渴求知识的眼睛时，万绳楠的眼睛湿润了，他饱含深情地对大学生们说："人总要有一点奋斗精神，否则无异于行尸走肉。对我来说，被耽误的时间实在太多了，我要用有生之年，为党的教育事业多做些贡献。"

从此，万绳楠一心扑在工作上，毫不计较个人的得失和恩怨。刚刚给低年级上古代史基础课，马上又给高年级开魏晋南北朝史和魏晋南北朝文化史选修课。1982年是高校恢复招收研究生的第一年，万教授又义不容辞地担负起指导硕士生的重任，成为安徽师范大学第一批研究生导师。从1981年9月到1983年7月两年的时间内，他共完成工作总量5 237课时，每天平均8个课时工作量，两年完成了三年多的教授定额教学工作量。

作为万教授当年的研究生，庄华峰副教授无法忘记学生时代的一件事。一天晚上，按惯例是万教授给研究生上课的时间，可是，万教授却突然发起了高烧。为了不影响教学，他把几位研究生请到自己家里，硬撑着坐在床上给他们讲了两个多小时的课。讲课时，但见汗珠从万教授的额头不停地滚下来，虚脱的他几次不得不稍作停顿。这堂课，学生们是含着泪听完的。

对于万绳楠教授来说，课堂教学只是他教书育人工作的一个方面，他把更多的时间和精力投放在课外辅导学生上。历史系青年教师陈力，1992年本科毕业后留校任教，业务需要进修。万教授得知后便给了她无私的帮助，让陈力跟他的研究生们一起上课，指导她读书，给她布置作业、批改作业，辅导她撰写学术论文，这相当于额外指导一名研究生。虽然工作量加大了，但他从未抱怨过。当系领导提出要给他计工作量时，他马上正色道："这纯粹是义务性的，如果为了工作量我情愿少带一名学生。"在他的辅导下，陈力在第二年如愿考取了研究生。

万绳楠不仅知识渊博，讲课生动，而且在教学过程中遵循"教学相长"的原则，善于同学生进行平等的对话和交流，鼓励学生对传统的观点提出不同意见，因此，他被学生们称为"最容易接近和沟通的一位老学者"，深受青年学生的尊敬和爱戴，不少外系的学生以能够听到万教授的讲课而感到荣幸和骄傲。万老师对学生们说："我家的门永远朝着每一位前来求教的学生开放。"学生们遇到疑难问题，往往都愿意去找他，而他不管白天、晚上，也不管自己的事情有多忙，只要有学生来，就马上搁下手里的活，耐心细致地指导和解答。有时为了解决一个疑难问题，他还亲自帮助学生寻找和查阅有关资料。于是，人们时常看到，身为著名教授的万绳楠将自己借到的资料亲自送到学生宿舍。

1984年，万绳楠被评为“安徽省劳动模范”；1985年五一前夕，全国总工会授予他“全国优秀教育工作者”称号和“五一”劳动奖章。面对众多新闻媒体的采访，一贯把名利看得很淡，而把责任看得很重的万绳楠说：“作为教育战线上的一名老兵，我受到如此嘉奖，实在当之有愧。今后，我要更加努力工作，不辜负党和人民的期望。”

洋博士竖起大拇指

了解万绳楠教授的人都知道，他对史籍是那么熟悉，往往到了信手拈来、了如指掌的程度，尤其在他专攻的魏晋南北朝史领域中，他对浩如烟海的史料可以说是如数家珍。他这样谆谆告诫自己的研究生：“基础材料如果没有弄清楚就急着微言大义，是不会得出科学的结论的。”勤奋、严谨，是万教授的治学风格，他倾注大半生的心血整理了几十箱知识卡片，他说：“卡片一万张，学问长一丈。”

为了彻底弄清楚方腊起义的真实情况，1974年，万绳楠受北京文物出版社委托，带领4名学生深入皖南山区考察与方腊有关的历史遗迹。此时已年过半百的万绳楠不顾自己的身体和年龄，不顾山路崎岖和危险，与几位二十多岁的小伙子一起翻山越岭，在歙县、绩溪、祁门、齐云山、屯溪一带民间四处寻找方氏族谱。白天，他们在荒山野岭中出没；夜晚，他们就在农家小木屋里寄宿。渴了，就喝山上的泉水；饿了，就用玉米糊之类的东西充饥。就这样，他们经过近一年的不懈努力，三下徽州，历尽千辛万苦，终于找到了零星散落在各地且鲜为人知的方氏族谱。万老通过对这些第一手资料的研究，最后得出具有重要史料价值的结论：“方腊是安徽歙县人”，推翻了历史上认为“方腊是浙江人”一说。这一成果很快便在当时的《红旗》杂志上发表，《方腊起义研究》一书也随后出版。万绳楠长期从事中国古代史的教学和研究，尤其对魏晋南北朝断代史情有独钟，而且成就非凡，是国内史学界公认的魏晋南北朝史研究八大家之一。他出版了《魏晋南北朝史论稿》《魏晋南北朝文化史》等专著，还出版了《冼夫人》《文成公主》等多部丛书，主编了《中国长江流域开发史》和《南史》，参编了《中国历史大辞典》等，并先后在学术期刊上发表论文100余篇。其中，《南朝田庄制度的变革》一文，被1981年《中国历史学年鉴》详细评介，称为“提出了新的见解，在深度上有所发展”，并被作为整个经济史部分的首篇举例，受到史学界同仁的普遍关注。

万绳楠的科研成果蜚声海外，受到国外史学界的青睐。1980年5月，万绳楠接受了美国华盛顿大学历史学博士孔为廉的慕名专访，精通英、法文的万老不需要翻译人员，用英文轻松地解答了孔博士提出的东晋和南朝的土断与黄、白籍的问题。孔博士认为，日本和中国学者对此问题有不同的意见，日本学者认为黄、白籍为贵贱之别；中国学者认为侨人包括贵族在内，经过土断，纳入白籍。万绳楠根据自己的研究成果，认为白籍为侨籍，黄籍为土著户籍，土断变侨民为土著，变白籍为黄籍，变不纳税服役户为纳税服役户，并解释了以往中日学者何以说得不准确的原因。孔博士十分信服地接受了万教授的学术观点，激动地说："万先生的回答不仅为我本人，而且也为我的美国同行解决了一个历史疑难问题。万教授真了不起！"

历尽苦难，痴心不改

出身教师世家，年轻时就对党怀有深厚感情的万绳楠，并没有因为"文革"中历尽苦难就一改"前非"，相反，他更加执着于自己所从事的教育事业，对党的信念也从来没有动摇过。

在事业上，当一名人民教师是万绳楠一生无悔的选择。他不仅热爱自己所从事的职业，也深深热爱自己的老师。在清华大学读书期间，他是著名历史学家陈寅恪先生平生最得意的少数门生之一，自然受陈先生的影响很大。有人认为，不论治学还是为人之道，从万绳楠身上依稀可以看到陈先生的影子。与陈先生一样，万绳楠有独立的思想和人格，不仅对历史耳熟能详，而且对自然科学、音韵学甚至宗教学也有广泛的涉猎，在诗歌和小说创作上亦颇有成就。虽然他的专攻方向是魏晋南北朝史，但他的研究领域却不限于此，而是从先秦一直延续到元明清。1987年，万绳楠把当年在清华园聆听陈寅恪先生讲课的课堂笔记重新整理出来并编印成书。这就是洋洋洒洒20万言、字字珠玑的《陈寅恪魏晋南北朝史讲演录》，该书受到史学同仁的广泛赏识和推崇。尤其令人刻骨铭心的一段师生情节是，在万绳楠教授弥留之际，他还念念不忘自己的导师，在医院的病榻上口占一绝《怀念陈寅恪先师》："忆昔幽燕求学时，清华何幸得良师。南天雪影说三国，满耳蝉声听杜诗。庭户为穿情切切，烛花挑尽夜迟迟。依稀梦笑今犹在，独占春风第一枝。"

在政治上，万绳楠把追求思想进步作为自己毕生始终不渝的理想和信念。

1983年，年逾花甲的他积极向党组织递交了入党申请书，1984年年底，他如愿跨入了党组织的大门。感慨万千的万绳楠在入党志愿书上写道："对于党的信念，即使是最困难的时刻，我也没有动摇过。正是这种信念，帮助我度过了十年浩劫，重新站立起来。在年龄上，我还不算老；在思想、工作、生活上，我则永远是年轻的"，"今后的我，作为一名共产党员，将紧随党的脚步，分秒必争，走向未来。这未来在我，是不断学知识的未来，不断培养出人才的未来，不断拿出科研成果的未来。"

作为一名共产党员，万绳楠具有彻底的唯物主义思想。他在遗嘱中要求家人在他死后丧事从简，不设灵堂，不受丧仪，骨灰撒入长江。他在《赋宇宙生态平衡》一诗中写道："造化自婆娑，花花谁作歌？孤云游碧落，群鸟逐沧波。相激千雷震，相衡万物和。梦骑白鹤去，湖海往来多。"万绳楠的这一生正是以自己的行动默默地实践着他的一个又一个人生诺言，为后来者树立光辉的典范。

（原载《中国教工》1999年第7期，此文获得《中国教工》人物专栏征文一等奖）

莫嘉琪：走进世界名人行列

莫嘉琪，安徽师范大学数学系资深教授，长期从事非线性奇摄动问题研究，并且取得了丰赡的学术成果。在日前揭晓的中国科学引文数据库1997年统计中，莫嘉琪是唯一一名入围该库全国发表论文数个人排行榜并名列前茅的"皖军"。中国科学院院士李大潜，复旦大学著名教授、博士生导师侯宗义，尚汉冀等国内数学界名流，在对莫嘉琪的一系列学术成果进行科学鉴定后认为："作为非线性奇摄动问题的研创者，莫嘉琪教授是国内这个领域的佼佼者、杰出代表"，他的研究水平"在国内自成一家，处于领先水平，其主要内容已达到国际先进水平"。

可是，由于种种人为的原因，多年的困厄，让这位年逾花甲的老教授感到身心疲惫，并早早患上了心肌梗塞症。采访中，莫嘉琪的知情人士几乎异口同声地说："唉，怎么说呢？其实老莫是一个绝顶聪明和能干的人，而且又是一个非常了不起的教授。如果不是倔犟的脾气和耿直的性格，他在前半生就不会走那么多的弯路，经历那么多的挫折，不然早就蜚声海内外，成为数学领域一颗冉冉升起的'新星'啦！"为了探个虚实，近日，记者在半信半疑中几番走近老莫，与他一起蹑足走进他那尘封了近40年的心灵世界，极为谨慎地"翻阅"他那带有历史残迹且渐渐泛黄了的一页页人生档案。

说了几句不合时宜的话，就被划为“右派”

1955年秋，莫嘉琪以第一志愿考取了复旦大学数学系，一心想当数学家的他正一步步地向既定目标逼近。到了复旦大学以后，踌躇满志的莫嘉琪一门心思抓业务学习，做学问。他告诉记者，大学期间没有入团是因为不想过多地介入政治；不担任社会工作，是怕耽误自己的学习。莫嘉琪经常一头扎在图书馆阅览室里，中午仅靠两个面包充饥，他要利用别人休息的时间来拼命地学习。当然，作为他学习之外的最大爱好——踢足球是千万不能割舍的，他还是上海市高校足球队的主力，经常与当时的几名足球“国脚”比赛。

莫嘉琪个性很强，从不隐瞒自己的观点，心里怎么想的嘴里就怎么说出来，不兜圈子，不绕弯子。1958年秋，复旦大学举行一次人民代表选举，这次选举是等额选举，候选人是4个，全由校方指定好了。莫嘉琪知情后，站出来大胆地说，指定好的候选人再来让我们选，这种选举还有什么意义？这种不尊重民意的选举哪里是什么选举？如果要我选，我就不选这4个人，而是选像苏步青、陈建功、谷超豪、夏道行这样的数学家。说完就在自己选票的背面写下这样一行字：“这样的选举不民主！”周围的同学都觉得莫嘉琪说出了他们的心里话，可同时又为莫嘉琪敢在公众场合直言选举的不公平而捏了一把汗，他们担心万一有人告发，后果会很严重，更何况这里有白纸黑字为证。

在全国整风运动中，因为人们都知道莫嘉琪胆子大、敢讲真话，个别不怀好意的人就指名邀请他去给党组织提意见，给数学系的领导提意见。莫嘉琪直言不讳，提出国家的统购统销政策不合理，系里某某领导工作作风有问题等。没承想，别有用心的人“秋后算总账”，把这些意见断章取义作为揭发和检举莫嘉琪有推翻社会主义制度的企图和野心。于是，他被错误地划为“右派”，并进行劳动改造。劳动改造期间，不论是寒风刺骨的冬季，还是蚊虫叮咬的盛夏，莫嘉琪一直没有放弃当数学家的念头。毕业论文指导老师曾语重心长地鼓励他：“你真不简单，希望你再坚持下去。”

七尺男儿之躯，轰然倒在三尺讲台上

1960年7月，修完5年大学学业的莫嘉琪到了该毕业分配的时候了。他被分配到位于安徽省芜湖市的皖南大学数学系任教。任教期间，他一心扑在教学上，教学成果受到普遍好评。

"文革"后期提出大学要直接为农业生产服务，高校的教学要紧紧围绕"三机一泵"(即电动机、收音机、拖拉机和水泵)做文章。可是，莫嘉琪从来不敢买收音机，生怕买回来被人误解是收听"敌台"。然而因为教学需要，教物理的爱人藕秀芳就手把手地教他学电焊，组装零件。经过一段时间的磨练，非常聪明的莫嘉琪不仅学会了组装收音机，而且学会了组装黑白电视机。

"文革"结束，知识分子迎来了科学的春天，所有中断了的教学和科研工作开始步入正轨。莫嘉琪这才感到扬眉吐气，开始集中精力做起真正属于自己的学问，正式发表第一篇学术论文。由于"文革"期间学校图书资料出现了大量的断档和空白点，对当时外界科研的成果和进展一无所知的莫嘉琪，就利用两次到南京和合肥开会的间隙，分别到南京大学图书馆和中国科学技术大学图书馆借来需要的科研资料。因为第二天要归还，莫嘉琪就在旅馆的过道里通宵抄写文献，将近百页的外文资料全文抄录下来，带回学校后又分别花费了半年功夫进行消化，结果写出来的两篇论文相继发表，并荣获"安徽省科技成果奖"。这一奖项在校内、系内影响很大，时任数学系领导张国铮副教授为了激励更多的教师向莫嘉琪学习，就把奖状挂在系办公室，而且足足持续一个半月时间。

学高为师，身正为范。几十年来，莫嘉琪教授在教书育人上倾注了大量的心血和汗水，深受老师和学生的爱戴和尊重。1988年6月的一天，52岁的莫嘉琪教授正在教学大楼308教室给数学系同学讲授专业基础课常微分方程，突然感到胸口疼痛异常，为了不影响教学，他强忍着剧痛继续坚持上课。由于病情发展迅速，莫教授在摇晃数下之后，最终还是倒在讲台上。手忙脚乱的学生们把他送往医院抢救。结果，他被诊断为急性心肌梗塞，在医院里抢救了49天，总算挽回了生命。而刚刚出院的莫嘉琪身体尚未康复，考虑到还有三个年级的5位研究生的课没有上，就在家里挂起了小黑板，把研究生召集到自己家里来授课。此举令他的研究生们十分感动，陈松林同学事后说："我们如果不好好学习，就太对不起莫老师了。"

1994年年底的一天下午，莫嘉琪正打算给数学系同学上课，上课前20分钟左右，该班班长突然打电话给莫老师，称他们班有两位同学被一群海南籍学生无故打伤，其中一位同学的两颗门牙被打掉，全班同学非常气愤，决定集体罢课。莫嘉琪听后，马上告诉他们不要乱来，取消罢课行为，照常上课。到了上课时间，走进教室的莫嘉琪发现教室空无一人，就立即赶往系办公室，对正在那里与领导对话的同学们说："第一，擅自决定罢课是错误的，这件事既然发生在我上课的班级，就由我来处理。第二，如果情况真如你们所反映的，两位同学被冤打，那么，我坚决站在你们一边，按正确的途径向学校反映，要求严肃处理肇事者。”后来，经过莫教授的正确处理，主要肇事者被校方开除学籍。从此，学生对莫老师的人品更加敬佩。

传略入载《世界名人录》

一边搞教学，一边搞科研，这是件十分艰苦的事情。莫嘉琪为此付出了巨大的代价。20世纪80年代，莫嘉琪就开始将计算机引入教学和科研领域。起初，自己家里没有电脑，他就经常利用晚上休息时间和寒暑假到学校生化楼微机房去工作。大楼每晚十点钟关门，莫嘉琪经常被锁在大楼里，在机房里通宵工作，直到第二天早晨才回家。熟料，在几个炎热的夏季夜晚，工作到深夜，楼里突然停电，此时大门已锁，偌大的生化楼只有莫嘉琪一人，实在没有办法的莫嘉琪只好坐在四楼的平台上，眼睁睁地度过了既炎热无比又有蚊虫肆虐的不眠之夜。这种情形对上了年纪的人来说，无疑是一种伤害。

然而，面对这一切最感到担心的恰恰不是莫嘉琪本人，而是他的爱人藕秀芳老师。采访中，藕老师告诉记者："我最担心的是老莫患有心肌梗塞，因为华罗庚当年就是因为急性心肌梗塞发病而突然去世的。夜里一个人被关在生化楼内，万一发生意外，家里人一点儿也不知情。"藕老师还说，因为日有所思，夜有所梦，老莫经常梦到自己的课题，一旦灵感来了，不论何时他都毫不犹豫地翻身下床，记下自己的所思所想，生怕第二天早晨醒来会遗忘。对此，藕老师早就习以为常，看到对教学和科研如此痴迷的丈夫，做妻子的还能说些什么呢？

莫嘉琪教授的科研主攻方向——奇异摄动理论，是数学微分方程领域的一个方向，是目前国际数学界研究的热门领域。据统计，他在1997年公开发表这方面的学术论文17篇，其中15篇发表在国家级以上刊物。1998年又有22篇论文公开发表或已被录用，其中17篇属于国家级以上学术刊物论文。去年年底，他所承担的"非线性奇异摄动理论问题"科研项目，又获得教育部科技进步三等奖。至此，在近20年的教学和科研中，莫嘉琪已先后8次获得省部级科技成果政府奖，在省级以上学术刊物发表论文100多篇，其中《一类非线性反应——扩散方程组的奇摄动》一文曾发表在我国自然科学最高级别刊物《中国科学》1998年第10期上。在众多科研项目中，转化为社会生产力，应用于社会并产生较大社会效益的就是他主持研制的《AHSD——奇摄动文献库》。该文献库收集了国内外50年以来的有关文献，其中《文献主库》共收集了4 712条中、西文文献信息，共贮存了国内外992种期刊档案，主题分类991条，中、西文关键词1 244条，典型文摘63篇。鉴定委员会委员一致认为，该文献库是一套实用的文献管理系统，在奇摄领域的文献管理方面已经达到了国际先进水平。该成果自1992年开始就进入了软件市场应用阶段。来自上海交通大学、美国克利夫兰州立大学等国内外近20家用户的意见一致认为，该文献库汇集了大量信息，对促进我国奇摄动研究是一个很大的贡献。作为一个数据库系统，它的功能齐全，操作方便，并且具有良好的用户界面等，不仅可以被学术界各方人士采用，而且还可推广于其他各学科领域。

多年来，莫嘉琪在高校共开设和主讲高等数学、奇异摄动理论等20多门不同课程，其中本科生、研究生和博士生的基础课、专业课和选修课，主讲课时超过5 000学时，直接面授的学生有6 000多人。

近十年来，他还相继被聘为上海大学、上海交通大学等高校兼职教授和世界权威刊物美国《数学评论》评论员，享受国务院突出贡献专家特殊津贴。个人传略经反复遴选被国际权威传记出版刊处美国"MARQUIS"和英国"剑桥"分别列入《世界名人录》。

（原载《安徽工运》1999年第5期）

祖保泉:平生不学撑船诀

在安徽师范大学这所被誉为“花园式学校”里,我们如约叩开了祖保泉教授的家门。这位堪称中文系的“元老”,自1994年9月从教学第一线退下来之后,仍宝刀不老,笔耕不辍,继续从事他的学术活动。

祖保泉早年毕业于四川大学文学院中文系,1952年秋调入安徽大学(安徽师范大学前身)中文系任教,至今已有45个年头。抗日战争时期,他就开始潜心钻研中国古代文学理论,并有志于创造一个具有中国风格和中国气派的文学理论。在学术研究领域,他一生共有三个着力点:《文心雕龙》研究、二十四诗品研究和历代诗词研究,尤其在二十四诗品研究方面成就突出。1961年,他发表《读司空图诗品札记》,这成为新中国成立后研究《诗品》的第一篇学术论文。有关研究专家认为,祖保泉对《诗品》的研究,“为打开《诗品》的迷宫找到了一把钥匙”。到目前为止,他已出版学术专著5部,发表文字100多万,其中《文心雕龙选析》获1989年国家教委颁发的“《文心雕龙》教学、教材建设国家级优秀奖”,《文心雕龙解说》获安徽省第三届社会科学成果奖一等奖。

作为已功成名就的资深教授,从工作岗位上退下来颐养天年、安享晚年,应是顺理成章的事。退休时已是73岁高龄的祖先生却有着不服老的精神,继续做科研工作,他坦率地告诉我们:“经常有人问我,退休后在精神上是否有失落感?我说这不是怪事吗?退休下来干不干全在于你自己,你的精神世界完全由你自己主宰。我觉得我还能干,为什么不干呢?我知道老天留给我的时间虽然不多了，但总不能坐等老年痴呆吧？我一直在干，而且几乎没有休息过。”据了解，祖先生每天坚持看书、写作都在6小时以上，双休日也不休息。因此，虽然退休仍成果不断。近年来，在参与讨论二十四诗品的作者问题上，他先后发表权威性学术论文3篇，在学术界引起较大反响，进而将这场学术论争引向深入。祖先生还告诉我们，他手头正在赶写一部新著《司空图诗文研究》，目前已完成8万字，计划撰写12万字，预计明年完稿。在谈到这部书稿时，祖先生还高兴地告诉我们：“我将把这本书作为最有意义的礼物，献给我80岁生日。”

已届77岁的祖先生说起话来依然底气很足。熟悉他的人都知道，祖先生一向注意身体保健，即使平时工作再忙，也不忘坚持每天锻炼。晚年的祖先生依旧外出参加学术活动。1995年夏，他曾以中国《文心雕龙》学会常务理事的身份，亲自赴北京参加“文心雕龙国际学术讨论会”。

当问及他晚年还有哪些情趣时，和蔼可亲的祖先生扑哧一笑，指着双手捧着砚台刚刚从我们身边走过的小孙女的背影说：“教小孙女写字就是我的自娱活动之一。此外，偶尔也填填词。不过，我填词倒有个规矩，自愿才动笔，不逢场作戏，得罪人也在所不惜。”

在结束采访告辞之际，我们欣然间发现在客厅的墙壁上悬挂着一个条幅，是祖先生在60岁生日时写的一首自况词《木兰花令》，其中写道：“平生不学撑船诀，爱读诗骚师马列。前波后浪雪连山，且弄船头分浪楫。”我们想，这大概就是祖先生在经历了几十年教书生涯之后而深深领悟到的人生况味，也是他作为一代学者为自己确立的人生准则。

（原载《安徽日报》1997年6月20日）

余恕诚：道德文章皆师表

初春的安徽师范大学校园，草木葱绿，空气清新，环境静谧。在这座拥有近80年深厚历史的高等学府里，提起余恕诚教授，师生们无不投以敬仰的目光。

曾任第八届全国政协委员、第八届安徽省政协常委，现任安徽省政府参事、安徽师范大学中国古代文学专业博士生导师、中国诗学研究中心主任的余恕诚教授，长期从事中国古代文学的教学与研究，在古代文学领域特别是唐诗研究方面卓有建树，先后出版独著、合著11部，在国家重点和国家级期刊上发表学术论文40余篇，获国家级、省部级奖励10项，其中独著《唐诗风貌》和论文《李白与长江》先后获得安徽省社科一等奖；与刘学锴教授合著的《李商隐文编年校注》获国家图书奖、全国古籍整理一等奖。由于他的论文和著作在理论上和文献上均有重要开拓与贡献，受到海内外古典文学界的推崇，被认为是“有多方面重要建树的古典文学专家”。

作为一名高校教师，余恕诚教授始终把教书育人视为天职和己任，虽已年过花甲，仍常年坚持在教学第一线。他认为，“中国古代文学是中华民族精神的载体，民族的情性、灵感、意志和智慧在其中都有充分的体现。”余恕诚教授从不居高临下板着面孔说教，而是注意挖掘教材中的人文精神和审美要素，深入阐发充盈于名篇名作中的民族传统美德、自信心、自豪感，着力培养大学生的人文精神、审美情操和审美能力。他在向学生传播知识的同时，非常注重思想修养和品德的熏陶，因而受到历届学生的尊敬。20世纪80年代就读于安徽师范大学、现为博士生导师的安徽教育学院丁放教授深有体会地说："余先生对学生的影响，是集爱岗、敬业与才学、作风为一体的全方位的熏陶和启示。"由于在教育方面成绩突出，余恕诚教授自20世纪90年代以来，先后被评为"全国优秀教育工作者""安徽省师德先进个人"等荣誉称号，曾获曾宪梓教育基金会高等师范院校教师二等奖。去年教师节前夕，他又荣获百名"国家级教学名师奖"，与来自全国著名学府的其他99位名师一起，在北京人民大会堂受到国务院总理温家宝等国家领导人的亲切接见。

除了做好自身的专业教学和科研外，作为古代文学专业学术带头人，余恕诚教授还在学科队伍的梯队建设和青年教师的培养等方面倾注了大量的精力。为了稳定队伍、壮大学科点实力，余恕诚教授在专业点内极力营造良好的人际关系；在学位点建设、研究基地建设中，他多方奔走，近几年相继成功申报了中国诗学研究中心、文献学专业硕士点和古代文学博士点，用余教授的话来说就是，"这样做旨在争取让青年骨干有更大一点的学术发展空间"。

似乎从没有闲暇日子的余恕诚教授目前正在积极筹备招收中国古代文学首届博士生。由他等主编的一部精选历代文人歌咏安徽的诗、词、文并配以图片来介绍安徽、宣传安徽的精品图书——《诗情画意的安徽》也正在审定和修改中。

（与沈宫石合作，原载《安徽日报》2004年3月21日）

汪裕雄:化作春泥更护花

“位我上者,灿烂星空;道德律令,在我心中。”这是著名哲学家康德对审美至高境界及“自由人格”的精彩表述。对康德美学思想钟爱有加的安徽师范大学汪裕雄教授,12年来就以这一崇高的人生理想教育和启发他的一届又一届硕士研究生。自1987年至今,他已先后招收了8届文艺美学硕士研究生,毕业10名,现有5名在读。在历届毕业生中,已有2人获得高级职称,4人以优异成绩分别考入复旦大学、中国社科院研究生院、武汉大学等著名学府,师从蒋孔阳、余敦康、刘纲纪等著名学者,继续攻读博士学位。他精心培养的研究生,其专业水平和综合素质在国内高校同专业中广受赞誉。不久前,汪裕雄教授被教育部、人事部联合授予“全国模范教师”光荣称号。

“弟子”进门　约法三章

在安徽师范大学,汪裕雄教授对硕士研究生要求之严、指导之细、关爱之深是早已出了名的。新生刚入学,他就跟学生“约法三章”:一是学术研究本身很苦,既然选择了走学术的道路,就要有吃苦的思想准备,就要耐得住寂寞和贫寒;二是美学研究本身存在着“两极”,一极是哲学思辨,另一极是具体精微的艺术敏感,要想学好美学起码要有三门学科即哲学、心理学和艺术学的知识作铺垫,在读研期间必须阅读大量的原著;三是在学习方法上坚持以自学为主,而且要从最基础的图书读起，从写读书笔记做起，然后逐步过渡到做专题笔记和学术研究论文。在平时的教学中，无论是听课、读书、写作，汪教授都要求学生一丝不苟。对于汪教授门下的研究生来说，读书笔记不符合要求退回重做，大小论文不过关退回反复修改，是常有的事。现在中国社科院读博的张慧同学，曾花了整整一个暑假阅读完了《吕氏春秋》等两部原著，并就此写了一篇读书笔记，本以为可以交差了，哪知汪教授仔细审阅后认为，文中有些地方因沿用别人的观点而导致前后不连贯，于是打回去让她重做。对这件事，张慧至今仍记忆犹新。刚读研究生二年级的陈元贵同学说："面对如此高标准、严要求，刚入学的新生整天感到惶惶不安，因为如果不抓紧时间，他们是很难按时完成导师指定的学习任务，而且任务不完成一般是不敢贸然也无颜去见导师的。"

身体力行　率先垂范

向学生布置学习任务，汪教授常是限时限刻，从不拖延。他和学生约定，凡按时送阅又符合要求的笔记、论文，一周之内一定批阅发还，而且评语写得很详细，哪怕是一个病句、错别字，甚至是一个标点符号误用，他都一一改正过来。刘萍同学说："有时他们取回被导师改得面目全非的作业，脸上顿时红得发烫，感到很不好意思。"因此，汪教授经常是中断手头的工作和研究，挤出时间为学生批阅笔记和论文，双休日也从不休息。如今已是中文系留任教师的夏艳，感到最难以忘怀的一件事是，去年3月她毕业前夕的一天，当她把完成的毕业论文送到汪老师家中时，发现汪老师的颈椎病又犯了，犯病时的汪老师感到天旋地转，眼冒金花，但他稍事休息后仍坚持帮她审阅论文。后来她听师娘说，那天晚上汪老师一直审阅到11点多，实在不能坚持，第二天他才去医院检查，医生惊讶地发现他的第四节和第五节颈椎骨都连到一起了。闻之，夏艳的眼泪像断线的珍珠，"刷"地流了下来。11月下旬的一天，汪教授的颈椎病再次发作，但他一声不吭仍坚持参加张辉同学实习前的试讲。然而，尚未离开教室，同学们就突然发现汪老师头晕得实在支撑不住，接着当场呕吐起来。同学们要扶他上医院，他连连摆手说："老毛病，不要紧。"夏艳告诉记者："汪老师把事业和人生融为一体，在他身上体现着崇高的美学精神和纯真的人格美。"据他的研究生介绍，汪老师在批阅学生笔记时，每发现学生有独到的体会，总是鼓励学生及时写成论文，有些论文在学生就读期间便已在省级以上刊物上发表。他指导的学生，3年中每人的读书笔记在三四十万字，他都一一细阅批改。他的许多批语既为学生释疑解难，又出自个人研究心得，常被学生称为“终生受用的珍贵礼物”，“精神上的宝贵财富”。

是严师　更是慈父

汪裕雄教授指导的研究生大多出身贫寒农家，加之读研期间助学金十分微薄，许多学生生活格外清苦，面对社会上滚滚商潮，有时难免心旌摇荡，汪教授就与他们促膝长谈，激发他们的学术热情。在他们遇到特殊困难时，又总是援之以手，予以接济。

安徽教育学院教师钱雯在读研期间是没让汪老师少操过心的一位，他无法忘记毕业前夕汪老师与他那一次长达3个多小时的深谈。他在电话那端激动地告诉记者：“那次导师与我进行推心置腹的平等交流，态度非常诚恳，让我终生难忘。他告诉我如何把握西方美学和中国传统文化，要求我毕业后仍要继续攻读《二十四史》等原著，甚至还给我列了一份毕业后的学习书目，对我今后怎样做学问提出了很多充满智慧性的建议。那次深谈给我启发很大，我认真地做记录，以便经常回忆，时时督促自己。汪老师对待学生如慈父般的真诚，对我们的教诲让我们终身受益，他永远是我们精神上的导师，学术道路上的一盏明灯。”

汪裕雄教授还对学生细致周到地关爱学生的身心健康。一次刚开学，陈元贵同学因生病迟到了一个星期。汪老师知情后，特意买了两袋奶粉送到小陈的宿舍，嘱咐他一边养好身体，一边加强体育锻炼，此举令这位家境清贫的农民孩子感动万分。李耀南同学入学前就患有严重的神经衰弱症，学习一紧张就会彻夜失眠。三年级上学期，李耀南因母亲病重请假时间较长，回校后因夜以继日赶写毕业论文又导致神经衰弱病情加重，引发肠胃功能紊乱。于是，他想延长学习年限。这时，汪教授一边热心安慰，一边亲自写信请李耀南远在湖北的爱人来校照顾小李。春节期间，又邀请他们到家中做客，鼓励小李养好身体，坚持完成学业。在导师的言行感化和悉心关怀下，李耀南的身体逐渐康复，按期写出的论文受到前来主持论文答辩的北京大学叶朗教授的高度评价。去年，他又在导师的鼓励下以第一名的优异成绩考取武汉大学，成为刘纲纪教授的博士生，他在给“汪导”的一封信中说：“生我者父母，教我者老师，得遇吾师，实乃此生一大幸事。”

为师为人　大家风范

汪裕雄教授平生信奉的两句话就是：“讲真才实学，不误人子弟；以平等对人，不摆老师架子。”自1993年以来，他在《中国社会科学》《学术月刊》等学术刊物上发表论文8篇，参与主编《中国历代美学文库·魏晋南北朝卷》，5年发表学术成果达70多万字，先后出版的《审美意象学》和《意象探源》两部专著，分别荣获中国高校首届人文社科优秀成果二等奖和安徽省第四届社科优秀成果一等奖。

汪老师的教学效果良好，在学校教务处主持的教学效果评估中，每次得分都是“优秀”。他认为，年轻学者一定要拓宽知识视野，作为一名导师应该具有开明的学术态度，切忌挫伤年轻人的锐气。在学术上要提倡多元化，不能有门户之见，学生完全可以持与导师不同的学术见解。他说，有一些老教师在认识上有误区，往往把学生当成自己调教的对象，要求学生信守和捍卫自己的观点。他认为，导师要尊重学生在学术上的人格和自由，如果学生不能发表不同的学术观点和意见，则是一件非常苦恼的事情，而且对学生的成才不利。正因为如此，汪教授经常与一些青年学生畅谈庄子、王国维、康德、黑格尔等，古今中外纵横捭阖。汪教授自己称，他最愉快的时候是与青年学生倾心交谈，甚至是互相争辩的时候。他说，年轻人的热情、朝气常常给他以灵感和启发，他和年轻人交谈毫无“代沟”之感。他始终认为：“多读多看，勇于接受新观念、新事物，这是一位学者应有的学术品格。”

（原载《中国教工》1999年第10期，
此文获得《中国教工》人物专栏征文三等奖）

朱良志:让精神长城在心底延伸

在1996年度中宣部举办的第五届社会主义精神文明建设“五个一工程”作品评比中,北京大学教授张岱年主编、安徽教育出版社出版的《心灵长城——中华爱国主义传统》一书,荣获入选作品奖。此书一问世,立即在新闻界和学术界引起热烈反响,不到半年的时间内印刷了两次,十几家全国有影响的报刊相继发表评介文章。

日前,记者就《心灵长城——中华爱国主义传统》一书创作的有关情况专访了此书的主创人之一、安徽师范大学教授朱良志先生。

《心灵长城——中华爱国主义传统》之所以能在众多参评的爱国主义教育图书中别具一格、新人耳目,是与编写之初主创人员对选题的精心策划有着密切的关系。据了解,全国几百家出版社纷纷把深情的目光投注到爱国主义这一主题上。然而,浏览这些爱国主义出版物不难发现,绝大多数读物都立足于介绍中国历史上或现代的爱国主义人物或事件,很少有探讨爱国主义理论的著作。朱良志回忆道,那时他们敏锐地感觉到,如果把爱国主义传统理论作为研究对象加以探讨,推出一本有分量的学术性专著,这是一件非常有意义的事情。

中国文化博大精深,历代爱国主义与中国文化的广泛内容融合在一起,这种历史上的复杂性给人们带来认识上的模糊性;爱国主义又是一个历史过程,不同的历史时期有着不同的内容和特点,一些疑难问题,难以回答和把握。朱良志意识到,正因为有难点、疑点和空白点,才有可能突破和创新,而析疑解惑、不避难点，也正是学术价值所在。就这样，经过诸多专家、学者的反复研究和论证，一本以中华爱国主义传统理论为研究对象的学术性著作的雏形，渐渐“浮出海面”、初露端倪。

“该书把中华爱国主义传统作为研究对象，其现实意义又何在呢?”朱良志认为，历史与现实之间只是时间上的差异，是古人与今人的差异，他们之间有许多东西是共通的。拉开时间的帷幕，今人与古人之间完全可以作跨世纪的交谈。传统文化和现代文化之间是一条绵延不绝的河，两者不可分割，一脉相承。我们研究传统是为了更好地总结和回顾过去，确认传统是为了面向现实，面向现代化。作为知识分子，我们在书斋里爬梳古老文字的同时，要善于做现代之子，做窗外之士，在古代长河中作现代之想，善于用智慧将古今精神融汇和贯穿起来。

“如果把策划视为对选题定位的话，那么编创就是力求从内容到形式的完美统一。”朱良志在创作中实践了自己的理想。为了增强文章的可读性，朱良志在编创时就特别强调内容和文字的内蕴和统一。初稿会审时，面对出自不同大家手笔、文风各异的48万字文稿，朱良志专程从芜湖赶到合肥对原稿进行加工、修改、润色。在安徽教育出版社，他把自己关在房间里不分昼夜地操“刀”大删、大削、大砍，一轮轮，一番番，左修右改，数易其稿。期间，为确保书稿理论的权威性，朱良志专程在图书馆查阅《二十四史》等书，反复核实书中的每一个引文出处，其困难和辛苦程度可见一斑。

朱良志还告诉记者，为了加强感染力和视觉冲击力，该书封面装帧以蜿蜒起伏的长城为背景，以青铜雄狮、大鼎、古代武士、佛像雕塑和圆明园残址的组合图案为主干，擎天柱般地“顶天立地”于画面中央，既有雄阔恢弘的气势，又给人凝重和昂扬奋发的视觉冲击效果，生动地体现了全书的爱国主义精神主题。

一席深谈，更增加了《心灵长城——中华爱国主义传统》在我们心中的分量。

（原载《安徽日报》1996年12月6日）

王明居:通俗美学与模糊美学

20世纪80年代中后期,全国优秀畅销书《通俗美学》一度"洛阳纸贵",该书的作者、安徽师范大学中文系教授王明居的名字也为广大美学爱好者所熟知。近几年来,王明居的名字又与"模糊美学"紧密地联系在一起,他的关于模糊美学理论研究成果,受到海内外美学界专家、学者的瞩目和推崇。

39年来,王明居一直从事文艺理论、美学的教学和科研工作,在文学风格和模糊美学研究方面,处于全国前沿水平。1985年8月出版的凝结着王明居数十年辛勤汗水的第一本学术专著《通俗美学》,一举荣获安徽省哲学社会科学优秀成果三等奖、1987年获全国优秀畅销书奖、1988年获全国首届优秀教育图书二等奖,并再版两次,被国内部分高校作为教材。

在长期的美学教学和研究的基础上,王明居越来越强烈地感受到,传统美学历时千年,虽然建立了较为严密的美学体系,但同时又显得封闭和片面,使得诸多美的现象和美感现象被隔绝在体系之外。到20世纪80年代末期,随着经典美学逐步走向开放,传统美学的限阈被打破,作为美学学科一次大解放的模糊美学历史地向我们走来。于是,他准确地捕捉了这一时机,及时调整研究方向,把自己的科研视角转移到这一崭新的领域,从多角度、多层面开拓和挖掘这一具有中国特色的美学新课题。

经过几年的潜心钻研之后,到1989年年底,他的关于模糊美学的第一篇科研成果《优美与模糊》,率先在1989年第5期《文艺研究》上发表。此后,他那睿智的思想就像开闸的河水奔涌而泻，在不到7年的时间内，便取得了丰赡的科研成果。他先后在《文艺研究》《文艺理论研究》《国画家》等国家级学术期刊上发表模糊美学方面论文17篇，其中国家一级13篇，这在美学界引起很大的反响。1991年7月，他出版了研究专著《模糊艺术论》，这本书把模糊论与艺术论贯通为系统的学术专著，系国内首创。它不仅是王明居研究模糊艺术的理论总结，而且是我国第一部系统论析模糊艺术的学术专著，此书荣获华东地区第六届优秀教育图书一等奖，光明日报社《博览群书》1992年第7期、1993年2月11日《人民日报》海外版都给予高度评价。1992年他又出版了《模糊美学》，第一次提出了“模糊美学”的概念，填补了美学领域的一项空白，因而具有里程碑式的意义。王明居关于“模糊美学”思想，主要体现在这本专著中。《文艺研究》《中国哲学年鉴》等国内权威性杂志称这本书是“模糊美学研究优秀的奠基专著”。

除了出版《通俗美学》《模糊艺术论》《模糊美学》外，王明居还相继出版学术专著《唐诗风格美新探》《文学风格论》、合著《审美教育》《中小学美育浅谈》等，在省级以上学术刊物发表论文百余篇。王明居现为安徽师范大学文艺美学研究生导师，中华全国美学学会会员，兼任中国文艺理论学会理事、中国西部地区模糊科学研究会顾问、安徽省文学美学研究会会长、安徽省思维科学研究会学术委员会副主任等职，享受国家特殊津贴。

（原载《芜湖日报》1997年1月4日）

谭永祥:老学者三上法庭告侵权

1999年9月24日上午,一位年近八旬的瘦弱老人,抱着一大摞书和杂志,在一位硕士研究生的陪同下,再次出现在芜湖市中级人民法院经济一庭的原告席上。这位老人名叫谭永祥,现为安徽师范大学一名退休副研究员。据了解,在近三年的时间里,谭永祥老先生出于保护自己著作权的初衷,已经三上法庭,先后打起了两场官司。

谭永祥其人其事

现年77岁的谭永祥老人,一生命运坎坷,早年曾受到过不公平的待遇,并被关进监狱。谁知一蹲就是21年,黑发进去,白发出来,平反时谭老先生已年过半百。年轻时踌躇满志的谭永祥做梦也没有想到,自己人生最宝贵的时光却在铁窗下虚度。即使是这样,55岁的谭先生也没有怨过谁、怪过谁,更没有想到要去告发谁,他只是想拼命抓住生命的"尾巴",抓住时间的点点滴滴,做些对后人有所教益的事情。于是,在安徽师范大学语言研究所的岗位上,在他退休前的6年时间里,谭先生连续出版6本著作。退休后,索居的谭永祥更是把著书立说当做自己最大的乐趣,笔耕不辍,以平均每两年一本的速度"疯狂"地出书。到目前为止,他已先后出版学术专著13本,其中以《修辞新格》影响最大。正是这一本本学术价值颇高、且有不少是填补学术界空白的专著,相继在语言学界一炮炮打响,逐渐奠定了他在学术界的地位，并使他迅速成为当今国内屈指可数的几位修辞学大家之一，令同行们刮目相看。

晚年的谭永祥本想静心著述，可还是被"搅"进世俗纷繁的尘嚣，成了一桩桩诉讼案件的主角。从8年前一个偶然的机会开始，谭永祥逐渐发现学术圈子里一些相识和不相识的同仁们，在肆无忌惮地"抄袭"自己呕心沥血换来的学术成果，而且"抄袭"的速度比预想的还要快。这不，他的一本学术新著交到某出版社，尚未付印便被一位熟悉内情的人"抄"走，以论文的形式发表在各种学术刊物上达14篇之多。根据谭先生粗略统计，仅他目前手头上收集到的涉嫌抄袭他《修辞新格》的书就有15本。据业内知情人士称，其中不少抄袭者就是因"抄袭"谭著而发表了文章，出版了著作、辞典，从而被评上了副教授和教授高级职称。谭永祥越想越不对劲，于是，坐了几十年冷板凳的谭先生再也坐不住了，他无法忍受这接二连三、连珠炮似的"侵权"行为，一份份诉状将"侵权"者一个个送上被告席。笔者问他："两场官司耗去了你至少8年的时间，这期间你至少少写了三四本书；况且这样无休止地打下去，是不是损失太大，太不划算了？"谭永祥则这样告诉笔者："我之所以执意要打这两场官司，既不是为名，也不是为利，而是在于警告那些'文抄公'们，应该收敛一下自己的不法行为，尤其是那些具有较高资历和学术影响的知名人士，要珍惜自己的声誉，不要让自己在这种令人不齿的事情中身败名裂，一辈子也抬不起头来。"

将全国人大代表推上被告席

以博览群书、著书立说起家的谭永祥，隔三差五总喜欢逛逛单位附近的几家书店，看看是否有修辞学专业方面的新书面世。1991年7月初的一天，当他例行来到芜湖市新华书店时，突然发现新书架上有一本熟识的同行刘焕辉先生的新著《修辞学纲要》（以下简称《纲要》），便索性购买了一本。待回家通读后发现，该书的第三部分"抄袭"了他1983年10月出版的专著《修辞新格》中所独创的15个新格中的10个新格，和他1982年4月出版的另一本专著《修辞例谈》中的1个辞格，两相比照，不仅格名、定义、例句，而且连评析文字也都相同或相似，且没有标明出处。据谭先生初步统计，《纲要》一书共"抄袭"了他这两本著作12 144个字。事发后，谭永祥于7月8日致函该书的出版者——百花洲文艺出版社，指出其"侵权"行为。8月27日，该出版社认为"刘焕辉没有把每一处引用注明出处，也许是一个缺点"，但是否认有"侵权"行为。不久，刘焕辉教授本人知情后在致谭先生的信中，也承认在引用过程中“未能一一注明出处”，而且“承认这是著作权意识不强和学风不严谨的表现”，“特向谭先生致歉”。看到刘焕辉如此坦诚和赔礼道歉，加之华东修辞学会会长倪宝元教授等人从中调和，谭永祥表现出宽容、大度，也就没再说什么。

然而，时隔不久，百花洲文艺出版社在明知谭先生对《纲要》一书的出版存有“侵权”质疑的情况下，又将此书重印了3 000册，此行为再度点燃了谭先生已经熄灭了的怒火。为此，谭永祥从1995年1月至6月，前后3次致函江西省版权局，诉刘焕辉侵权。6月20日，江西省版权局复函称，根据他们的技术鉴定，认为《纲要》引用谭永祥著作的字数是5 000多字，而不是谭永祥所说的12 144个字，参照《中华人民共和国著作权法》的规定，属“适当引用”，不存在所谓“侵权”。同时又主动向谭先生抛出调解“绣球”。

谭永祥接到此函后非常气愤：“明明白纸黑字还想抵赖不成”，他不但没有接受调解意见，而且一纸诉状将刘焕辉和百花洲文艺出版社告到芜湖市镜湖区人民法院。后因被告刘焕辉系两届全国人大代表，根据民事诉讼法有关规定，此案又被移送到芜湖市中级人民法院审理。谭永祥在起诉书中请求法院依法保护自己的知识产权，判令两被告停止侵权，并公开赔礼道歉，赔偿经济和精神损失费5 000元。

此案在经历一番管辖权之争后于1997年11月17日在芜湖开庭。当天，两被告虽没有到庭，但他们的委托代理人均出庭应诉。刘焕辉在书面答辩中向法院陈述了三点理由：其一，《纲要》是根据自己提出的修辞观和方法论来构拟汉语修辞科学系统的修辞学著作，其转引谭永祥著作中的10个辞格和有关例句，目的都是用来作为分类和归类对象。其二，转引内容不仅构不成“引用人作品的主要部分”和“实质部分”，也构不成《纲要》辞格部分的“主要部分”和“实质部分”。其三，《纲要》引用谭永祥著作的内容丝毫没有“损害被引用作品著作权人的利益”，而是高度评价并宣传、扩大了谭永祥著作及谭永祥本人的社会影响，读者看到《纲要》，自然能激起阅读、购买谭永祥著作的欲望，因而相当于为它做了一个广告。以上三点均符合《中华人民共和国著作权法实施条例》中对“适当引用”所规定的相关条件。

在审理过程中，两被告委托代理人认为，《纲要》前后11次提到《修辞新格》作者的名字及书名，说明引用是公开的，加之在《纲要》重印补记中又特别提到《修辞新格》和《修辞例谈》两书及作者姓名，因此，坚持认为不存在侵权行为。这里需要补充一个情节，那就是在此案受理期间，刘焕辉曾向法院递交了1997年5月出版的《纲要》修订本，此修订本已全部删去了引用谭永祥著作的相关内容。

在法庭上，谭永祥及其律师则坚持认为，前两版的《纲要》过量引用谭某的有关内容，超出“适当引用”范围，同时在引用时又未以任何形式注明其出处，表明其用途，显已构成侵权。

当庭辩论，原被告谁也没能驳倒对方，谁是谁非只有等待审判委员会裁决。1997年11月29日，芜湖市中级人民法院在调解未果的情况下作出一审判决，宣判两被告败诉。

被告不服，上诉高院，老学者二次出庭

1998年5月8日，百花洲文艺出版社和刘焕辉教授对一审判决不服，遂上诉至安徽省高级人民法院。安徽省高级人民法院于同年12月1日在合肥开庭。如果说第一次出庭，谭永祥是以原告的身份出现，那么，这一次出庭他的身份却演变为被上诉人，不仅要受到对方的指控，而且还要就对方提出的问题作出不可回避的答辩。这次出庭，谭先生自告奋勇，亲自替自己辩护，而没有再请律师。但因年岁已高，双耳严重失聪，他请了自己以前的一位硕士研究生、现为安徽省民政厅干部的小盛作为代理人，坐在自己身边，充当自己的“耳朵”，帮助传递来自法官和对方的意见及主要观点。刘焕辉本人因出国讲学无法到庭，就委托全国人大代表、蚌埠市离休律师王工先生作为特别授权代理人，百花洲文艺出版社的两位律师也如期到庭。

上诉人认为，一审判决在认定事实和适用法律上都存在错误。第一，它混淆了“合理使用”与“抄袭”之间的区别，将“合理使用”与“抄袭”混为一谈。“合理使用”是指通过参考、吸收、借鉴他人已有的研究成果，融进自己创造性劳动成果而形成新的作品。而“抄袭”则是将别人的研究成果当作自己的研究成果发表。刘焕辉著作将谭先生命名的10个辞格作为基本素材进行使用，并且在总论部分介绍了谭先生在辞格研究方面的成果。在分论部分，每吸收、参考的辞格都提及了谭先生。只要看过《纲要》一书，谁都不会认为刘焕辉发现命名了什么格，把谭永祥的成果当作刘焕辉的成果。实际上，“两书中相同或相似部分”既不是“适当引用”，也不是“抄袭”，而是参考、吸收、借鉴；第二，“例句”的著作权不属于谭先生，谭永祥不能阻止别人使用这些“例句”；第三，刘焕辉的书信不应作为刘焕辉著作构成侵权的依据，因为这是个人的主观认识，不是客观事实。因此，请求撤销原判，改判上诉人不构成侵权。

谭永祥逐条进行了现场答辩，据理力争。他说：第一，抄袭有两种情况，一种是遮遮掩掩，将被抄的文字增加一点或减掉一点，或者稍作变化，为的是避免让人识破，另一种是照搬照抄，肆无忌惮。刘焕辉著作是二者兼备，又以第二种照搬照抄的办法为主。而且更为离奇的是，刘焕辉著作连谭永祥著作中的错误部分也原封不动地抄写了，这是抄袭的铁证，怎么会有这样的"参考、吸收、借鉴"呢？第二，至于例句的著作权问题，谭永祥认为，《修辞新格》中例句不同于任何一本修辞学著作中的例句，在创建新格和给新格定义中起着决定性的作用，离开了例句，新格将无法被发现和创建，甚至也无法存在。作者在享有著作权的同时，对其例句也享有排他形式的专有权。第三，当事人双方来往的信函，在审理过程中应该是重要的书证之一，法庭应当予以考虑、采用。

双方辩论相当精彩，但公说公的理，婆说婆的理。法庭从早上8点开庭，中午短暂休庭，下午接着开庭，且一直持续到18点。看到天色已晚，且双方争执不休，最后担任主审的金法官觉得双方没有必要再这样纠缠下去了，就征求当事双方意见，问是否愿意接受法庭调解，谭永祥立即表态："坚决不同意调解！"此案二审即终审，到本文发稿时止正式判决尚未出来。日前，谭先生向笔者透漏，安徽省高级人民法院已将此案的审理情况向最高人民法院请示，这表明此案已经惊动了我国法院的最高审判机构。看来，当事双方还得耐心等待终审判决的最后结果。

一波未平，一波又起，老学者才下法庭又上法庭

这起马拉松式的著作权官司使谭永祥精疲力竭。然而，生活似乎偏爱捉弄这位已年逾古稀的谭老先生。1997年春夏之交，谭永祥在芜湖的一家书店中又意外地发现一例涉嫌抄袭自己《修辞新格》等书的侵权事件，由西北政法学院教授刘帆和西北大学中文系教授杨春霖主编、陕西人民出版社出版的《汉语修辞艺术大辞典》（以下简称《大辞典》），"抄袭"了谭永祥所著的《修辞新格》《汉语修辞美学》《歇后语新论》和学术论文《"断取"补阙》中具有独创性的16个新格、176个例句及其相关评析文字，在语言文字表达方面，《大辞典》与谭永祥的著作存在完全相同或相似的地方达176处，共计56 000多字，且全没有注明出处。

谭永祥认为，该辞典整"格"整"格"地照录自己的著作，明显违反了《中华人民共和国著作权法实施条例》的有关规定，此举显然构成侵权。于是，致函与该出版社进行交涉。谁知，作为主编之一的刘帆教授在回信中矢口否认"抄袭"，同

时指出谭先生的“所谓抄袭之论，有悖理法”，并且从法律和学术研究的角度极力为自己的行为辩护。一场笔墨官司在谁也不服谁、谁也不让步的情况下不欢而散，于是一场法庭上的较量便不可避免地产生了。

1998年3月2日，谭永祥又一纸诉状将刘帆、杨春霖和陕西人民出版社告到芜湖市镜湖区人民法院。后由于谭永祥变更了部分诉讼请求，将标的5万元提高到了21.1万元，此案又于7月下旬被移送到芜湖市中级人民法院。谭永祥在诉状中，要求三被告停止侵权行为，在《光明日报》上作公开赔礼道歉，赔偿经济和精神损失费21.1万元。

今年9月24日，是我国传统的中秋佳节，但由于这起著作权纠纷案，使得当事人全家不能在这一天实现大团圆，多少给他们带来一丝遗憾和惆怅。此案于这天上午9时正式开庭。被告刘帆教授和《大辞典》的责任编辑、陕西人民出版社编辑屈奇先生亲自从西安赶到芜湖出庭应诉。被告杨春霖教授因年岁已高，有病瘫痪在床，且失去语言表达功能，因此无法到庭。

作为原告，谭永祥首先向法院陈述自己起诉的理由和要求。然后，由被告刘帆陈述自己的看法和观点。由于此次纠纷涉及的书和杂志比较多，内容庞杂，因此给举证带来很大困难。仅质证一项就耗去了一天多的时间。在第二天上午开始的法庭辩论中，刘教授认为，谭永祥的著作中的辞格没有超出前人研究的范围。他面对谭老先生不客气地说：“说实话，不怕您谭先生不高兴，陈望道先生的《修辞学发凡》被您的《汉语修辞美学》一书‘抄袭’的数量也是相当惊人的，如果您不承认‘抄袭’其中的理论观点，那就是不实之词。修辞是一种语言的表达方式，前人为此做了大量工作，谭先生说是他独创的，未免把前人成果也算进去了。谭永祥著作中的不少辞格，前人早就提出来了，而且两者阐述的特征基本一致。那么，到底谁‘抄袭’谁的呢？当然，我这里也不是说您谭先生抄袭了陈望道等先人的，只是想说，辞格是可以使用的，如同词一样，任何人都可以使用。应该说，后人借鉴前人的成果是正常的。正如您在《修辞新格》的‘序’中所说，您能站在巨人的肩上、踏着前人的足迹前行，那么，后人为什么就不能站在巨人和您的肩上前行呢？”谈到例句时，刘帆又说：“辞例是语言的材料，是别人的作品，选来说明自己的观点，这是‘引用’。为了说明一种修辞现象，大家都能引用，您谭先生用得，别人也用得。怎么能说您引用后就成为自己的作品，而我们引用了就构成侵权了呢？这种指责是没有道理的。况且《大辞典》收录了一万多个词条、200多万字，引用谭著的内容只是其中很小一部分。”

谭永祥则当庭反驳、答辩、针锋相对。他说：“例句对创建新格具有很大的重要性，没有例句，格名就不好命名，定义也无从抽象、概括，当然更无从辨析。辞格与例句又是浑然一体，如果被告拥有一定数量的例句，你也可以创建出一些新的辞格来。新格不同于老格，不错，我是用了陈望道的比喻、排比等老格名，但我没有一个例句是抄袭陈望道的，我敢说你一个例子也找不出来。退一步讲，即使我抄袭了陈望道的书，那么我的《修辞新格》怎么还能获得第二届陈望道奖呢？这不等于捣了他的老巢啦！岂不是天大的笑话。”

刘帆这时语气又变得特别诚恳，他说：“我从来没有说过这15个辞格中没有您谭先生的功劳，虽然此前有些辞格已经被广泛讨论和应用，尽管我们在法庭上吵得不亦乐乎，但我对谭先生一直充满敬意，对您的学术贡献佩服不已。但您要知道，我主编辞典的目的和原则，是想在修辞的应用和普及上下工夫，力图打破修辞仅仅停留在少数专家、学者圈子里打转转的格局。我把从古到今的有关修辞内容都收录进去了，我没有贪天下之伟功归已有，我没有否认从您的书中得到借鉴。辞书毕竟不同于专著，它具有公正性、客观性、概括性和总结性，它概括修辞学的成果，借鉴历史的成果，都是法律所允许的，不存在侵权。而您说我是抄袭的，我不敢苟同，您的某些提法很可能对我有所启发，但要划清‘抄袭’与‘借鉴’之间的界限。我所做的工作不是功劳也是苦劳，我承认我有失误，我没有事先与您打招呼。我虽不承认抄袭了您的辞格名和例句，但我不否认在评析文字上存在与您选择相同以至‘撞车’的现象，有的是直接从您的书中拿来的，只不过没有您指控的那么多罢了……”

这时，审判长熊平法官见时机成熟，便向当事双方提出调解方案。看到刘帆的态度有所转变，语言也比较诚恳，谭老先生在庭上率先表示愿意接受庭外调解。这样，经过近两天的审理，这起闹得沸沸扬扬的著作权纠纷案，在出乎所有到场人意料的情况下收了场。当天午后2点多钟，原被告双方终于第一次坐到一起共进那顿迟到的午宴。笔者从调解现场的气氛来看，虽然说此案已经结案尚为时过早，但双方最终在经济赔偿的数额上达成协议应该是不成问题的。

行文至此，笔者突然发现，非常巧合的是，两场官司中，谭永祥老先生原来是在轮番与两位刘教授“过招”。

（原载《法制与新闻》1999年第12期）

罗　超:让更多的人了解香港

在香港回归倒计时进入最后两个月的日子里,在芜湖市的大街小巷,人们时常可以见到这样一位年逾花甲的长者:他一手拎着一只装有讲稿的手提包,一手拿着一张自己绘制的香港特别行政区地图,不畏酷暑,步履匆匆,应邀到市内各单位,义务作主题为“香港的昨天、今天和明天”的巡回报告,走到哪里就把香港的知识传播到哪里,所到之处受到广大群众的热烈欢迎。他就是安徽师范大学历史系罗超教授。罗超教授长期从事中国近代史的教学和研究工作,对香港的百年沧桑耳熟能详。不仅如此,自1988年以来,他还利用开会和探亲的机会4次踏上香港的土地,考察时间长达一个月之久,亲眼目睹了今日香港的风采。

当问及到处举办这种主题报告会的初衷时,罗教授坦诚地说,由于香港长期远离祖国母亲的怀抱,在英国的殖民统治之下,国人对这块神奇的土地了解较少。随着香港回归祖国的脚步声越来越近,每位国人都非常想了解与祖国久违了近一个世纪的香港,他们甚至不满足于通过报纸、电视、广播等大众传媒来了解香港,更想听听亲自到过香港考察的人来介绍香港的风土人情。为了让更多的人了解香港,作为一个历史学研究者,此时能向群众普及香港知识,是义不容辞的责任。

为了解决传播历史知识相对枯燥的难题,具有丰富教学实践经验的罗教授,在报告中恰到好处地运用了对比手法,从丧权辱国的中英《南京条约》讲到“一国两制”,从腐败无能的清政府讲到英明决策的党中央,从英国首相撒切尔夫人讲到我国改革开放的总设计师邓小平，从香港总督彭定康讲到香港特别行政区首任行政长官董建华……角度奇巧，让人感到耳目一新，每次报告都能引起强烈共鸣。讲到这里，罗教授出示了一封来信，这是一位退休教师在听完他的报告后特意写来的，信中说："罗教授，你给我们上了一堂生动的爱国主义教育课，我们非常感谢你。我们很长时间没能听到这样精彩的报告了。如果以后有机会的话，我还想再听一次。"据了解，到目前为止，罗超教授已经在各种不同场合作了将近20场报告，听众达3 000多人。

（原载《安徽日报》1997年6月20日）

陈育德:为他人做嫁衣四十载

“难能尽如人意,但求无愧于心。”这句话是《安徽师大学报》资深编辑陈育德教授,对他40年编辑生涯所作的一番自我评价。这发自肺腑的心声,道出了他长期从事编辑工作的酸甜苦辣。

陈育德是安徽乃至全国高校学报界都负有盛名的资深编辑之一。早在1959年,安徽创办了全省公开发行的第一家高校学报《合肥师范学院学报》,时任该院副院长、原工人出版社社长吴从云,一眼便看中了中文系文艺理论教研室的青年教师陈育德,因为他对小陈的文品和人品非常赏识,于是就把筹备学报的重任交给他去操办。陈育德在人手严重不足的情况下,独自承担起组、编、校的繁重任务。在学中干、干中学的他,经常是忙到深更半夜。那时的他年轻力壮,精力充沛,苦点、累点也从不计较。

随着政治运动的风起云涌,从事文字工作的陈育德政治敏感度很强,生怕出现政治差错。众所周知,20世纪60年代初,印刷条件相当简陋,铅字总量有限,常常是这边刚刚印完,那边就急等着用这些铅字排其他的书稿,校对时间很短很紧,再加上铅字模都是“倒屁股”,校对很不方便,忙中出错的现象难以避免。在这方面,曾有一个教训足以让陈育德一辈子也忘不了。一次,一位作者把毛泽东语录中的一句话给引用颠倒了,而陈育德在编校时又因一时疏忽,结果学报就这样印出来了。安徽省委一位分管文教的同志看到后,立即告知吴从云,当吴副院长把小陈找去后,陈育德这才知道问题的严重性。至今想起这件事,陈教授仍感到心有余悸。

40年来，陈育德对待工作认真负责、任劳任怨，默默无闻地为他人作嫁衣裳，并且乐此不疲，无怨无悔。自1973年高校恢复学报以来，陈育德虽先后担任学报负责人和常务副主编等职，但他仍然坚持在一线为作者编稿。因高校学报主要发表本校科研成果，他能够尊重老年，依靠中年，扶植青年，发挥各个学科的优势，组织大批高质量的稿件，特别对于青年学子的文章，既坚持原则，又热情帮助，为培养学术人才尽心尽力。陈教授清楚地记得，《安徽日报》一位主任记者在大学期间，曾因在学报上发表了一篇论文而感动得热泪纵横。“当然，编辑的作用也是有限的。”采访中，陈教授很谦虚地给笔者举了一个生动的例子，他说：“编辑加工一篇稿子，就如同给长相不错的姑娘进行一番精心梳妆打扮而已，加工者的作用不能估价过高。”

陈教授的切身体会是，质量是刊物的生命，严把稿件质量关，不讲关系，不徇私情，才能保证刊物质量。他在处理稿件过程中，凡是稿件质量不符合要求的，无论是谁，均不照顾，为此得罪了不少人，其中包括关系很好的老同学、老朋友，甚至顶头上司。谈到这里，陈教授又重复了他那句老话：“难能尽如人意，但求无愧于心。”正因为秉承这一原则，在陈育德主持学报工作期间，《安徽师大学报》（社科版）是全省唯一被评为安徽省优秀期刊的高校学报。

采访中，笔者还了解到，40年来，陈育德教授一直在走着一条编辑学者化的路子，他不仅精通编辑业务，而且还具有较高的学术素养。从五六十年代开始，他在认真履行编辑职责的同时，还承担着大量的教学和科研工作，先后讲授现代文学、文艺学和美学等课程，而且取得了较为丰硕的科研成果，发表学术论文60余篇，迄今参与撰稿的学术专著7部，最近又出版了一部新著《西方美育思想简史》，并受到学术界的广泛好评。他认为，高校学报是学术理论刊物，一个称职的学报编辑，必须有相应的学术水平，只有亲自参加科学研究，不断追踪学术研究前沿的成果，才能在编务中准确掌握评判标准，衡量作者文章质量的优劣，进而保证刊物的学术品位；同时，也只有在研究实践中，才能设身处地替作者考虑，了解学术研究的甘苦，从而更加尊重作者的辛勤劳动。

陈教授如今已年过花甲，却仍然在高校学报这块园地上默默地耕耘着。他深情地热爱着自己的工作，决心站好最后一班岗，为自己40年的编辑生涯画上一个圆满的句号。

（原载《新闻出版报》1999年11月23日）

李琳琦：徽州教育研究的拓荒者

近年来，徽学研究越来越受到学术界的重视，徽学逐渐发展成为一门“显学”。安徽师范大学社会学院副院长、中国古代史专业博士生导师李琳琦教授，虽然不是这一研究领域的最早涉足者，但在徽学研究的开拓和创新上却造诣颇深，尤其是他的徽州教育研究，填补了学术界相关研究的空白，被誉为“徽州教育研究第一人”。

李琳琦从20世纪80年代中后期起，就师从国内著名徽商研究专家张海鹏教授从事徽商研究。他与张海鹏、王廷元、王世华等人合著的《徽商研究》被称为“徽商研究的集大成之作”；他与周晓光教授合著的《徽商与经营文化》，是从经营文化角度研究徽商的开拓之作；1996年他又开辟了新的研究领域——徽州教育研究，把徽商与徽州教育融合在一起加以研究。

明清时期的徽州，文化昌盛、人文荟萃，留下了大量的文书资料。为此，李琳琦深入徽州地区寻访徽商的故宅和他们的后裔，搜集到大量的第一手资料，包括专业志、宗谱、年谱、族志、家谱，以及相关文集、奏稿、笔记、碑记等原始资料。李琳琦逐一对这些资料进行辨析和考订，去伪存真，匡正史籍记载中的许多讹误之处，使得这一阶段研究成果在学术界引起强烈反响。北京师范大学著名博导王炳照教授认为，该研究“为中国教育史研究向区域性社会文化、社会经济与教育发展的关系的探讨做出了重要贡献”。

2001年年底，李琳琦从南京大学历史学博士后流动站出站后，出于对徽州教育研究这一重大课题延续性的考虑，他选择回到母校安徽师范大学工作。问及如此决定的原因，李琳琦说："一是因为安徽师范大学在徽学研究方面拥有一支力量雄厚的学术队伍，作为这支研究团队中的一员，出站后自然会产生一种归属感。二是除了'人和'这一因素外，这里还具有'天时''地利'的优越条件，'天时'是指省委、省政府近几年来非常重视徽文化的研究和开发；'地利'是指芜湖地处江南，与徽州距离很近，考察起来较为方便。"这一决定使得如今年仅38岁的李琳琦创造了3项安徽之最，成为第一个学成回安徽工作的教育学博士，第一个完成研究任务回安徽工作的历史学博士后，1999年度安徽人文社科界最年轻的教授。

目前，李琳琦正在主持"明清商业经济发展与教育变迁""明清徽州区域教育发展研究"等5项国家及省部级项目，他的《徽州文化全书·徽州教育》即将出版，徽州地区大族文化教育研究也开始启动。

（本文与沈宫石合作，原载《安徽日报》2004年8月7日）

程乃胜：法眼看消费　专家谈维权

“3·15”前夕，记者就今年的消费者权益日以及近两年来人们普遍关注的社会消费热点问题，走访了安徽师范大学经济法政学院副院长、法律系主任程乃胜先生。

作为一名法学教师和律师，程乃胜曾在维护消费者权益、弘扬社会正义方面做了大量的工作，在江城司法界享有较高的声誉。谈到今年消费者权益日的主题时，程先生如数家珍地从专业的角度为我们进行了一番诠释。他说，今年中国消费者协会将消费者权益日的主题确定为“绿色消费”，这种消费理念在我国还是第一次提出。“绿色”作为一种生存观是20世纪60年代西方人首先提出的，它包括珍爱生命、保护环境两个方面的基本内容，是肯定人的价值、维护人的尊严的人权观的必然延伸。“绿色消费”这一主题，是指消费者在“珍爱生命”的前提下，食用无污染食品，使用无害用具，居住无害环境；消费者在消费过程中注重环境保护，节约资源和能源，注重垃圾处理，以期达到人与自然的和谐统一。

程乃胜先生近些年来不仅从事法律的教学和科研工作，而且还应聘出任一些知名企事业单位的法律顾问，经常处理一些较为棘手的重大刑事案件和普通的民事纠纷。关于芜湖市和周边大中城市在社会发展过程中涌现出来的一些新的、有关消费者权益的实际情况和问题，程先生认为商品房投诉和医患纠纷是近年来消费者投诉的新热点，格外引起人们的关注。

在芜湖市，随着城市建设步伐的不断加大，旧城改造拉开了城市现代化建设的“骨架”,“商品房”这个市场经济条件下的簇新概念,对于广大市民来说早已不再陌生和遥远了,人们在接纳它的同时又对它所滋生的一些问题感到担忧和不解,于是投诉便接踵而至。从法学的角度看,程先生认为,目前的商品房在开发、销售、物业管理等方面的确存在不少问题,这里既有房地产开发、物业管理市场不规范的因素,也有商品房成为消费者关注热点的因素。当前关于商品房消费投诉的问题集中表现为四个方面。一是拆迁以后回迁或重新安置遥遥无期,给被拆迁户的生活造成极大困难。实际上,早在1991年国务院就以第78号令的形式颁布了《城市房屋拆迁管理条例》,规范了拆迁行为。《城市房屋拆迁管理条例》除了规范拆迁人与被拆迁人的责任外,还规定了拆迁主管部门及工作人员的责任。对于拆迁人无法履约导致被拆迁人损失的,拆迁人应承担法律责任。政府拆迁主管部门也应积极设法为被拆迁户排忧解难。二是商品房面积与“售房协议”不符。如果购房户怀疑所购房面积小于合同面积,则可请求房管部门进行实际丈量,丈量后的确小于合同约定的面积,且费用也是按约定面积交付的话,则可以要求商品房销售企业退赔。三是商品房质量问题。建设部对商品房质量问题有过明文规定,对主体工程、屋面、水电等分别规定了2~6年的保修期。然而,有些地方由于早期房地产开发市场的不规范,一些房地产开发商在收取了预购房款后开发的商品房不合格,且又无力退款或承担其他民事责任,导致购房用户无法办证。四是物业管理的混乱。现在很多住宅小区的物业管理部门乱收费或收费后不提供相应服务。实际上,国家计委、建设部早在1996年2月就发布了《城市住宅小区物业管理服务收费暂行办法》,明确规定了公共设施维护、绿化管理、清洁卫生、保安等8项收费,具体的收费标准由物价部门审定,而且收费后必须负起管理责任,否则应按民事法律的规定承担相应的法律责任。

医患纠纷也是近年来消费者关注的一大热点,去年“3·15”提出的“明明白白消费”的呼声,在医疗服务领域激起了很大的波澜,也向长期坚持“幕后操作”的药价问题提出了质疑和挑战。程先生说,当前医疗卫生领域确实存在问题,具体说来也有四点:其一,卫生行政主管部门总体监管力度不够;其二,少数医院和医务工作者忘记了“治病救人”“救死扶伤”这一天职,对没来得及付费的危重病人拒不治疗;其三,卫生系统的行业保护使得消费者的利益很难得到保护;其四,药品价格过高。因此,必须建立一定区域内的医药统一采购机制,对极少数“吃回扣”造成恶劣影响的医院和医务人员,要追究行政和刑事责任,以维护广大患者的权益。

那么,对一年一度的“3·15维权”应该怎么看呢?程乃胜先生的回答是:“要切实维护消费者权益，不能不靠‘3·15’，但也不能只靠‘3·15’，不能只靠工商、法院、消协等机关团体，全体公民和所有的党政机关都必须确立质量意识，力争做到天天‘3·15’。在这方面，新闻媒体的曝光作用不可低估。”“法”眼看消费，专家谈维权，但愿程先生的话能够给我们带来更多的启发。

（原载《芜湖日报·星期刊》2001年3月18日）

俞晓红：巾帼不让须眉

虽然“女子无才便是德”的封建思想早已被扔进了历史的垃圾堆，但人们却不能无视这样一个事实：女性由于生理、心理以及婚姻、家庭等客观原因的局限，在学习、工作的投入方面，无论是精力还是时间，相对来说都难以与同龄男性处于同一个起跑线。因此，知识女性的成才显得更加不易。而安徽师范大学文学院教授俞晓红就是一位气质不凡的高知女性，她在学术研究的领域默默耕耘，用自己的学术风范，为“巾帼不让须眉”这一理念作了生动诠释，成为这所高校知识群英中的佼佼者。

挑战自我，挑战人生

俞晓红是我国恢复高考制度后以应届高中毕业生身份直接考上大学的本科生。安徽师范大学中文系1978级230余人当中，像她这样应届毕业考来的不到10人。1978级学生的主流，是一批被称为“老三届”的“大”学生。他们学习自觉性高、气氛浓，专业功底扎实。正是这种学习氛围造就和奠定了她日后较强的专业意识。1982年大学毕业后，她被分配到皖南某县城的基层中学任教，7年中带了6届毕业班语文课，同时兼任班主任，曾多次被评为县级劳模。在中学执教生涯中，她以自己卓越的教学实践，先后为两个中学实现文科高考升学率“零”的突破做出了重要贡献。

工作之余，她却念念不忘自己所钟爱的专业，那便是从大学时代便产生浓厚兴趣的红学研究。因为她那篇有关《红楼梦》研究的本科毕业论文写得相当优秀，次年就发表在《红楼梦学刊》上，这给了她莫大的激励。正因为有这种难以割舍的红学情结，1988年5月，俞晓红带上自己精心撰写的一篇学术论文，参加了在安徽师范大学举行的全国第6次红楼梦学术研讨会，并作了大会发言。红学家们所给予的学术评价，成为她继续求学、深造的动力。第二年正值母校元明清文学专业首次招收硕士生，俞晓红就如愿成了这个专业的第一届硕士生。读研期间，她集中精力，更加刻苦地钻研业务，相继发表了多篇学术论文。由于学术成果显著，学术底蕴丰实，1992年硕士毕业后的俞晓红留校任教，第二年即任古代文学教研室副主任，1995年又破格评为副教授。

1998年秋，俞晓红遵从导师的旨意，来到北京大学中文系做了一年的访问学者。在这里，她亲身感受到北大严谨纯正的学术风气，并有幸结识了夏晓虹、申丹、戴锦华等一批知名女学者、女教授。在零距离的接触中，俞晓红为她们文化底蕴深厚的学者风范而倾倒，她借此找到了自己学术立身的影子。在北京大学，俞晓红学术上最大的收获便是开阔了学术视野，实现了学术上的转型，学术研究步伐更加稳健和扎实。北京大学学成归来后的次年，俞晓红又顺利晋升为教授。

然而，俞晓红没有就此止步。2001年，她又以教授的身份迈上了读博的征程，从而开辟了在学校历史上教授攻读博士学位的先河。迄今为止，俞晓红仍然是学校女教师中拥有教授职称和博士学位双重身份的不二人选。以正高而读博，既是为了在学术上提升自我，获得更广阔的发展空间，也是出于学科点建设的需要。这是一种人生的自我挑战，如同她在访学期间所经历的龙庆峡蹦极是对自己生命极限的挑战一样，需要勇气，也富于刺激。三年学成后，除了顺利完成博士论文、获得学位外，她还带着10多篇学术论文和一部由中华书局出版的学术专著，回到了自己眷恋的工作岗位，依然坚守着她那多年苦心经营的一方领地。

安贫乐道，孜孜以求

因为采访，记者走进俞晓红教授的寓所。家中书房占了3间，1米宽的7层书架多达17个，走进她的书斋就仿佛走进了一所小有规模的资料室。当然，这些书籍不是俞教授一人所有，有一部分是她正在读博、同为教授的丈夫的。俞晓红搬到新居还不到半年时间，此前，她和丈夫一直蜗居在28平方米的狭小空间里：一间客厅，兼作先生的书房；一间卧室，兼作了俞晓红的书房。家里除了几件必备的用具和一台用于写作的电脑外，几乎没有什么家具，书架上是书，书桌上、书桌下也全堆满了书。很难想象，俞晓红就是在这样的艰苦环境下度过了长达10年的苦读生涯。大凡去过俞晓红家里的人，无不为环境的简陋和主人拥有的书籍之多而感到震撼。回想往事，俞晓红感慨良多："这10年是我生活上最艰苦的时期，但没少出学术成果。"从1992年留校任教以来，俞晓红已发表文章50余篇，出版专著2部，主编或参与撰写各类辞书7部。

俞晓红原来一直侧重元明清文学，尤其是明清小说的教学和研究。读博后，为了进一步拓展自己学术研究的领域，她开拓视野，时间上溯到唐代文学，学术触角伸向更广阔的学科空间，研究对象涉及敦煌学、宗教学、哲学、历史学、语言学等多种学科，体现出学术边缘性和交叉性的特点，以求打破学术界长期以来形成的学术研究的人为局限。这些研究在她的博士论文中均得到了体现，导师对此给予首肯，称其"勇于挑战学术难题"；国内小说研究界知名学者董乃斌在俞晓红的学位论文答辩会上，称该论文"攀上了唐五代小说研究的高峰，作出了较大贡献"。如此高的评价，让俞晓红既看到了自己奋斗的阶段性成果，又看到了自己学术发展的前景目标。

春风化雨，教书育人

作为一名大学教师，俞晓红一向教学科研并重，不仅在科研上颇有建树，而且在教学上更是孜孜不倦，把教书育人作为自己的本职工作，从不松懈。因为文学院的学生全都搬到了新校区，那里的图书资料尚在整理上架过程中，本科生写毕业论文常常为资料缺乏而发愁。俞晓红就让她的学生到自己家里来，亲自为她们挑选参考资料，指导她们认真写作。

1997年5月，俞晓红在学校中青年教师教学优秀成果奖的评选中获得了"特等奖"。这不仅因为她能很好地使用传统的教学方法，而且还常尝试一些新的方式方法。为了提高学生学习古典文学的兴趣，她就在课堂上将问卷调查和讨论总结结合起来。这么做，一是了解学生对古典名著的阅读和兴趣所在，以便调整授课重点；二是引导学生积极参与课堂教学，活跃课堂气氛；三是提高学生对古典名著的批评鉴赏能力，更好地领略传统文化精髓。最近俞晓红又尝试了新的授课方法：在讲授"《红楼梦》研究"选修课时，涉及小说有关情节，她就利用多媒体教室的条件，插播电视剧《红楼梦》的相关画面；涉及红学问题论争，则插播央视10台播出的红学专家讲座录像，让诸多持不同观点的专家“现身说法”。实践表明，这种把感性画面和理性评判结合起来的方式，使得这门课深浅有度，生动有趣，缩短了红学和学生之间的心理距离，收效十分明显。

俞晓红不仅长期坚持给本科生上专业基础课，而且还承担了指导硕士研究生的重任。完全是偶然的原因，她指导的研究生都是女生。指导过程中，俞晓红将自己学术研究的经验毫无保留地传授给学生，为的是让她们在学术研究这条路上走弯路。当学生有心理困惑时，俞晓红总是适时地给予必要的心理辅导，帮助她们排除思想障碍，使她们能安心地完成学业。为解除一位女生的心理疙瘩，俞晓红有一次和她长谈竟达4个小时。在她的精心指导下，研究生学习成绩突出，其中一位硕士生的毕业论文达十几万字，一位资深专家在其答辩会上称“稍作修改，即可出版”。俞晓红的研究生毕业后大多在本科院校的中文系任专业教师，从事本专业的教学研究工作。已毕业的她们仍然还有和导师倾吐心声的习惯。

这就是俞晓红，高校女知识分子的杰出代表。她用自己矢志不渝的意志树立起“勇于挑战，追求卓越”的学者品格。

（原载《中国网》2006年3月31日）

张　楠:从士兵到博士

张楠,这位来自安徽芜湖的海军大校,经过27年的孜孜追求和不懈奋斗,从一名仅有初中文化的普通士兵,成长为我国新一代军事学博士。最近,这位军事学博士,回海军指挥学院执教。记者在南京的寓所对他进行了独家专访,追寻他成功的人生轨迹。

来自一个革命家庭

张楠出生在一个革命干部家庭,父亲张一峰和母亲马常卿在党组织的培养下相继参加革命。受党组织的委派,他们长期坚持在国民党统治中心——南京,从事地下情报工作。新中国成立后,张楠的父亲从南京调到芜湖,在市法院工作,母亲被安排在当时的皖南区法院工作。

张楠告诉记者:“父母从小对我们兄弟六人管教很严,一再告诫我们,自己的路要自己走,不要有一个脚印不正;自己的历史要由自己来书写,不要让它有一个污点。我们兄弟六人中,有的从国外获得博士学位,担任全国科技专业学会的理事长;有的在中央国家机关或省级机关工作;有的在高等院校工作。”

张楠从小学习就特别刻苦,他清晰地向记者描述自己在安徽师范大学附属小学读书的情景。小小年纪,每天晚上都是学习到十点以后才睡觉。二年级的张楠,能够把五年级课本上的《武汉长江大桥》完整地背诵下来。三年级时,他参加芜湖市小学四年级作文比赛，获得一等奖。到了四年级就把五年级作文比赛的奖给捧了回来。小学毕业前夕，他参加芜湖市小学生识字比赛，结果以认识7 000多汉字的成绩力拔头筹。

义无反顾地走向军营

"文革"期间正在读初中的张楠中断了学业。1968年，张楠和二哥张磊一起下放到农村。在那里，他们弟兄俩拼命地干活，冬天修水利，夏天战"双抢"（抢收抢种庄稼），一日三餐，吃的是稀饭，结果，身高1米77的张楠瘦得只有103斤。两年后，父亲的问题得到解决，兄弟俩一同回城到芜湖市造漆厂工作。由于他们工作出色，1972年，二哥张磊入党后，被推荐上了中国纺织大学。张楠却放弃了被推荐上大学的机会，自愿到部队去当兵。当时，厂里领导和师傅们执意挽留，但张楠还是"任性"地去了军营。他说："因为我们弟兄六人没有一个当过兵，这令我们父母多少有些遗憾，我去当兵，可以把六位兄弟的义务全给尽了。"

1972年，张楠应征入伍。由于忠于职守，入伍三个月就受到嘉奖，并很快被调到机关工作，在同年兵中，张楠是第一批提干的。在当排长时没有当过班长的他，身先士卒，带领全排36名士兵担负保卫一个战斗团飞机的任务。在他的带领下，由于全排样样工作出色，多次受到团的集体嘉奖。

渐渐地，部队领导发现张楠是棵"好苗子"，就把他列为重点培养对象。1978年军队指挥院校恢复招生，张楠被选送到空军后勤学院学习后勤指挥专业。在那里张楠保持在中小学时的干劲，学习依然刻苦认真。同学们都出去看电影了，他却一个人在宿舍里静静地读书。考试的时候，同学们都忙得不可开交，而张楠却显得比较轻松。十几门课程考试结束，张楠大多得满分，最差的一门也有93分。

走的是自学成才之路

在部队工作，他担负着组织和指挥各种战备、训练任务，再加之人员少、任务重，企求脱产学习、提高文化水平几乎是不可能的。面对这种局面，一心想深造的张楠下决心通过自学来扩充知识，提高能力，1983年他报名加入了江苏省第一批自学考试人员的行列。由于学习刻苦，成绩优良，他于1986年荣幸地成为江苏省第一批自学考试大专毕业生，获得了南京大学颁发的毕业证书。

1990年，张楠的大哥张侃从美国获得哲学博士学位归国后，鼓励已到海军指挥学院任教的张楠攻读军事学博士。为了攻克"英语"这个拦路堡垒,张楠先跟着电视台栏目《电视英语》学习英语,后参加英语专业的自学考试。谈到这件事,张楠感慨万千:"那时为了自学,无论走到哪里,我总是带着录音机听英语。1994年,到东南沿海部队调研时,即使军舰摇摆得很厉害,我仍然在阅读英文书籍。"说到自学条件时,张楠接着说:"开始调到南京时,我没有住房,临时住在我小弟弟的家中。小弟弟在住房十分紧张的情况下,腾出一间给我们住,就在这8平方米的屋里,晚上9点以前,唯一的一张书桌必须先给我女儿做作业,9点后才能轮到我用。每晚我总要工作、学习到12点以后才睡觉。"凭着这股毅力,经过数年的努力,张楠陆续通过了高等教育自学考试"党政干部基础理论""英语"和"海军军事指挥与管理"等科目的考试,并相继得了数个大学专科和本科毕业文凭。

甘为海军事业皓首穷经

在攻英语专业自学考试的同时,张楠开始准备"考博"。虽然"考博"之前的张楠已经获得了副教授职称,但他仍然给自己选择了更高的奋斗目标。他说:"我原有的知识和能力离部队'三化'建设的目标和'科技强军'的要求还有很大的差距,因此,考军事学博士是我梦寐以求的目标。"谈到"考博"前那段日子究竟是怎样度过的,连张楠自己后来回忆时都不敢相信。他清楚地记得,考试前的若干年中,除1996年除夕之后陪爱人和孩子看了一场春节联欢晚会和大年初一上午给她们母女照了几张难得的雪景外,其余时间全部都用在复习迎考上。

张楠的导师许国信将军担心他能否通过博士研究生入学考试并完成学业,但他坚定地向导师保证:"我一定要成为您的学生,我也一定能够成功!"考前,张楠将教材全部吃透,并将每本教材整理成100多张读书卡片,把书读薄了。当他将一摞摞卡片捧给导师看的时候,着实让导师吃了一惊。在当年的考生中,张楠的专业课考得最好,这又一次令导师们赞叹不已。

1996年夏天,44岁的张楠被国防大学以同等学力录取为军事学博士研究生。作为国防大学年龄最大的博士生,他全身心地投入到紧张的学习中。三年间,他没有娱乐活动,没有节假日,每天学习十几个小时。身在北京,却无暇观赏近在咫尺的颐和园、香山等风景名胜,也顾不上游览日渐壮丽的北京城,就连在北京工作的大哥和五弟家也很少光顾。在他完成论文写作后,导师许将军深情地对他说:"张楠啊,你真不简单。你这篇论文,组织一个写作班子,用很长时间写作,也不可能达到你现在的水平。同时,原先只有初中文化水平,学英语也挺吃力的。你居然能够坚持学习，而且还学得不错，你的毅力真是不得了。我真为有你这样的学生而自豪。”

在科研上，张楠努力做到理论联系实际，把自己所研究的课题和国防建设的大局紧密结合起来。他先后撰写50多篇学术论文，其中一半以上事关国家统一和中华民族的根本利益。他的博士论文《××战役样式后勤保障研究》，就是他从1990年开始跟踪研究的一个新课题。这个课题难度相当大，涉及的难点、热点和前沿理论问题多。他迎难而上，在导师许国信将军和副导师余高达教授、余用哲教授的精心指导下，通过刻苦攻关，首次较全面、系统地阐明了××战役样式后勤保障的理论问题，填补了我军这方面后勤理论研究的空白。由于这一研究成果具有前瞻性，有很高的学术价值和应用价值，可操作性强，已经引起了军队领导机关的高度重视和密切关注。

攻读博士期间，国防大学组织研究生们赴陕甘革命老区参观见学，学习革命传统。在革命圣地延安，站在枣园毛主席当年发表《为人民服务》演讲的讲台前，张楠在接受中央电视台记者采访时说：“我觉得，作为一名国防大学的博士研究生，作为一名海军大校，我深感自己责任的重大，没有强大的海军就没有我国的制海权，而没有制海权的国家，就不可能成为世界一流的强国，我要在海军指挥学院的教学岗位为建设强大的人民海军而奋斗终生！”

我为家乡的发展感到骄傲

采访中，当我们谈起芜湖市正在开展一场题为“怎样做跨世纪大开放的芜湖人”大讨论的时候，张楠对此表现出极大的兴趣，并为芜湖市能在新世纪到来之际开展这一富有创新意识的活动大加赞赏。他深有感触地说：“身在芜湖又长在芜湖的人，可能感觉不到芜湖有什么独特的地方，或者说有什么优势，甚至妄自菲薄，信心不足。但相反，我在北京、上海、南京等地求学、工作时，每每碰到安徽芜湖在全国各地工作的老乡，一谈到家乡近几年来的发展变化，大家无不感到惊喜、欣慰和自豪。今年上半年，我受国防大学领导的委托，到驻芜空军某部做调研，抽空让在安徽师范大学工作的四弟张斌陪我到市区、朱家桥外贸码头、开发区科技工业园、芜湖长江大桥建设工地等，走了走、看了看。我感到家乡这几年变化实在太大了，尤其在市政建设方面，投资和建设的力度不知是过去的多少倍，如今的芜湖，一条条宽阔的马路纵横交错，一幢幢高楼拔地而起，现代化的厂房鳞次栉比，在南京听说芜湖中山路已被改造成国内一流的步行商业街，这些令在外的芜湖人更加自豪和振奋。”

至于芜湖人如何面对新世纪，张楠略加思考地告诉我们：“刚才我所列举的一些成就，应该说是芜湖人敏锐地抓住了改革开放的大好机遇，通过自己的努力奋斗而取得的，这得益于党的改革开放政策，这也是我们走向成功的经验所在。在新世纪即将来临的时候，我们同样也要抓住各种稍纵即逝的机遇，比如刚刚由中美双方联合签署的中国正式加入世贸组织的协议，就是一个千载难逢的大好机会，这里可能涉及与芜湖有关的粮食、汽车、药品、纺织品等的生产，以及各种原材料的加工、旅游资源的开发等，再加上芜湖作为皖江开发的龙头，这一重要的人文环境和优越的地理环境，作为芜湖人，就要把自己正在做的事情和即将要做的事情，与国家的形势和政策紧密地联系在一起来考虑、设计和实施。在设计过程中，还要有战略的眼光和思路，善于打破传统的条条框框，克服小富即安的狭隘认识，建立一种符合社会发展需要的、全新的开放性思维。在人才方面，既要充分发挥现有人才的优势，又要尽可能地把外地的芜湖人的潜在力量挖掘出来、利用起来。俗话说，‘亲不亲，家乡人！’我的意思是，最大限度地调动各方面的积极因素，把我们芜湖建设得更加美好，使其成为21世纪镶嵌在长江中下游的一颗璀璨的明珠，作为芜湖人，我们应该有这种自信，而且必须要有这种自信！”

张楠的一席话，虽然一再表示仅仅是自己的一点感想，但我们还是觉得他言之凿凿、情之切切，这个“情”就是他那浓浓的化不开的故乡情、芜湖情。

（原载《芜湖日报》1999年11月28日）

蒋昌建：曾经沧海难为水

1996年5月31日下午，在1993年8月新加坡主办的国际大专辩论会上荣获最佳辩论员称号的蒋昌建，回到了他阔别八年之久的母校安徽师范大学，并且在学校陶行知像广场，为慕名而来的近千名学生作了一场题为“我的大学”的精彩演讲。当晚，蒋昌建先生在他下榻的芜湖市物资大厦宾馆，接受记者的独家采访。

问：蒋昌建先生，三年前我们通过电视一睹你舌战狮城、折桂新加坡的精彩场面，深深为你敏锐的思辨能力所折服。那么，你的这种思辨能力是天生的，还是后天培养的？

答：在回答这个问题之前我先来告诉你一个真实的故事。三年前当我获得最佳辩论员称号的时候，新闻界不仅采访了我，还特地赶到我的老家南陵县采访我的母亲。我的母亲是一位非常善良而且非常坦率的人，有记者问她我很小的时候是不是就喜欢说话。我母亲说，不是的，我是先学会走路，说话要晚些，大家都为我不能说话而感到着急。记者又转过来采访我，问我的父亲在培养我的表达能力和思辨能力方面有没有特别的教育方法。我说，我父亲是个军人，部队在福建，往往两个星期才能回来一次，而且跟我对话的内容大部分是我应该做什么，我不应该做什么。我的母亲是个普普通通的纺织工人，每天工作三班倒，很多时间是在关心孩子的吃、穿方面，根本没有过多的精力关心孩子的学习，因为她实在太疲劳了。我说她有这份心情却没有表达这份心情的时间。所以,我自己的体会是,我的思辨能力不是天生的,家庭对我的影响不大。

问:你是何时开始对辩论产生兴趣的?你又是如何培养和锻炼这种思辨能力的?

答:可以说刚上安徽师范大学的时候,我对演讲和辩论没有特别的兴趣。记得在大一时,政治系潘德荣老师在给我们上课时,别出心裁地要求同学们在课前就某一哲学问题发表三分钟演讲。我是全班第一个被叫上台的,那时我是颤巍巍地走上去的,而且手一直是在发抖。如果说我对演讲和辩论有什么兴趣的话,那就是在此后我能够有意识地锻炼和培养自己这方面的能力。大学时,我对哲学和逻辑特别感兴趣,因为哲学和逻辑对训练一个人的思辨能力有很大帮助。同时我注意拓宽自己的知识面,尽可能地涉猎多种学科,比如文学、音乐、美术等。平时为了锻炼我的口头表达能力,我还比较注意谈话的氛围和质量。很多朋友聚在一起,通过谈话,我们可以彼此了解对方对某个问题的理解,还可以从中得到某种启示。此外,多参加各种社团活动,发挥自己的才能。我的博士生导师王扶林先生就曾告诫我,要培养"拳打脚踢"的能力。我的切身感受是,对于青年朋友来说,在各种社团活动中,你可以通过表达去结识各种各样的人,从而在实践中不断提高自己的思辨能力。

问:1993年夏,你在硕士毕业之际曾面临两种选择,一种是就业,一种是继续攻读博士,你毅然选择了后者。那么,今夏你将博士毕业,请问你的毕业去向是哪里?

答:自从那次国际大专辩论赛在电视上亮相以后,确实有不少单位热切地希望我到他们那里去工作,比如一些金融单位、商贸系统、军校等,我是蛮感激人家的。因为一个人能得到那么多人的承认是不容易的。然而,我对这些热门单位并没有多大的兴趣。因为我觉得读了这么多年书,就这么离开大学,有点遗憾。1993年硕士毕业后我毫不犹豫地选择了读博,今年毕业我仍将坚持留在教育岗位上,留在复旦大学。我觉得在教育岗位上,面对很多年轻的学生,总想把自己学到的东西跟他们一起交流,而这种精神上的交流会让人感到愉悦。

问:你的辩友姜丰毕业后到中央电视台做节目主持人。你的口才比她更出众,难道你没有想到过毕业后要"触电",从事电视节目主持之类的职业吗?

答:去年五四青年节期间,我曾和姜丰一起主持五四知识竞赛节目。由于多种原因,我觉得那场主持并不是很好。我认为,电视主持人不仅要有较深厚的知识底蕴,而且还要熟悉电视规律。如果我要当电视节目主持人的话,我必须花一定的时间来学习和掌握这种规律。然而,至今我还没有考虑过要“触电”,充当电视节目主持人之类的角色。

问:你在《狮城舌战》一书的开头曾说过这样一句话:“我蜗居在江南小镇。”请问,这是否意味着你对芜湖的六年生活感到很委屈?你能解释一下吗?

答:提到这句话,我今天借回芜湖的机会,正好向芜湖的父老乡亲和安徽师范大学的师生解释一下。这句话乍听起来好像给人的印象是,我蒋昌建觉得芜湖不怎么样。其实,我当时写的不是“江南小镇”,而是“江南小城”,只是由于出版社在排版时把“城”字误排成“镇”字,因为我习惯写扁宽体字,“城”“镇”在我的笔下很相像。后来,我受到来自家乡人的各种攻击和诘难。于是,我把这些信都转交给出版社,要他们答复,他们却说没办法答复。今天我要说,生活在芜湖有什么委屈的呢?芜湖特别好。说到“蜗居”一词,是这样的:当时我在安徽师范大学读书时,十个同学住一间寝室,显得特别拥挤,我自己从来不叠被子,只有在周末全校卫生大检查的时候,才迫不得已应付一下。同时,还把换下来的脏衣服塞到叠过的被子里面。因此,我觉得对这段生活的描述用“蜗居”一词可能要真实、生动一些,而根本没有其他任何蔑视之意。

问:你的最大理想和人生信条是什么?

答:我的最大理想是培养几个好学生,然后再写几本好书。树立这个理想,我觉得很辛苦。我们不妨设想一下,我们国家那么大,我们有那么多的教师,如果每个教师都能培养几个好学生的话,那加起来就是一个惊人的数字,中国会没有希望吗?绝对不会。所以立下这一理想,我觉得肩上的担子很沉重。我决意要写几本书,这些书不仅要给现代人看,还要给后代人看,让后代人觉得有这么个人曾经对某些问题有过独到的见解或想法。当然,我知道实现这个理想也不太容易。

我的人生信条是:“和平养无限天机。”因为社会变动不居,它存在大量的信息,这些信息在吞噬和撕咬着我们的心灵,脆弱一点的人就会被它淹没和左右。因此,我们应该冷静地处理变动不居的社会信息。一个人的时间和精力是极其有限的,经不起过多的折腾,所以从这个角度来看和平就显得尤为重要。“天机”在哪里?“天机”不是在骄躁不安中产生的,也不是在纷繁复杂、光怪陆离的信息中产生的,“天机”是在这些信息拥入你平静的胸怀中,你经过爬梳之后才有的顿然的发现。我把这作为平生所要秉承的行为理念。

（原载《安徽青年报》1996年6月26日）

吴慧明:救亲人也是英雄行为

吴慧明,一个近日在南京和芜湖两地广为传颂的名字。这位再普通不过的安徽师范大学历史系97级学生,之所以在一夜之间成为人们关注的人物,是因为今年8月中旬发生在江苏省境内的那起客车起火事故。在这场突如其来的大火中,本已逃生的吴慧明,冒着生命危险从熊熊燃烧的客车中勇救6名乘客;在这场无情的惨祸中,吴慧明因救人而致全身50%面积被严重烧伤。然后,仅仅因为吴慧明救出来的6人中有4人是他的亲人,新闻媒体对他的报道刚开了个头就煞了尾,有关单位也不知如何来客观评价他的事迹,因而对此事显得格外慎重。这样,"英雄"的桂冠迟迟戴不到他的头上。不仅如此,吴慧明住院以来花费的20多万元医疗费至今仍无着落。

惊天惨祸从天降

8月17日下午,回乡度假的吴慧明与他的母亲李秀玉、侄女吴凯莉、侄儿吴凯宝一行5人,从南京乘车前往淮阴外婆家。14时30分左右,当他们乘坐的车牌号为"苏HY0409"的"亚星"大客车,行驶到宁连公路盱眙县新街和马坝交界处,突然爆炸起火。在车上打盹的吴慧明,被"轰"的一声巨响惊醒,他睁开双眼,发现车厢内到处是烟雾,汹涌的火苗顿时朝自己袭来。他急中生智,立即跨过座位右边的两个密码箱,用膝盖将客车的窗户玻璃撞碎,从车子的右窗口翻了出去。

跳离火海的吴慧明只受了点皮外伤，这时他发现自己乘坐的客车已经陷在路边一条一米多深的水沟中，车身火苗四蹿，浓烟冲天，轮胎和玻璃爆炸声不绝于耳，围观的群众没人敢近身。吴慧明忽然看到一个小孩被卡在火舌喷涌的窗口，他一个箭步冲上去将这个小孩从窗口救出来。放下孩子，吴慧明听到车内一片撕心裂肺的呼救，他再次毫不犹豫地冲进火海。面对喷着烈焰的窗口，在什么也看不清的情况下，他双手顺着座位又先后从车内救出5名乘客，出来时发现其中有4名正巧是自己的家人，还有一位不知姓名的中年妇女。

大约四五分钟后，交警巡逻车赶到。这时吴慧明才隐隐感到膝盖处有些疼痛，低头一看正在淌血。他竟全然不知自己已被烧伤。他被送往马坝医院，两个小时后，因伤势过重又被转送南京鼓楼医院。经医生诊断，吴慧明全身50%严重烧伤，呼吸道也被全部烧坏，必须立即进行切气管、削皮等手术。8月21日，当地新闻记者在南京鼓楼医院采访吴慧明时，只见他全身被棉纱紧紧包裹着，身体极度虚弱。

据了解，与他同行的妈妈李秀玉也在大火中救出一名乘客，而他们随身携带的1万多元现金(其中包括吴慧明弟弟吴宝林的6 000元学费)和他在芜湖市工商银行的一本4 400元的活期存款，却在大火中化为灰烬。

英雄流血又流泪

据随后的调查显示，在此次大火中，车上27名司乘人员，一名出生才9个月的婴儿被当场烧死，另外26人均被大面积烧伤，其中7名重伤员在抢救过程中身亡，剩下的19人大多在治疗两个月之后陆续出院。据参与抢救的医疗专家测算，仅医疗费一项预计将超过520万元。然而，这场灾难给死难者及其亲属留下的心灵创伤则是无法用金钱来衡量的。

先期脱离危险的吴慧明是因为返身救人而使自己被烧成Ⅱ度重伤的。对于自己这种义无反顾的行为，吴慧明非常平静地告诉记者：“我就是这个性子，不做会后悔的。如果当时围观者中有几个人和我一起救人，也不至于导致伤亡如此惨重，太令人痛心了！”

据了解，出事客车属于江苏省金湖县宝应湖运输公司所有，但被私人承包营运。由于客车承包人高全文的妻子、售票员施玉梅和驾驶员李仁柱因伤势过重均在抢救过程中身亡，当地公安交警大队一时无法查明客车起火的真正原因，至今对事故没有定论。因此，这笔昂贵的医疗费开支仍无着落。然而，每位伤员每天的医疗费用均在5 000元左右，恢复到可以出院时，费用至少需要20万元。吴慧明分别于8月23日和9月17日做了双上肢削痂术、肉芽创面植皮术两次大手术，等到做第三次手术即残余创面植皮时，医院方面因前两次手术的费用未付而拒绝再做。这次手术的费用是1万元，在万般无奈的情况下，吴慧明的哥哥只好东挪西凑借了6 000元，哀求医生勉强为弟弟做了第三次手术。记者看到，坐在面前的吴慧明，已被烧得面目全非，头上没留下一根头发，双手关节处的骨头都裸露在外面，手部、脸部依然红肿，生活仍无法自理，目前依靠一位在南京打工的中学同学和哥哥轮流照顾。

谈到下一步自己的打算时，吴慧明说，虽然躺在医院的病床上，但是心却早已飞回了学校。至于何时能真正回到校园读书，吴慧明心里还没有底，他感到自己的左手将永远不能恢复健康，右手至少要半年以后才能恢复。言谈中，他对学校领导在知情后迅速指派专人带着1 000元慰问金和大量慰问品专程赶到南京来看望自己表示万分的感谢。

怎一个“亲”字了得

吴慧明火中救人的事迹被传播开来后，他既救亲人又救他人的行为究竟该如何来看待呢？能否用一个“亲”字就将火中救人的这一英雄壮举给一笔勾销了呢？为此，记者走访了部分专家、学者，想听听他们对此有何评述。

社会学研究专家、安徽师范大学知名教授吴鹏森认为，从社会学的角度来看，亲人和外人都属于他人范畴，而只要保护他人的利益免遭不法侵犯和损害，都属于见义勇为，更何况吴慧明还救了亲人以外的两个人，不用说肯定是见义勇为。因为在现实生活中，房主与小偷搏斗，出租车司机与企图抢劫出租车的歹徒搏斗等，虽然都是为了保护自己的私有财产，但他们这种见义勇为的行为早已被人们所认可和肯定。

青年学研究专家、安徽师范大学团委书记闵永新副教授认为，吴慧明在突如其来的灾难面前，敢于奋不顾身，挺身而出，在自己没有受伤的情况下毫不犹豫地救出六个人而被烧成重伤，这种行为完全符合社会道德准则和社会道德规范，显然是一种见义勇为的行为。他的行为客观上已经起到挽救他人生命的积极作用，至于救出的人是亲人还是其他人，不影响到对他这种行为性质的确定，何况他是在无法判断是谁的情况下进行救人的。

安徽师范大学新闻系主任、著名教授潘啸龙认为，救一人是英雄行为，救两人更是英雄行为，吴慧明在救了四个亲人之后还要去救其他人，当然是英雄行为。即使他的出发点是救亲人，后来又救了其他人，也是值得充分肯定的。现实中，我们对英雄不能要求得太苛刻，英雄首先是有血有肉的人，如果说在这场灾难中，吴慧明故意把亲人弃在一边不管不问而一心去救其他人，我认为这是在演戏，在作假，这根本不符合人性，也没有人情味。

大学生吴慧明，用自己的血肉为代价谱写了一曲超越人间亲情的英雄颂歌。我们希望全社会都来关爱他，并能早日见到他脸上的笑容。

（原载《安徽日报》1999年11月24日，
此文获得《安徽日报》主办的社会周刊好稿大赛一等奖）

蔡维艳:不负乡亲一片情

在全国第八届运动会上,来自安徽省的参赛选手蔡维艳获得了撑竿跳项目的金牌。我们于11月21日下午寻到淮南市小蔡家中,采访了刚迈进家门的蔡维艳。

谈及自己走过的成功之路,蔡维艳心中充满了感激之情。在她不足一岁时,上班路远、分身乏术的母亲便把小蔡送到了住在老体育场附近的奶奶家。老体育场内龙腾虎跃的运动场景,像磁铁一样吸引着小蔡。年龄稍长,天性活跃的小蔡便在姐姐的帮助下练起"拿大顶"来。1979年,6岁的蔡维艳以其良好素质被体操教练冯国志相中。在冯指导的悉心调教下,小蔡先攻体操,后改技巧。她曾获得全省青少年技巧赛的四项全能冠军。1986年,蔡维艳又练习短跑和跳远。据小蔡说,她百米跑的最好成绩为11秒9,跳远她曾跳出过6.07米的好成绩。应该说,体操和技巧培养了小蔡出众的灵活性和协调性,田径训练则使她拥有了速度和爆发力。早期扎实的"准备工作",为她后来的跨越"世界第一高度"奠定了至关重要的基础。

1987年8月,蔡维艳进入安徽省体工队,在王万培教练的指导下专攻女子撑竿跳。1989年5月,国家体委组织了一次比赛,想摸一摸当时还是新项目的女子撑竿跳的底。开始,安徽省体委决定派小蔡的3个师姐参赛,因为其中一个受伤,临时决定让小蔡代替,可一直进行基础训练的小蔡当时连横杆都没有摸过。训练场上,王万培给小蔡讲解示范过杆动作要领后让她自己试试。悟性很高的蔡维艳生平第一次“试杆”就跳过了3.50米的高度，要知道，当时的全国记录也不过是3.70米呀！在这之后不久举行的全国赛上，蔡维艳首披战袍，攻下一关，一举夺得女子撑竿跳第3名。

从刚刚结束的全国第八届运动会女子撑竿跳冠军领奖台上走下来的蔡维艳，又回到她正在求学的安徽师范大学。她为国家、为安徽省争得了一个又一个荣誉，学校特别授予她“优秀大学生”光荣称号。

这位头上闪烁着3个世界冠军和3个世界亚军耀眼光环的著名运动员，没有一点想象中的“大腕”脾气和“架子”。面对采访，她总是有问必答，而且滔滔不绝，谈锋甚健。谈到她在第八届运动会上为安徽省获得宝贵的最后一枚金牌时，蔡维艳说，“八运会开赛之前我就做好了充分的思想准备，为了安徽省的荣誉，我的任务就是拿第一，这是义不容辞的，也是别无选择的。然而，任务接下来之后我又感到思想上的包袱越来越沉重。因为我们安徽省已经连续三届没能拿到单项第一，于是，省里想在这个项目上有突破。当时省领导都亲临现场观看比赛，对我的期望值很高，所以我感到压力太大了，甚至比出国比赛还要有压力。就连一些搞卫生的工人、食堂的师傅见到我都说，‘蔡维艳，你一定要拿个冠军啊！’比赛一结束，我只感到心上的一块石头终于落地，任务完成了。虽然金牌也拿到了，但我却不显得特别兴奋，因为没有发挥出自己的最好水平，我的最好成绩是室外4米33，室内4米35，可这次只越过4米25的高度，我觉得有点遗憾。”

体育明星上大学是近几年来我国体坛上一种普遍现象，国内不少高校也纷纷伸出热情的双手。那么，蔡维艳是从什么时候萌生上大学的念头？而且面对不少名牌大学频频向她“招手致意”，为何却独独选择了安徽师范大学作为自己深造的高等学府呢？

蔡维艳说，“1988年，我从省体校毕业后到省体工队接受撑竿跳专项训练，当时由于学历比较低，只有中专文凭，发展难免受限制，所以必须进一步提高自己的知识层次。虽然我也可以选择像北京体育学院等一些国内重点院校，但考虑到去外地读书势必离开安徽，这对平时专业训练将有很大影响，因此只好放弃。1994年，安徽师范大学要招一批在体育上有专长的学生，为了兼顾训练，为了不离开生我养我的这片故土，我毅然报考了这所学校，安徽师范大学圆了我的大学梦。今年夏天，在我代表安徽师范大学赴意大利首次参加世界大学生运动会时，国家教委的一位同志甚至这样半开玩笑地问我，‘蔡维艳，你是大学生吗？你是哪所名牌大学？’我说，‘我是啊，我是安徽师范大学94级学生啊’。他们好像对我不在名牌大学感到有些诧异。此间，南开大学、清华大学、复旦大学、华南理工大学等都先后力邀我去他们学校读书，还说他们可以帮我到国家教委工作。我说，那不行，我之所以有今天是与安徽省体工队的领导和教练多年来的关心和指导分不开的，我的每一次进步都凝结着他们的心血和汗水。我是土生土长的安徽人，我越来越觉得我离不开这块多情的土地。况且安徽师范大学是我们省属重点大学，它的办学水平和学习风气都非常好，我不愿意离开那里。”

谈到安徽省近几年来的体育竞技水平和体育人才，蔡维艳不无感慨地说：“我个人的看法是，我们的体育人才很多，但外流现象太严重了。我们省以前在队的一些运动员，或以前要进我们队而当时没有被接纳的运动员，到了外省以后经过几年的训练，都在全运会上拿分。另外，不少运动员有了成绩以后，受到外省给予的优厚待遇而离开我省，所以体育人才外流量很大。安徽要想改变目前这种状况，就必须努力抓经济，加大对体育的投入，提高运动员的待遇，留住人才。同时，我又认为，做人要正直，不能穷了精神、穷了志气。就我而言，从小父母就对我严格要求，告诫我不要贪财，要做个正直的人。”

“那么，你目前最大的愿望和下一个目标是什么呢？”面对记者的提问，蔡维艳不假思索脱口而出：“我的最大愿望是代表安徽、代表中国在明年的亚运会上取得冠军，下一个目标是三年之后再摘取悉尼奥运会金牌。”作为安徽人，我们应以拥有这样一位“痴情”的安徽姑娘而感到骄傲。让我们祝愿她在今后的国内外大赛中美梦成真，为安徽再添光彩。

（原载《芜湖晚报》1997年12月21日）

朱学政：一位六十岁老人的马拉松之梦

一位60岁之前连市级以上的大型体育比赛都鲜有涉足的普普通通的老人，在刚刚跨过他的花甲之年的人生门槛的时候，突然心血来潮报名参加了一项国际马拉松大赛。谁知一发不可收拾，自2004年11月至今，他那年迈但依然矫健的身影竟频频出现在国内的几场高规格国际马拉松大赛的赛场上，与世界顶级职业选手同场竞技，而且取得了一个个不俗的战绩。他于2004年11月13日首发上海，2005年3月26日再征厦门，5月15日又北上青岛参加由中日韩三国联办的国际马拉松赛，并且发誓要一直跑到70岁，跑完国内所有城市举办的国际马拉松赛项目，力争参加港、澳、台等地区的国际马拉松赛，立志将马拉松赛进行到底。这位老人叫朱学政，是原芜湖市乳品厂的一位退休干部。

偶然机会，六十岁时与马拉松赛结缘

1945年9月出生于无为县一位革命烈士家庭的朱学政，从小就酷爱体育，而且兴趣广泛，篮球、足球和中长跑样样喜欢，尤其爱好中长跑。1965年5月4日，在省级重点中学无为中学读高中的朱学政，就因体育成绩突出，被体育主管部门评为国家三级运动员。此后不久，朱学政又如愿获得了这个项目的国家二级运动员称号。“文革”期间，所有的体育活动都终止了，所有的体育比赛也被取消了。在这样的大环境下，朱学政的体育锻炼也变得不正常了，只得“三天打鱼两天晒网”。

一晃20年过去了，当朱学政从毛头小伙变成日趋发福的中年人时，他忽然发觉，随着年龄的增长，更由于多年缺乏体育锻炼，自己的体形变胖了，体重增加了，力量也大不如从前了，坐卧不安的朱学政认为这些都是远离体育惹的祸。于是，1985年，40岁的他又咬咬牙恢复了中断多年的中长跑训练，当年就代表所在系统芜湖市轻工业局参加芜湖市第七届运动会，在1万米的长跑比赛中意外地获得了第5名。这次参赛的选手中他的年龄最大，其他选手都是二三十岁的年轻小伙，还有不少来自高校体育专业的师生。也就是从这时起，朱学政觉得既然已经拾起这个曾经丢下的活动项目，就决心一辈子再不放弃它了。即使是后来担任乳品厂劳动服务公司的经理时，虽公务繁忙，但他也一直没有停止过体育锻炼，坚持每天早起长跑，而且严格要求长跑的路程和速度都要达到自己设定的目标。这一跑又是20个春秋。

2004年下半年，一个偶然的机会，一位熟知朱学政长跑成绩的体育界朋友告诉他："凭你的实力完全可以参加马拉松比赛。"一开始朱学政还有些半信半疑，因为他知道自己虽然一直在坚持长跑锻炼，也很热爱这项运动，但只是为了强身健体，只是业余爱好而已，从未把它与马拉松赛联系在一起，甚至还不知道60岁以上的人也能参加马拉松赛，更不知道其他参赛选手的成绩。听了朋友的一席话，朱学政在了解有关马拉松比赛的情况后，发现自己果真有实力参赛。此时，恰逢上海马拉松大赛报名在即，他抱着试试看的态度于这年10月份报了名。有了明确的参赛目标和精神动力后，他根据自己的平时成绩，适时调整并加大运动量，加紧训练，积极备战平生第一次参加的国际马拉松赛。

初试牛刀，首度现身上海国际马拉松赛

2004"东丽杯"上海国际马拉松比赛分全程赛和半程赛。考虑到自己毕竟是第一次参加如此高规格的马拉松比赛，朱学政报名时因担心自己年龄过大，怕跑不完全程就尝试性地报了半程。半程马拉松赛的标准距离为21.097 5公里。11月13日早晨7点30分，随着发令员一声枪响，身穿代号为"2243"运动服的朱学政与来自世界各地的职业选手和非职业选手一起快步从上海和平饭店出发，开始了自己的漫漫征程。此时，上海东方卫视正在对这次国际大赛进行全程现场直播。朱学政的几位身在芜湖的"跑友"虽然未能一同前往上海观看，但他们早早端坐在市供电局的一位杨姓朋友的家中，一边说笑一边收看比赛。

不知过了多久，只听有人高喊："快看，快看！那个跑在前面的人不就是我们朱学政朱师傅吗？"众人忙凑到电视机前仔细辨认，"啊，果真是他！""真了不起啊！"几位朋友高兴得跳了起来，一个劲地为他鼓掌，为他加油。电视镜头对准朱学政跑步的时间大约持续了10秒钟，朱学政告诉记者，比赛一开始，自己的确感到很紧张，跑着跑着就放松了，觉得步伐很轻快，很有节奏感，尤其是在赶超过一个年轻选手之后，就觉得特别舒心。不知不觉中半程的终点到了，他却仍感到心有余地，意犹未尽，未能充分发挥自己的水平。在大赛组委会赛后出示的成绩证书上，朱学政看到自己的成绩是1小时30分30秒，排名为97名，看到自己第一次现身国际大赛拿到权威机构认证的成绩，他感到非常知足。在场的许多人都对眼前的这个老人称赞不已。

自从首次见证了这样高规格、高水平的体育大赛，朱学政从上海返回芜湖之后，对自己的实力就更有信心了，决心以后不再跑半程马拉松赛，而是跑全程，并且发誓后半辈子就把自己与马拉松捆绑在一起了。春节过后，朱学政又顺利地搭上了"2005建发厦门国际马拉松赛"这趟班车。

远征厦门，与王军霞"零距离"接触

据知情人士说，国内最高级别的马拉松赛事仅有两家，北在北京，南在厦门。2005年厦门国际马拉松赛共有31个国家和港、澳、台地区运动员参赛。大赛组委会为了提高竞技水平，提升大赛的规格，还特邀了肯尼亚、埃塞俄比亚等国的15名世界顶级高手出场参赛。本届厦门国际马拉松赛共有参赛选手16 000多人，其中男子全程马拉松赛选手有2 227名。

赛前，大赛组委会专门召开了首届中国国际马拉松高峰论坛，朱学政作为嘉宾应邀出席在厦门国际会展中心举办的高峰论坛。在这个只有300人应邀参加的会议上，朱学政非常荣幸地与国际奥委会和国家体育总局、中国田径协会的官员们保持近距离的接触。会间休息时，他又与世界长跑冠军王军霞一起合影，临走时，王军霞还特意在朱学政的秩序册上签下了自己的名字。会后，周围的人都笑称朱学政年老还当了一次"追星族"。

3月26日上午8时整比赛准时开始，中央电视台体育频道进行了现场直播。有了上海站的比赛经验，朱学政比前一次更有自信心了。毕竟是第一次参加全程马拉松赛，在一开始的5公里赛程内，他过于保守了。5公里之后，朱学政明显加快了步伐，很快甩开自己团队的同伴，一马当先成为本团队的领军人物。之后一路狂奔，又接连超过了很多选手，包括不少年轻选手。在到达32公里处时，身着“1851”号码的朱学政发现前面有一位身着两位数号码的职业女选手，就想把她作为自己比赛的“假想敌”。于是，一会是朱学政领先跑，一会又是这位女选手冲到前面跑，你追我赶，双方就这样并驾齐驱跑了约8公里的赛程。

此时留给朱学政印象最深的是，马路边不断有陌生人自发给他呐喊助威："老伯，加油！老伯，加油！"因为全程马拉松赛的标准赛程是42.195公里，在大约行进到41公里处的时候，朱学政发现离终点已经不远了，便猛一发力加大冲刺力度，把那位女选手甩下200多米后率先撞过红线，成绩定格在3小时21分47秒，名次为177名。在休息室，一位赛场负责人告诉朱学政："虽然国际马拉松赛不设中老年组，也不分职业与业余选手，但在60岁这个年龄能跑出像你这样成绩的在全国都比较罕见。"朱学政老人听后心花怒放，他暗下决心，争取在即将到来的武汉站和青岛站的大赛中突破3小时20分“大关”。

北上青岛，备战中的朱学政“痛并快乐着”

武汉首届半程马拉松赛原计划今年4月中旬举行，后因故延期。朱学政在接到大赛推迟举行的通知后，又报名参加5月15日在青岛举行的由中国、日本、韩国三国联合主办的国际马拉松赛。其实，自从上海站比赛归来后，朱学政就做好了长期参赛的准备，积极投入到正常的长跑训练之中，而且从去年11月16日起开始做全年长跑训练记录。

在记录本的内页中，朱学政几乎一天不落地记下了他每天早晨在安徽师范大学东操场上长跑的圈数、折合里程和所耗时间。记者发现他平均每天早晨长跑15公里左右，有时会跑70圈，按400米跑道计算，折合里程达28公里。他说，无论春秋还是冬夏，只要不下大雨，自己总是第一个走上跑道，也是最后一个离开跑道。当问及为什么选择到高校运动场跑步，朱学政的回答颇耐人寻味："因为那儿有不少体育专业的年轻高手，没高手比着跑往往很难提高自己的成绩。"据说，朱学政老人每天早晨准时在安徽师范大学的训练，已经成为学校操场晨曦中一道风景，吸引着越来越多大学生和青年教师佩服的目光。

对于朱学政来说，长跑无疑是平生最快乐的一件事，长跑时可以忘掉一切烦恼，忘掉所有不顺心的事情。但自从第一次报名参加国际马拉松赛起，有一件事总是缠绕在他的心头，那就是难以承担的参赛费、体检费和训练营养费。因为朱学政早在7年前就从原单位内退，月工资只有300多元，连平时的生活费都难以保证，更谈不上营养费了，只好将自己老两口和一个侄女合住的两间临街的房子隔出一小半租给别人开店。微薄的租金除了补贴家用，再买些奶粉等营养品，也所剩无几了。

每次到外地参赛的费用一般都在1 000元左右，自己的微薄工资难以支付参赛费，但他又不愿放弃这个多年培养起来的业余爱好，所以一听说有马拉松比赛，朱学政首先感到的是高兴，接着便是发愁。每次参赛时，他总是坚持"能节约就节约、能简单则简单"的办事原则。

上海站的比赛，朱学政来回坐的都是硬座，住4人一间每人30元的房间，吃的是5元一份的快餐，上午比赛一结束，下午就买好火车票连夜返回芜湖，为的是减少一晚的住宿开支。厦门站的比赛，他和几位芜湖籍选手一起先上车后买票，车上乘务人员提醒有多余硬卧出售，但为了节约费用，他只买了硬座，从芜湖到厦门整整坐了28个小时，一下火车就找旅馆，4人各付50元，合住在一个房间里，然后又忙着四处找饭吃，直到夜里11点才勉强安顿下来。第二天开了一天的会议，又没有好好休息，第三天一早就正式参加比赛。采访中，朱学政不无遗憾地说："由于时间紧，又是个人参赛，条件较差，体能没能调整到最佳状态，否则比赛成绩或许会更好一点。"

今年五一前夕，朱学政给安徽省体育局领导写了一封长信，信中说："马拉松精神激励着我，我坚信：只要我的经济条件和身体条件许可的话，我要一直跑下去，并计划力争去香港、澳门和台湾等地参加马拉松赛。"截至本文发稿时止，朱学政已经结束了在青岛举行的"海尔杯"国际马拉松比赛回到芜湖。据了解，参加此次比赛的中外选手共有7 000多人，在比赛路况设置和当天天气状况等条件都对运动员十分不利的情况下，朱学政最终以3小时18分58秒的成绩跑完全程，把他在厦门站比赛时创下的个人最好成绩又提高了近3分钟，实现了自己的初步目标。

朱学政的下一个目标便瞄准了今年金秋十月将在北京举行的国际马拉松赛，他争取的成绩是3小时15分。看来，60岁的朱学政已经把马拉松赛视为自己生命的一部分。让我们期待着这把不老之宝刀在今后的国际马拉松大赛中再次发出铮铮的强音。

（原载《大江晚报》2005年7月1日）

庄昌玉:割不断的翰墨缘

庄昌玉,安徽省书法家协会会员,一位老新闻工作者,平生对书法艺术情有独钟,一直孜孜不倦地在书法园地里默默笔耕着,在皖南黄山市一带已久负盛名。今年重阳节前夕,记者在歙县拜访了这位老书法家。

走进位于歙县坑口镇庄昌玉老先生家祖传的古宅深院,但见院额上砖雕着著名书画家胡华令撰写的“撷景园”三个金色大字,院内陈列着庄老先生自制的数十盆树桩盆景,屋内悬挂着他自作的书画作品。整个房子古朴典雅,扑面而来的是一股浓郁的书卷气息。

庄老先生对书法艺术尤为钟爱是缘于庄家祖传的遗风。其父庄时德和著名书画家萧儒华是故友,也写得一手好字。幼年时的庄昌玉在父亲的引导和督促下,每日习字,寒暑不断。他常在泥地上用树枝写字,十多岁就为村里演戏写过台联。从中学读到大学,他或为班,或为校抄抄写写,曾有“小柳公权”之美称。他大学毕业后,分配到芜湖报社工作,采编之余,常用毛笔蘸着红墨水练字;外出采访,遇见好字,就心摹手追,用掌当纸,用纸当笔,练上一番,喜欢四处搜集碑帖范本并购回收藏,常因此而误车。20世纪60年代中期,在书法走入低谷的时候,他仍不肯罢休,每天坚持练上半小时,聊以自娱。1996年退休之后回到老家的庄昌玉感到空闲时间多了,从此开始钻研书法理论,并且订阅了书法杂志,在继承、功力和创新三方面均下了不少工夫。为了提高功力,他用写旧的斗笔蘸着清水在自家的水泥地面上临帖,日复一日,就这样苦苦练了三年,就连每次探亲访友都不忘带上文房四宝，而且美其名曰“过把瘾”。为了让自己的书法艺术能够传播出去，从退休那年起，每到10月份他就开始写春联了，而且一写就是三四百幅，不为别的，只为练字。因此，每逢农历春节，方圆十里山村的百姓都纷纷来讨要一幅他亲笔书写的春联，除了张贴以迎新年，一是为了欣赏，二是为了教育孩子临摹。1998年4月的一天，他和书友程瑞文去歙县县城。上午他们拜会了一些城里的书友，下午去“山中天”观赏书法。这是他第8次上碑园了。他常说“常看常新，屡悟屡得”。那里的书法是稀世珍宝，古代名流荟萃，其中有王羲之、李北海、柳公权、颜真卿、欧阳询、米南宫、苏东坡、黄山谷、赵雪松等人的墨宝。他边看边记，还不时地和老程交换看法。一直到下午四点他才想起来赶往车站，结果又一次误了返程的车，只好徒步30里才回到家。

庄昌玉曾受过名家胡文遂、胡华令的辅导，他一生先后临摹过很多名家的字帖，其书法作品气势奔放，洒脱雅俊。在书体上正、行、草、隶、魏皆备，以行、草尤精。他的书法作品曾得到书法界不少专家的一致推崇，并且多次在国内展出和出版，有的甚至被台湾同胞和海外侨胞收藏。1997年香港回归，他满怀激情，从黄山市一路参赛到北京，其间，先后在江苏省获“银奖”，在长沙市获“精品奖”，在京展出后，其作品被收入《世界华人书画家作品选集》。

如今，年近七旬的庄昌玉老先生却不服老，采访结束时，他兴奋地告诉记者：“我还要在墨海中苦苦求索下去，我对书法艺术一往情深，这种缘分今生今世恐怕无法割断。”

（原载《新安晚报》2000年11月1日）

周晓平：让高雅音乐走近百姓

1998年新年前夜，安徽省交响乐团在合肥江淮大戏院成功地举办了一场建团以来的首场新年音乐会。担任本场音乐会指挥的就是从中央音乐学院深造归来不久的该团年轻指挥周晓平先生。在新年的钟声即将敲响之际，记者电话采访了他。

记者：今晚的音乐会在曲目的选择和演出形式上均有所创新，请谈谈这样的安排是出于怎样的匠心？

周晓平：新年交响音乐会是全世界交响乐团迎新贺岁的传统表达形式，在欧美国家颇为流行，可是在我国却是近几年来才逐步形成的一种时尚。交响乐是一种“舶来品”、外来文化，从欧洲传过来的。因此，在交响乐曲目的选择上，音乐家们往往不约而同地把目光投注到奥、意、法、德、捷、美等西方国家的一些经典音乐作品上，像约翰·施特劳斯的《蓝色多瑙河》《卡门》等，更是人们百听不厌、爱不释“耳”的首选名曲。今晚的音乐会在保持这种基调的基础上，又穿插了一些在作曲技艺方面表现得较为出色的中国经典音乐曲目，像人们非常熟悉和喜爱的《北京喜讯到边寨》《白毛女》选曲等。

记者：据悉，你在北京进修期间曾现场观赏过多场次不同规格的交响音乐会，那么能否将北京观众与合肥观众在欣赏和理解高雅音乐方面作一比较呢？

周晓平：正如安徽省文化厅厅长赵世对所说，“交响乐的演出是作品的思想性、演奏的艺术性、听众的观赏力的最佳体现与结合。”在欣赏和理解上，交响乐对观众的音乐素质要求很高。因为大多曲目尤其是欧美音乐，有的是根据歌剧的音乐改编而成，如《卡门》；有的是为歌剧而作的序曲，如《蝙蝠》序曲，具有激烈的矛盾冲突和复杂的故事情节，如果观众不了解剧情，那么就无法理解这一被称为“沟通人类情感的国际语言”的交响乐。如果一定要比较的话，坦诚地说，合肥观众比见多识广的北京观众在理解交响乐上要稍逊色一些。就拿今晚的音乐会来说，我发觉一些观众在欣赏多幕歌剧的音乐时，在音乐稍作停顿换景本不该鼓掌的时候，却意外地鼓起掌来，打断了剧情的连续性，这实际上是不理解音乐内涵的一种表现，而这种现象在北京则很少看到。因此，普及严肃音乐在我省任重而道远。

记者：再过一会儿就是1998年元旦了，新的一年省交响乐团有何新打算？

周晓平：在新的一年里，我们在依靠政府增加相应的资金投入的同时，还争取能得到某个财团的鼎力赞助。在演奏方面也准备进行一番新的尝试，或排演一部完整的音乐，或排演一系列精彩的音乐序曲，或按作曲家分类安排曲目等。深入基层慰问演出仍是我们团在新的一年里继续开展的一项工作，到合肥高新技术开发区举办一次广场音乐会尚处于拟议之中，我们的目的就是进一步普及高雅音乐，让艺术之花绽放在老百姓的心坎上。

（原载《新安晚报》1998年1月2日）

徐洪渠:唱响黄梅戏　过好艺术年

1998年是“黄梅戏艺术年”,“打好徽字牌,唱响黄梅戏”是安徽省委、省政府提出的跨世纪文化发展战略的一项重要举措,也是正在召开的全省宣传工作会议和全省文化工作会议讨论的焦点问题。安徽省黄梅戏剧院无疑是“唱响黄梅戏”这一活动的“主角”。日前,记者在合肥安徽剧院独家采访了出席全省地市文化局长会议的省黄梅戏剧院院长徐洪渠。

徐院长告诉记者,黄梅戏是安徽省代表性剧种,是安徽文化的标志和骄傲之一。可是,近年来由于种种原因,黄梅戏在发展的道路上遇到了许多非常现实的困难和问题,剧院现有在职人员240多人,拥有两个演出团体和一个培训部,而国家只承担在职人员80%的基本工资,另外的20%原则上由剧院自己解决。职工的医疗费没有得到专项拨款,只有临时补助,于是剧院感到压力很大。在这种情况下要想稳住这支队伍,就必须走改革之路才能逐步解放自己。

在谈到黄梅戏艺术生产时,徐洪渠院长说,现在大家不满意的不是没有戏,而是没有推出在全国获大奖的新戏精品。就这两年来说,1996年和1997年他们的两个演出团就先后排练了四台黄梅戏,其中包括为培养年轻演员而恢复排练的一台《天仙配》,新排了《红丝错》《啼笑因缘》和《双下山》等三台戏。《红丝错》是从浙江小百花艺术团移植过来的剧目,在江淮大戏院创下了连演14场不败的记录。创作剧目《啼笑因缘》在纪念程长庚诞辰185周年理论研讨会上进行祝贺性演出大获成功,受到文化部有关领导和来自全国各地的专家们一致赞誉。《双下山》是新近排练的一台大戏，准备在3月份举行公演与合肥的广大观众见面。说这些话时，徐院长脸上洋溢着兴奋与自豪，同时也感到肩上任务的沉重。

黄梅戏近两年来先后应邀组团到湖北黄梅县和我省桐城市、巢湖市、肥西县共演出了8场，结果场场爆满，观众如潮。昨晚和今晚又应邀到肥东县推出了两个专场的演出。据初步统计，1996年他们共演出了193场，1997年演出142场，为普及黄梅戏艺术倾注了不少心血。

如今，省委、省政府已把开展"黄梅戏艺术年"活动作为今年全省工作的重中之重进行了大力宣传和部署。黄梅戏剧院今年再准备"生产"两台戏，包括对传统戏《女驸马》的精加工和一台现代戏，争取进京拿"五个一工程奖"；计划将有条件的、素质比较好的演员分期分批送到高校学习、深造，再进一步开拓黄梅戏演出市场，继续培养自己的经纪人；举办黄梅戏优秀作品演出季和全省黄梅戏青年演员"严凤英奖"大赛等活动。

徐院长在采访的最后还想借助本报向有关方面呼吁，既然"唱响黄梅戏"的口号已经喊出来了就不要让它落空，有关政策希望尽快制订。

（原载《新安晚报》1998年2月26日）

张振生：风风火火闯五洲

在省内一些演出团体尚在纷纷酝酿改革、寻找出路的时候，安徽省杂技团早已在国际市场上站稳脚跟，打响了一个又一个漂亮的"战役"，并且探索出一条挖掘内部潜力、勇于开拓市场的新路子。日前，记者采访了刚从日本演出归来的安徽省杂技团副团长张振生。

谈到安徽省杂技团如今十分"火爆"的市场行情，张副团长无不得意地说："如果没有当年迈向国外市场的第一步，杂技团今天的日子也是很难熬的。试想，文化厅只给我们团60%的工资，另外40%的工资和办公费、医药费得靠自筹，而杂技在国内又没有多大市场，且票价也不高，现在回想起来，当初进入市场尤其是国外市场，应该是一种比较明智的选择。"据了解，自1979年起，省杂技团先后40余次出访亚、非、欧、美等四大洲的50多个国家和地区，仅德国就去了7次。他们的代表节目是大跳板、女子排椅、爬杆、高台定车和滚杯等，深受外国朋友的喜爱。除每年要在国内完成三分之一约60场的演出任务外，他们的绝大部分时间则是在异国他乡度过的。去年到美国、日本等国家共演出了300余场，盛况空前。目前，杂技团的演出队正在日本的北海道和北九州演出。

近20年的国内外演出且屡屡成功，其中是否有什么秘诀呢？张副团说："秘诀谈不上，但经验和教训倒学了不少，那就是增强精品意识，提高演出质量；加强队伍管理，扩大演出市场，不搞'一锤子'买卖，走良性循环的路子。"目前，已健步走入市场的省杂技团仍不忘自己是"文化使者"的角色。今年8月份他们将代表国家履行文化协定，赴文化部指定的非洲等6个国家进行文化交流演出。明年，除继续应邀到日本名古屋、北九州等地巡回演出外，还可望加入到美国最大的一个马戏团——林林马戏团进行合作性商业演出，为提高安徽在世界的知名度再显身手。

听了张副团长的一席长谈，记者感到省杂技团不仅闯出了市场，而且给人们开辟了一个全新的视野。它的明天必将更辉煌。

（原载《新安晚报》1998年4月24日）

王润刚:情深写春秋

八集电视剧《月缺月圆》是一部反映国有企业下岗职工再就业的现实主义力作,被中央电视台审片组专家称为“近期同类题材中较好的一部”,先期在芜湖电视台和安徽电视台播放后,反响强烈,现正在中央电视台一套黄金档播出。6月13日,记者独家采访了该剧编剧、芜湖电视台总编室主任王润刚先生。

刚刚送走中央电视台审片组的几位同仁,王润刚在红梅新村的写作室兼卧室里热情地接待了记者。今年58岁的王润刚看上去要比他的实际年龄年轻10岁。可就是年近花甲的他,在4年左右时间里共创作了4部电视剧,其中《米市之秋》也在中央电视台一套黄金时间播出,这在我省是绝无仅有的。

早在20世纪60年代中期,在无锡某部队服役时的王润刚就酷爱新闻评论写作。他敏锐地抓住了国有企业改革的现实问题,开始酝酿和创作。王润刚认为,作为文学创作,选择现实题材实际上选择了风险。因为现实题材对当前国家政策和剧中人物性格的准确把握难度都相当大,并且它与观众距离很近,深受人们的关注,不允许瞎编。当然,从收视效果看,现实题材一旦创作成功,就容易一炮打响。因此,对主创人员来说,既是风险又是机遇。

作为一部工业题材的电视剧,《月缺月圆》与同类题材的电视剧在表现主题上有什么不同呢?或者说有什么独到的地方呢?王润刚说:“以前我所接触到的工业题材,大多表现为困难企业在艰难的曲折过程中再度崛起,用通俗的话来说就是从半死中救活,传统的编剧认为这就是正面表现。如果我再这样写,一是落入俗套，二是可信度差。而我一开始就把长江第四机床厂这个濒临破产的企业写‘死’。因为我在这部剧中的创作思想是，没有死就没有生，死虽然是痛苦的，但生是必然的、美好的。企业可以死，但人必须活起来，而且活得更好。”王润刚认为，生生死死是市场经济的客观规律，如果在他的笔下让这些企业起死回生实际上就在保护落后，他要让它死得其所、死得悲壮。在这部剧的最后，他又让困难企业依靠自己的力量从困难的“深水区”游到“浅水区”最终上“岸”，得到的回报就是现代企业的出现。王润刚的这一创作思想，改变了工业题材表现主题的传统思维模式，这大概正是《月缺月圆》之所以让观众感到真实、动人的关键所在。

面对这部电视剧投放社会并产生越来越大的电视“冲击波”，王润刚激动地告诉记者，《月缺月圆》能“热”到目前这种状态，是他当初难以想象的，他感到有些意外。他认为这部剧经过导演等多人的加工和修改，如今已大大超出他个人能力的范围，已经成为集体智慧的结晶。如果说这部剧对社会宣传再就业有点贡献的话，那么这一功劳应该属于大家。王润刚眼下正忙着将新创作的4集电视剧《泪商》和17集电视剧《婚姻驿站》推出去，他说这将是他最大的满足。

（原载《新安晚报》1998年6月22日）

黄新德:黄梅苑里常青树

初识黄新德是在日前本报为足球“国嘴”来合肥而举行的联欢会上。那天,黄新德出任晚会主持人,其活跃和潇洒之神态,让人难以把眼前的大“小伙子”与已过知天命之年龄的他联系到一起。

1960年,13岁的黄新德考入省艺校,至今已从艺38年,在多年的艺术实践中,他形成了一套“文武兼备、融会贯通”的艺术风格,塑造了许多风采照人的黄梅戏艺术形象。

38年的艺术生涯令黄新德感触最深的是男演员的成才问题。他认为,黄梅戏的音高不尽合理,一般男女演员在唱腔上相差8度,而黄梅戏男女唱腔只差5度,这样无形中给男演员在音高上增加了难度,也影响了男演员的成长。比如“树上的鸟儿成双对”这段唱腔,男音就难以上去,常常是女演员唱得轻松,男演员感到很累。在黄梅戏传统中,女腔比较丰富,男腔略显单调,如何使男腔丰富起来这对男演员来说无疑是一个挑战。在这方面,黄新德做出了不小的贡献。在黄梅戏女演员林立的情况下,作为一名男演员,几十年来能像一棵常青树站立在舞台上,着实难能可贵。在黄梅戏男演员的培养问题上,省领导曾几次找到黄新德并委以重任,希望他能为安徽的黄梅戏多培养出几个“小黄新德”。如今,令黄新德感到欣慰的是,他的得意门生余顺、周珊等逐渐崭露头角,黄新德希望他们能早日挑起黄梅戏事业的“大梁”。

谈到黄梅戏艺术年,黄新德告诉记者,目前安徽省黄梅戏剧院正在对两个现代戏《木瓜上市》和《秋雨伊人》进行剧本修改，并且抓紧排练，争取年内与观众见面。另外，一台根据《女驸马》改编的轻喜剧也将在下半年动工，如果顺利的话，可望在年底献给观众。他认为，演员就要站在舞台上，剧团就要走到百姓中去，和老百姓一起“过年”，不能孤芳自赏，如果年年能送点“年货”给广大的观众，这就是最好的“过年”。

（原载《新安晚报》1998年5月13日）

胡连翠:痴心不改黄梅情

在今年3月2日广州天河体育馆举办的第十七届全国电视剧“飞天奖”颁奖晚会上,安徽电视台一级导演胡连翠,成为本届“飞天奖”戏曲类最大的赢家,由她执导的黄梅戏音乐电视剧《春》荣获“飞天奖”一等奖,一举打破了戏曲一等奖沉寂多年的局面。至此,由她精心编导的各种文艺节目、大型晚会、戏曲电视剧等,已获40多个全国奖,包揽了我国电视剧三大最高奖项,其中6次折桂“飞天奖”、8次狂吻“金鹰奖”、2次夺魁全国“五个一工程奖”。

“我主张大黄梅意识,让地方戏走出地方,让传统文化走近现代,让黄梅戏和黄山一样,既是安徽的,也是中国的,并为世界所欣赏。”胡连翠面对荧屏前的全国亿万观众说这番话,既是对她几十年来的艺术成就进行总结,也是对她坚持不懈的艺术追求做出承诺。

自20世纪80年代以来,安徽的黄梅戏和全国其他传统戏曲一样,由于自身的局限性而受到现代传媒的冲击,一度走入低谷。素有“胡大胆”之称的安徽电视台一级导演胡连翠,从1987年开始就着力对戏曲电视剧进行大胆而全面的创新,本着“好听、好看、好懂”的宗旨,重新演绎黄梅戏。她在保留黄梅戏音乐优美、抒情特色的基础上,广泛吸取京剧、昆曲及现代音乐的精华,发展创造了一些新的唱腔;借用故事片的表现手法,摒弃一些不必要的舞台表演程式,克服了黄梅戏慢节奏的弊病,改舞台布景为自然实景拍摄;用电声乐队和管弦乐队代替戏曲乐队;采用普通话对白等。在拍摄上,她还利用电视拍摄二度创作的特点,大胆地进行优化“杂交”组合：对白选优秀的话剧演员配音，唱腔选出色的戏曲演员配唱，形象选最漂亮最合适的演员扮演。她把传统戏曲艺术与现代电视艺术相“嫁接”，使戏曲电视化、电视音乐化，从而创造出一种全新的艺术样式——黄梅戏音乐电视剧。这种创新虽一露面就被圈内有关人士指责为“四不像”，但却得到观众和市场的认同。1988年，由胡连翠执导的第一部黄梅戏音乐电视剧《西厢记》，获得了当年《大众电视》“金鹰奖”。接着，她又先后执导了《朱熹与丽娘》《遥指杏花村》《桃花扇》《半把剪刀》《玉堂春》《孟丽君》《家》和《春》等黄梅戏音乐电视剧，并且年年获得全国大奖，不是“金鹰奖”就是“飞天奖”，或者兼而有之，没有一次空手而归。

并非科班出身的胡连翠所执导的电视剧能在全国屡屡获奖，绝不是偶然，其中一定有不少秘诀。面对记者的提问，人称“花花点子多”的胡连翠道出了个中真谛：“我认为拍电视剧，选题最重要。我在酝酿主题时，第一看原著的基础，第二看有无现代意识，不少名著虽然基础好，但不能跟现代意识‘接轨’‘合拍’，我只能忍痛割爱放弃它们。”据了解，曾有人建议胡导演拍《六月雪》《琵琶行》《牡丹亭》等名著，却遭到她的婉拒。她认为这几个剧本中的人物缺乏现代人的意识，远离现实生活，今天的人们对此并不感兴趣。她说，她之所以选择巴金的爱情三部曲《家》《春》《秋》，是因为这三部著作中闪烁着高尚的人性光辉，与现代人的精神容易沟通并激起共鸣。比如《春》在改编上就特别强调现代意识，有意削弱反封建的色彩：二小姐抗婚这一“老掉牙”的戏，减少它毫不觉得可惜；觉民和海儿父子情感一出戏也渲染得很多，家庭意识很强，看了让人落泪。胡连翠说，在对伦理道德处理中，她强调的是中国传统美德，让人从流泪中得到感悟。据了解，即将在中央电视台播映的黄梅戏音乐电视剧《秋》，也淡化处理了高家在分崩离析走向衰落时的吵吵闹闹情节，而极力强化了爱情这一主线。这种改编和再创作，不但较好地保存了原著的精华，而且也准确和生动地传达出原著的神韵。因此，不少行家看后都不得不承认，胡连翠在电视剧的思想性、艺术性和可视性上确实下了一番工夫，尤其把这“三性”和谐地融合到她的每一部电视剧中，实在是技高一筹。

谈到艺术创新，胡连翠自有一套令人折服的理论，她称之为“旗袍之说”：“旗袍和马褂都是中国传统服装，马褂早已被淘汰，而旗袍却流传至今，原因就在于它顺应时代不断改革，能充分表现女性端庄、典雅的神韵。”她说，“艺术就像旗袍和马褂一样，不改革就没有生命。对于黄梅戏来说，我要把这个安徽的‘土特产’变成全国的‘名部优’，并让它走出国门打入国际市场。”她打算将皖籍作家张恨水的名著《啼笑因缘》搬上荧屏。的确，胡连翠在黄梅戏艺术的继承和发展上所做的贡献功不可没。让我们祝愿已届花甲之年的胡连翠艺坛之树常青。

（原载《新安晚报》1998年4月30日）

吴　琼："黄梅歌后"的黄梅情

有"黄梅歌后"之美誉的中国广播艺术团青年演员吴琼，刚刚拍竣一部名曰《君子好逑》的20集大型电视连续剧，日前从四川和湖北取道回安徽老家，4月8日上午，她在金安徽国际大酒店接受了记者的采访。

六年前，因演唱黄梅戏而享誉海内外的吴琼，从安徽黄梅戏剧院调到中国广播艺术团，一度走上流行歌坛改唱流行歌曲，而且频频在电视晚会上亮相，因此，近来许多黄梅戏迷都担心将再也听不到吴琼那韵味十足的黄梅歌调了。吴琼立即解释说："我不但没有忘记黄梅戏，而且至今仍对黄梅戏一往情深，难以割舍。刚刚拍完的《君子好逑》就是采用流行歌手演唱黄梅戏的做法，对传统的黄梅戏进行包装和革新，让它不仅适合安徽人的口味，而且适合全国人的口味。"据了解，这部电视剧的音乐借用黄梅戏的曲调，比如众所周知的《天仙配》《女驸马》上的音乐旋律，只不过改变原有的唱词，填上富有时代特色和反映青年人心态的新词。这些词大多以一种调侃的情趣抒发男女间的爱情。每集里都有三四个黄梅戏唱腔段子，20集里共有80多段黄梅调，相当于两集电视剧90分钟长度。不仅如此，剧中还借鉴了安徽的一些地方戏像庐剧、五河民歌、青阳一带在历史上已经失传的文南词，以及扬州小调等不同剧种的唱腔，韵律优美，好听易唱。有一首《臭男人》的歌就是吴琼自己作词、演唱的，俗极而雅，记者看过歌词忍不住请吴琼当场清唱，想先"听"为快，谁知一段唱罢，在场的新闻记者们，个个笑得直不起腰。

吴琼在舞台上曾主演过《天仙配》《女驸马》《罗帕记》《无事生非》《孟姜女》等，

为全国亿万戏迷所熟知。她说:“虽然这是我第一次拍电视剧,但这一想法我已经酝酿了很久,一是因为我妈妈很喜欢带音乐的片子,妈妈脑淤血瘫痪三年了,我感到对不起她,我要做一件让她高兴的事,于是我答应她今年要送她一部好戏和一首好歌;二是作为一名演员,无论我走到哪里,人们都把我们当作黄梅戏演员,而我们这代演员没有自己的作品奉献给大家,我觉得会很遗憾,我应该拿一部能展示自己实力的作品,不能让下个世纪的人还在唱‘树上的鸟儿成双对’。”

据了解,在《君子好逑》中集制片人、出品人、音乐和领衔主演于一身的吴琼,起初对拍电视剧一无所知,第一次做这件大事的确遇到了很多困难,仅投资就需要400万元,还有人员、车马的安顿,还有很多意想不到的麻烦和问题,吃了许多男人难以想象的苦。导演赵恩坪甚至这样说:“在这方面吴琼是男人,我们却是女人。”拍戏的最后几天,她感到异常辛苦,经常靠吃安眠药来保证睡眠。她自称是一个“工作狂”,工作起来特别兴奋和投入,再加之有不少朋友帮忙,因此她始终对拍片抱乐观态度,她预感自己能成功。她说,自己是按精品的要求来制作,把亲戚、朋友的意见当作观众的意见来汲取,不为获奖,只想拍出自己的艺术品位。她说,第一次演电视剧,观众能给她打60分就满足了,但自信观众对她的唱腔会给高分的。她还说,只有用心制作的作品交给观众,才能赢得市场,她相信这部电视剧会有市场。

谈到黄梅戏艺术的未来发展前景时,这位年纪轻轻但艺术成就非凡的“大腕”演员认为,黄梅戏艺术要改变,不能像翻跟斗那样不停地重复同一动作,要不断出新。举办黄梅戏艺术年,也不能仅仅停留在开展一些演出活动或研讨会上。黄梅戏还是一个年轻的剧种,完全能够做出更大的改变。其根本是改变学校的教学模式,对学生不仅仅进行传统的训练,还要让他们广泛地学习和借鉴舞台艺术、电影、电视艺术,提高和培养演员的素质,用别类的艺术来改变目前的黄梅戏。吴琼表示,下一步仍然把主要精力放在黄梅戏上,计划再拍一部30集古装戏电视剧,融入黄梅戏,并且邀请黄梅戏“五朵金花”,以实现黄梅五姐妹联袂演出的夙愿,给全国的黄梅戏观众展示她们五姐妹的成长过程和艺术成就。说这话时,记者看到,吴琼的脸上绽放出了可人的笑容,嘴角两边的小酒窝清晰可见。

吴琼匆匆地来,又匆匆地走了,像一只翩翩蝴蝶,把艺术的轨迹留在喜爱她的人中间。

（原载《安徽法制报》1998年5月3日）

田　妞：台湾影视歌三栖红星

在30集大型连续剧《新乱世佳人》中，成功扮演女主角董心碧的台湾著名影视歌三栖红星田妞，4月28日来到合肥，参加该剧安徽首播文艺晚会，是日上午在安徽饭店接受了记者的采访。

田妞本名朱凯莉，出生京剧世家，从小耳濡目染，5岁就开始演戏，19岁开始演电视剧。出道后的田妞在事业上可谓一帆风顺，20岁时便以《蒂蒂日记》获金马影后、巴拿马影后和金鸥奖等，1980年以《我骑了一单车》销售突破20万张记录获新加坡"金唱片"奖；1993年在大陆16个省巡回演出，举办了43场演唱会，获中国文化部特颁"优秀艺人奖"。

田妞是她现在的艺名，她原来的艺名叫"恬妞"，本取恬静、恬美之意，只因后来有不少人经常把"恬妞"误读为"怡妞""恰妞"等，她就在这次苏州老家拍戏时把"恬"字改为"田"字，含"只问耕耘，不问收获"的意思。面对记者，已届不惑之年的田妞不无风趣地说："如今岁数这么大了，不能叫田妞了，应改称'田婆'了。"

在演艺圈素有"百变花旦"和"青衣"之美称的田妞说，《新乱世佳人》是她等了20年的一部好戏，剧中女主角董心碧是她等了多年的角色，这出戏仿佛就是为她而写的，但角色的个性与她本人的性格相差甚远，仿佛一个是南极，一个是北极。这次是她首次只身来大陆拍片，而且又遇上这样的好剧本，因而她非常珍惜这次机会。她说，大陆和台湾之间能开放交流，是一件深受两岸人民欢迎的好事情，希望今后这种艺术合作越来越多。中国大陆喜剧市场的勃兴，令许多香港和台湾知名演员纷纷看好这块亟待开发的领域，再加上制作单位对演员的加倍礼遇，让他们在工作和精神上感到格外兴奋和欣慰。田妞说，在内地拍戏她觉得很轻松，演员不会感到被压得喘不过气来。导演范小天说，众演员中，田妞最为拼命，一点也不言过其实，演这部戏，田妞是动了真感情。

谈到自己一波三折的感情生活，活泼开朗的田妞似乎并不讳言她所经历的两次婚变，但言语中显然流露出对未来婚姻的失望："我相信世上仍存在幸福婚姻，只是它不会降临到我的头上。我现在真正的幸福是和我的家人、孩子和女朋友在一起。在这个世界上，我不相信男人。"说这话时，记者感到，貌似刚强的田妞那有点沙哑的嗓音中，略带一丝伤感。

（本文与丁光清合作，原载《新安晚报》1998年4月29日）

桑野美左代:“东洋少女”芜湖过年

爱美之心人皆有之。来中国学习汉语,日本留学生桑野美左代走出国门也没忘记将日本人象征的和服随身带着。

谈及中国的春节时,桑野美左代说她最早是在日本的汉语教材中了解到这一概念的。书中介绍了中国人的一些生活习惯,过春节时,家家户户都会放鞭炮、包饺子、贴春联、挂年画、挂灯笼等。桑野美左代在神户上大学时经常逛唐人街,在那里她发现许多中国人过春节还玩灯笼、耍狮子,中国的习俗在那里得到了延续。

桑野美左代出生于日本大阪市一个小学教师之家,全家四口人,父母均为小学教师,哥哥比大她三岁,现在一家销售颜料的公司工作。在神户大学教育系读书时,桑野美左代选择的两门外语是英语和汉语。大学期间,她学了一年半的汉语,1996年3月本科毕业后,她一边打工一边上学,上午在大阪市一家汉语学校学习汉语,下午就到一家咖啡馆去当服务员。在日本,因为教师的身份是公务员,享有稳定的工作,所以想当教师就必须参加考试,而教师资格考试竞争又很激烈,考生人数往往是招生人数的90倍。大四时,桑野美左代参加大阪市教师资格考试,虽然通过笔试,但是未能通过音乐、美术、体育等专业技能测试,结果未能当上教师。于是,桑野美左代在汉语学校学了一年汉语之后,又向文部省申请到中国留学的奖学金,在进行一番面试后终于如愿以偿。读大学时,从未打算留学的桑野美左代,在毕业后为了学好汉语便来到了中国芜湖,求学于安徽师范大学。来之前，连一句中国话都不会说的桑野美左代，经过两年半的学习，如今能轻松阅读中文书籍，能收听中文电台，收看中文电视，能写上千字的文章，在汉语水平考试中取得中等A级，今年5月份还准备参加汉语高等水平考试。

今年，桑野美左代将在中国度过第三个春节，前两次春节都是利用放寒假旅游的机会在云南丽江度过的，今年春节她将在芜湖和上海两地轮流过，她打算利用寒假到上海去看望一对退休夫妇。这对中国夫妇是桑野美左代在大三时到上海旅游时结识的，这对夫妇待她非常热情，令她感动，这次将是她来中国后第三次去探望他们。她无法忘却他们，她要在中国人最讲究礼仪的春节去拜访他们。回来后，桑野美左代就专心在房间里看专业书，她说今年夏天就要毕业回国，毕业前还有很多书要看，不能虚度大好的时光。

谈起最近几年芜湖给她留下的深刻印象时，她说芜湖的确变化很大，马路变宽了，红绿灯也比以前多了，步行街很有档次。芜湖人比较热情，劳动路和国宾路交叉口处做水果生意的那位阿姨就对她很好，从不缺斤短两。她很喜欢到殷家山菜市口那条小巷子里面吃一位阿姨做的麻辣烫，味道特别鲜美。

当桑野美左代从记者口中得知芜湖市和日本高知市还是友好城市时，她真诚地希望日中人民应世世代代友好下去，应多加强彼此间的相互沟通和了解。桑野表示，回国后她将大力宣传中国，宣传芜湖，让更多日本学生到芜湖来留学和旅游，让日中人民间的友谊像长江之水永不枯竭。

（原载《大江晚报》2000年2月5日）

第二编

事件透视

SHIJIAN
TOUSHI

安徽百名生态学博士“上书”省委、省政府

本报合肥11月27日电记者李陈续、通讯员沈正赋 日前，参加在安徽师范大学召开的2004“生态安徽”博士科技论坛的108名来自生态学领域的博士，从生态经济、资源的可持续利用、人居生态环境、生态保障和生态文化等方面，研究分析了安徽省生态建设的现状及存在的问题，并形成了一份《关于加速生态安徽建设促进安徽可持续发展的建议书》，呈送给省委、省政府。

2003年，安徽省被国家环保总局批准为生态省建设试点省份。为响应省委、省政府提出的“建设生态省，打造生态安徽”的战略决策，安徽省科学技术协会主办了本次“生态安徽”博士科技论坛，组织全省从事生态学及相关学科理论和实践研究的专家、学者260多人，其中生态学博士108人，就生态安徽建设的理论和实践进行了广泛而深入的研讨和交流。中国工程院院士、中国科学院沈阳应用生态研究所孙铁珩研究员，中国工程院院士、中国环境科学院王文兴研究员应邀到会作专题学术报告。

与会博士们认为，安徽生态建设还处在起步阶段，生态建设推广应用及宣传教育普及不到位；人均耕地低于全国平均水平，且呈不断下降趋势；矿产资源人均拥有量低，水资源人均占有量低；环境污染尤其水污染仍较严重，自然资源开发利用中的浪费现象突出；生态环境保护和建设投入不足，生态环境恶化的趋势没有得到有效遏制；经济结构不合理，资源型经济比重过大。为加速安徽生态省建设，促进全省可持续发展，在安徽工作的博士们向省委、省政府提出了六条建

议:一是加强生态建设与可持续发展的宣传教育,普及生态相关知识;二是严格控制人口增长;三是合理利用与保护资源;四是加强生态环境建设;五是发展生态经济;六是加速生态建设的人才培养及加快生态环境保护立法等。

(原载《光明日报》2004年11月28日)

“五四”爱国浪潮涌芜湖

80年前的5月4日，北京爆发了波澜壮阔、震惊世界的五四运动，掀起了一场中国历史上规模空前的反帝反封建爱国运动。在这场伟大的爱国运动中，芜湖同全国其他地方一样，也经历了血与火的洗礼。芜湖青年以极大的爱国热情和高昂的革命斗志，策应北京学生的爱国壮举，积极投身于这场运动，为五四运动涂写了浓墨重彩的一笔，在安徽近代史上留下了光辉灿烂的一页。

据史料记载，1919年五四运动前后，芜湖作为对外贸易的通商口岸，盘踞的帝国主义势力就有日、美、英、法、德和西班牙等国。英国和日本还在这里设有领事馆，享有领事裁判权。从沿江陶沟以北到弋矶山以南，西从沿江东抵弋矶山路为界，共有719亩多土地范围为租界地。帝国主义经常在芜湖段长江水面上停泊军舰和海军陆战队。

在芜湖的军阀统治者是安徽督军倪嗣冲的爪牙皖南镇守使马联甲。成立于光绪三十二年的芜湖总商会在当时社会占有重要的地位，当时的会长是汤善福，他们代表大资产阶级的利益，并和帝国主义、军阀政府相勾结。另外，一些恶霸豪绅为了自身利益而利用地痞流氓组织的所谓“安清帮”等帮会，专门起哄打架、欺压良民，其头目有袁仲铁、萧达山、江顺元、吴正起、董海亭等。

当时，芜湖的中学有省立第五中学（以下简称“五中”）、省立第二甲种农业学校(以下简称"二农")和第二女子师范学校(以下简称"二女师")、私立芜关中学,以及两所教会学校——圣雅阁书院和萃文书院。校方的教育倾向是提倡读死书,主张学生不问政治。但是,由于受辛亥革命影响,特别是受十月革命胜利的影响,教师和学生中已经有一部分人积极从事政治运动和新文化运动。

策应北京

五四运动在北京爆发的第二天即1919年5月5日,芜湖学生从《皖江日报》上看到了北京学生游行示威的消息后,群情激愤,纷纷起来响应,五中的英文教员兼学监高语罕和语文教师刘希平立即在课堂上公开介绍当时的局势。5月5日晚,具有爱国光荣传统的五中学生率先在校园里集合起来,召开学生大会,声援北京学生。5月6日,五中学生又派代表到二农,并会同二农代表再到其他学校进行联络。当他们赶到二女师时,该校反对女生抛头露面,反对女生参加社会活动,不让代表进去,学生又通过高语罕、刘希平打电话给二女师校长阮仲勉,谁知人称阮老圣人的阮仲勉顽固守旧,不准学生出校门。无奈,代表们只好坐在二女师的会客室等候。后来,终于等到了一个叫秦媟的学生,经过联系后便联合散发传单。以五中和二农的学生为核心,芜湖学界正式成立了"芜湖学生联合会"(以下简称"学会"),公举二农朱大猷为会长,五中蒋光慈、萃文学院翟宗文为副会长,参加学联工作的还有胡浩川、余峭峻和吴保萼等同学,中小学教师也以刘希平等人为首组织了"教职员联合会"(以下简称"教联")。当日下午,"教联"和"学联"在省立乙种商业学校召开联席会议,讨论声援北京学生正义斗争的问题,并派出代表到安庆、上海等地联络,与北京学生遥相呼应。接着,萃文书院、圣雅阁书院等教会学校的学生,不顾神甫和校长的阻挠也纷纷行动起来。二女师的进步学生也冲破封建礼教的枷锁,加入到运动行列。

5月7日,在"学联"和"教联"的发起和组织下,芜湖各校学生2 000多人齐集东门外老铁路埂开会,声讨北京军阀政府的卖国罪行,呼吁各界同胞迅速起来抵制日本侵略,挽救民族危亡。会后,举行了大规模的游行示威,学生们高呼取消"二十一条""抵制日货""反对卖国贼"等口号,二农学生还扛着镶有斧头和镰刀图案的红旗。游行队伍最后到了镇守使署和县公署示威,递交了《请愿书》,并致电北京政府,要求惩办卖国贼,释放被捕学生,拒绝在巴黎和约上签字。由于学生要求正当,反动当局虽然虎视眈眈,却未敢公开镇压。

各校学生于10日上午各推代表数人在城内芜关中学召开会议,讨论北京学生示威行动被捕之事；是日下午又在道教会开会直至6时才散。当晚发出三电：一致北京总统、总理、参众两院长，请立即释放被拘学生，力争青岛。此系二农、五中、二女师、萃文、圣雅阁、芜关全体学生具名。二致上海申报馆两总代表暨各省教育会、省议会、学校、商会、农会及各团体并转广州军政府参众两院，内容是："北京各大学学生为青岛交涉事被捕，警耗传来，不胜惊诧，窃以事近激烈，情出热忱，大意昭然，是徽人心未死转悬速电力争，以伸公道，而维国是，无任翘企之至。"三致本省各县商会、劝学所、各学校、农会，要求迅速发电力争。五中学生以刊物的形式广告全省群众，促使各地迅速召开国民大会并举行露天演说。5月12日，芜湖各校学生和各界代表齐聚芜关中学，召开了"反日爱国大会"，号召"抵制日货，提倡国货"。

抵制日货

芜湖人民响应五四运动的实际行动，主要表现在抵制日货问题上。在"学联"成立后，各学校内均设有"日货检查组"，同时也成立了以学生为主体的"芜湖各界日货检查所"。另外还成立了"芜湖外交后援会"，发了宣言，通电全国。

"学联"一方面发电报到北京响应与支持五四运动，另一方面在芜湖积极组织查封日货、烧毁日货等工作，并鲜明地提出"抵制日货，提倡国货"的口号。在具体行动上，学生们首先在校内检查，烧毁自己用的日货如脸盆、文具、布等，同时组织检查日货队到商家检查。小商家敷衍，大商家则不理，不觉悟的商人们说："我们别的不管，只顾做生意。"学生见商家不烧日货，便组织"抵制日货哀求队"，拿着册子请求商家签字不卖日货，商家不肯签字，学生便跪在地上哀求，但愚顽不化的商家还是不理不睬，并对学生说："你们去找行业工会或商会，如果行业工会或商会要求我们不卖日货，我们就不卖。"

"学联"见此法无效，就决定改变斗争方式，他们找到商会会长汤善福，汤善福不愿与学生见面。学生们又找到商会董事陶玉堂，陶玉堂对此事表示不管。汤善福和陶玉堂均代表一些不法资本家的利益，拒绝在决定上签字。

5月19日，芜湖商会全体董事正在商会为拒绝日货举行全体董事会议。这个消息被当时从街上走过的学生会会长翟宗文及学生代表吕友篪听到了，他们两人觉得大好时机已经到来，就立即打电话通知各校，要求学生会多派学生来包围商会，以便迫使商会在这个决定上签字，否则就武力威胁。不到两小时，各校派来男女学生2 000多人，他们把商会围得水泄不通。王持华、翟宗文等立即进入会场与董事们交涉。学生向商会提出：一、封存日货；二、拒绝日货；三、提倡国货。他们要求汤善福首先签字，并遭到拒绝，学生便跪在地上请他们签字。相持三个小时，问题仍没有得到解决，这引起全体学生的愤怒，于是在商会里大打出手。学生们首先拆除了商会的电话，后来又砸烂商会办公室内的家具，二女师学生杨仪贞抱起桌上的茶壶愤怒地砸向商会会长汤善福和董事陶玉堂。

军阀马联甲获悉这一情况后，迅速派一名姓高的营长带一营兵荷枪实弹前来镇压。当高营长一走进商会，学生都齐喊："不得了啦，我们要亡国啦！"学生们都愤怒得放声大哭起来。高营长见此情景也颇受感动，反而安慰学生："不要紧，我们都是中国人，我同情你们。"于是放弃了镇压行动。在广大学生和社会舆论的压力下，汤善福终于被迫在抵制日货的决定书上签了字。

在此期间，军阀马联甲曾几次召开各校校长会议，要求各校校长交出学生代表名单，并且要校方协助军警镇压学生运动。五中校长潘光祖在校长联席会议上对马联甲说："学生代表天天换，日日选，连我们老师都不知道哪个是学生代表，如果马镇守使一定要我们交出学生代表，那么我只有把学生集中起来，全都交给镇守使。"这样，潘光祖既保全了学生代表，也保全了自己免受处分。另外，萃文书院教师宫乔岩、钱杏村以及五中教师庐伯华等都是当时的进步教师，对学生是极力支持的，当时《皖江日报》对学生运动也是大力支持，尽量设法刊登"学联"宣言等，向广大群众宣传。

就在运动开展得热火朝天的时候，恽代英同志从宣城来到了芜湖。恽代英在五中作了慷慨激昂的演讲——《打倒日本帝国主义，废除二十一条》，边讲演边做手势撕条约。他说："读死书有什么用，国亡了还有什么书读？"这更进一步推动了运动走向高潮。于是，学生在抵制日货的基础上，又积极准备大规模的罢课、罢工、罢市活动。

在举行大示威的前两天，各校都正式宣布停课，不分白天黑夜准备"三罢"活动。如组织纠察队，编配童子军，印刷"鸡毛报"（这是当时芜湖的一种特殊形式的传单，由店员手写，报角上贴上两根鸡毛，写的都是比较激烈的话，报上不敢登，但写上"如不传递，男盗女娼"等字样，由市区的一端传向另一端，主要是在长街一带活动）。在罢市的前一天夜里，学生将"鸡毛报"投到各商店，上面写着："你是爱国商人，今天就要罢市，不罢市就是男盗女娼"等字样。6月8日早晨7时，学生大队就从各路来到商业中心的长街，童子军分布在各商店门口，用棍棒拦着，阻止商店开门，纠察队来往巡逻。这样，罢工、罢课、罢市就正式实现了。参加示威的大队以学生为主体，并有店员工人、黄包车工人及市民参加。当游行示威大队走到河南日本领事馆门口时，学生们纷纷向里面投掷石块，高呼口号。当时呼喊的口号有“外争国权，内惩国贼”“打倒军阀，打倒卖国贼曹汝霖、陆宗舆、章宗祥”“誓死争回青岛”“废除二十一条”“抵制日货”等。在这轰轰烈烈的反帝反封建运动中，反动军阀曾一再进行干涉和镇压，但由于受到广大群众正义行动的感召，大部分军警都站到人民一边，因此反动头目们也无可奈何。五四运动打开了芜湖斗争的局面，芜湖人民大规模的抵制日货运动继续深入地发展。1919年9月，“芜湖各界联合会”正式成立，并选派五中学生李宗业作为代表，出席上海的全国学生联合总会。五四运动以后，学生运动更加活跃了，许多学生利用寒暑假走向农村、走向民间，作广泛的宣传。不久，芜湖发起留法勤工俭学活动，李尔农、尹宽去法国留学。许多人还到苏联学习，寻找真理。经过五四运动，芜湖的许多青年参加北伐，很多人成了后来的革命骨干，比如蒋光慈、钱杏村等，就是当时运动的参加者。

继芜湖后，安庆、池州、宣城等安徽各地的学生也陆续爆发了爱国运动。

在各地学生组织的发动下，安徽的学生运动逐渐发展到城乡各个角落，形成了全省范围的反帝反封建的革命浪潮。

缘何怒潮起芜湖

在安徽人民反帝反封建的怒潮中，芜湖人民的反帝反封建斗争无疑是一朵最为耀眼的浪花。芜湖的反帝斗争规模大、程度激烈，其轰轰烈烈的程度不仅在安徽首屈一指，在全国也颇具影响。那么，安徽的学生运动为什么能够以芜湖为中心发展起来，而不是当时的省会所在地呢？

为此，近日记者专门走访了安徽师范大学历史系、芜湖市党史办和地方志办公室的有关专家、学者。他们分析后认为，主要原因有是以下几个方面：

其一，得天独厚的区位优势，使芜湖能得皖省风气之先。芜湖地处长江沿岸的水陆交通要道，交通极为便利，这为各种信息的交流传播提供了必要前提。加之芜湖乃长江巨埠，是对外通商口岸，是全国闻名的四大米市和重要的货物集散地之一。各种势力汇集于此，商旅往来，络绎不绝，一些新观念、新思想等无不随之传播至此。北京爆发五四运动的消息就是经过外埠最早传播到芜湖、安庆，进而传遍全省各地的。

其二，芜湖教育发达，知识青年接受新文化启蒙早，思想激进。芜湖很早就有了教会学校如萃文书院、圣雅阁书院，有省立五中、二农、二女师等。这些学校的一些激进教师如刘希平、高语罕等积极向学生介绍各种新思想，推进民族民主革命。芜湖绅士李光炯受梁启超兴学的影响，在芜湖创办了安徽公学。这是芜湖有史以来的第一所新学堂，革命党人卢仲农、柏文蔚、杨虎、刘师培和苏曼殊等都曾是这个学校的教员，这些人在辛亥革命中起过积极作用，他们在芜湖教书，对芜湖新文化运动起过启蒙作用。陈独秀是五四时期思想界的明星、新文化运动的旗手，1904年，他在芜湖创办了具有革命思想的进步刊物《安徽俗话报》。该刊物在安徽尤其在芜湖地区的革命青年中起到了组织革命和宣传革命的作用，播下了新文化、新思想的火种。闻名于世的芜湖科学图书社，在五四前后不遗余力地发行具有新思想的新书、新刊物，如陈独秀主编的《新青年》、恽代英主编的《中国青年》，以及罗家伦的《新潮》、胡适的《每周评论》、戴季陶的《星期评论》、李年白的《新生活》、张东逊的《建设与改造》等。这些刊物在芜湖拥有一大批读者。因此，芜湖人民特别是进步的知识青年，较早地接受了新思潮的影响，初步奠定了爱国、民主、科学、进步的思想。

其三，芜湖是帝国主义势力在安徽的大本营，芜湖人民饱尝压迫之苦。芜湖是长江中下游的重要城市，商业繁荣。当帝国主义侵略势力扩展到长江流域时，在安徽，芜湖首当其冲成为掠夺的主要对象。1876年中英签订《烟台条约》，芜湖被辟为通商口岸，次年正式设立海关，对外开埠。随着通商口岸的开辟，帝国主义侵略势力蜂拥而至，开始对芜湖的政治、经济、文化进行全面入侵，造成了深重的民族危机。因此，芜湖人民同帝国主义之间的矛盾日益加剧，1871年芜湖人民的反洋教斗争就是这种矛盾尖锐化的结果。五四期间，民族危亡迫在眉睫，救亡图存匹夫有责，早已积蓄在芜湖人民心中的反帝烈火，经过北京学生的引发，最终在芜湖形成燎原之势，并非偶然。

（原载《大江晚报》1999年5月4日）

千元党费展现陈老本色

本报芜湖讯 今年七一前夕，一纸盖有鲜红的中国共产党党徽图案的1 000元特殊党费收据，从中共中央组织部寄到了安徽师范大学党委组织部。由此，一个发生在本校已故离休干部陈政同志身上鲜为人知的感人故事才被大家知晓。

陈政，1919年8月出生于安徽盱眙县（现属江苏）一个农民家庭，1940年3月入伍，1942年4月加入中国共产党。陈老参加过孟良崮战役、淮海战役和渡江战役，多次负伤，先后被国防部授予中华人民共和国三级解放勋章，并获淮海战役、渡江战役三等功各一次。陈老离休后享受副厅级待遇，但他从不以功臣自居。平时，陈老身上总是穿件褪了色的军装，脚上穿的是老家弟媳妇做的布鞋。他住在只有24平方米的简陋房子里，家里的写字台、书架和床都是当年从学校折价买来的，虽然大多破旧，但陈老生前一直使用着。

1997年4月至5月，陈老因心脏病住进了医院，当他得知仅一个多月就花费了学校近3万元的医疗费时，心痛不已，发誓此后再也不住院。后来身体实在支撑不住，陈老就在家里开设“家庭病房”，让自己当医生的儿媳妇为他买药、打针、吊水，结果一年多，只花了几千元钱。据估算，他因此为学校节约了几十万元的医疗费。

陈老在生活上非常节俭，但在帮助贫困学生时，却十分慷慨。他曾经资助本校地理系96级一位特困生，直至他大学毕业。

1998年陈老病逝。临终前，陈老立下遗嘱，丧事从简，把骨灰撒到长江去。

他说:“党给了我一切,我的一切都属于党。我死后,如果家里略有余款,就帮我上缴1 000元的党费。”老伴含泪点头,并在陈老去世后不久把1 000元上缴到中共中央组织部。陈老生前所做的这一切,从不愿对外张扬,甚至连自己的子女也不告知。

(原载《皖江晚报》1999年7月1日)

老教授拒练“法轮功”

“法轮功”组织曾一度想方设法拉拢一些老党员、高级知识分子，吸引更多的人钻进“法轮大法”设置的圈套。祖保泉教授是安徽师范大学中文系的“元老”，在国内外学术界享有较高的威望和知名度，因此不可避免地成为“法轮功”组织瞄准并伺机发展的对象。

1995年春，祖保泉教授退休在家，继续从事自己的科研工作。这时，芜湖师专一位女学生在别人的怂恿下慕名来到祖教授家中，名为拜望德高望重的老先生，实想打探并劝说祖教授练“法轮功”。祖保泉教授知其来意后婉言谢绝了她的要求：“我通过散步、练习书法来练功。对不起，我有自己的锻炼方式。”一个星期之后，那位女学生不甘心，再次登门拜访，并且神秘地告诉祖教授：“这种功练好了还可以不吃饭。”祖教授听后坚定地说：“我在四川大学读书时就见过新中国成立后我国第一任佛教会会长、成都近慈祠第一大和尚能海法师，他虽然不吃饭，但他一日三餐是靠吃水果来充饥、维持生命的，哪有人不吃饭还能活着的道理？我不相信。我如今虽然退休在家，但我要做自己的事情，我要著书、练书法，不参加这一类的活动。”无奈，这位女学生只得无功而返。

今年4月份，祖保泉教授意外地收到了几份来自国内外推荐学习“法轮大法”的信函，其中有所谓的“北美学者、留学生”的“海外学子心声”、合肥等地约二三百人联合签名的《我们为什么学“法轮功”》，以及北京丰台《一位老红军战士对“法轮功”的切身体悟》等宣传文章和材料，文中语言极富煽动性。但祖教授阅读后颇不以为然,弃之一边,不予理睬,专心致志地做真正属于自己的事业。

记者问祖教授当时为何拒绝"法轮功"。他说:"原因有二,一是身为老共产党员,一直从事马克思主义文艺理论教学和研究,我们怎么能相信非马克思主义的所谓'法轮大法'呢?因为它宣扬的是彻头彻尾的唯心主义。二是李洪志仅仅是个初中生,还能在理论上说出什么大道理?纯粹是在胡说八道。"祖教授接着说:"'法轮大法'一开始以骗钱为主,挂着旗号练功,主要是钻了一些意志薄弱者的空子,欺骗群众。"

采访中,我们了解到,年近八旬的祖保泉教授仍笔耕不辍,他曾反复告诫自己:"'活到老,学到老,还有三分没学到。'我没学到的何止三分,多着哩!这点自知之明我还是有的。"正因为如此,作为一名资深教授,他坚决抵抗"法轮功"的歪理邪说。

(原载《安徽教育报》1999年9月1日、《大江晚报》1999年8月22日)

安徽省首次将高校毕业生推向市场

本报讯 高校毕业生走向人才市场参加与用人单位之间的“双向选择”，在国内早已不是新闻。可是，将高等师范类院校毕业生推向市场，这在我省大学生毕业分配的历史上还是头一回。4月27日，安徽省教委在省属重点师范大学——安徽师范大学举办了1997年高等师范院校本科毕业生供需见面会，揭开了我省师范毕业生走向人才市场的序幕。

在我国，高等师范院校毕业生历来由国家按计划统一进行分配就业。然而，从今年开始所有高校包括师范院校将全面实行招生“并轨”，而“并轨”后的毕业生将在国家宏观计划的指导下自主择业。我省在今年高等师范毕业生计划管理上，相应缩小了计划分配的比例，加大了市场调节的比例，允许在学校综合测评中成绩居前50%的统分毕业生参加“双向选择”。谈到这次为师范本科毕业生举办供需见面会的目的时，安徽省教育工委书记、省教委主任陈贤忠说：“我们认为这种考虑是可行的，首先它满足了经济发展快的市、县对师资的需要，同时也兼顾了边远和贫困县对毕业生的要求，未参加统分的后50%和定向的100%毕业生全部要回去。其次，适当引进竞争机制，有利于克服一些用人单位长期以来在计划经济体制下养成的等、靠、要的保守思想，边远和贫困县要争取毕业生回去必须要拿出一些优惠政策和措施。”

今年我省15所高校32个专业共有各类师范毕业生6 493人，其中本科生1 663人。参加这次供需见面会的有各地市县教委、县以上重点中学、中专学校、职业学校、省直和中央驻院有关单位，各大中型企业共105家用人单位的350名代表和来自省内6所培养学校的2 000多名毕业生。会议收集到1 500个用人岗位信息，签订协议书350多人，达成意向性协议500多人。从会议反馈的信息看，由于供需见面会既扩大了用人单位选择人才的自主权，又扩大了毕业生选择用人单位的权利，因而受到用人单位和毕业生的欢迎。宁国县海螺集团、阜南县教委、明光市教委等基层单位，都紧紧抓住这一难得的机会，利用倾斜和优惠的政策条件，吸引了不少以前难以分配到的高素质毕业生。

广大师范毕业生也纷纷表示，供需见面会采取"公开""公正""公平"的竞争原则，不仅有利于克服大学生分配中的各种不正之风，而且对在校学习的学生起到一个正确的导向作用，让他们感到只有利用大学宝贵的时光学到真本领，才能在市场经济的大潮面前主动出击，立于不败之地。

据安徽省教委高校学生处处长汤德用介绍，首次举办的师范毕业生供需见面会只是一个尝试。通过这次人才洽谈，他们将认真总结经验、摸索新路，最大限度地做到人才资源的合理配置，满足毕业生就业工作的需要。今后他们还将逐步扩大调节性计划的比例，直至完全做到师范毕业生自主择业。

（原载《安徽青年报》1997年5月14日）

文坛官司又一桩

安师大学者状告刘焕辉侵权

本报讯 日前，安徽师范大学文学院语言研究所副研究员谭永祥，一纸诉状将全国人大代表、江西南昌大学人文学院院长刘焕辉和百花洲文艺出版社送上被告席，谭先生诉称两被告均侵犯了他的著作权。

1991年7月，汉语修辞学家谭永祥在芜湖市新华书店购买了《修辞学纲要》一书，通读后发现该书第三部分第13章、14章、16章中抄袭了他1983年10月出版的专著《修辞新格》中的10个新格和他1982年4月出版的另一本专著《修辞例谈》中的1格，在格名、定义、例句及评析上均与谭永祥的著作相同或相似，其中“巧缀”“断取”“同异”3个格中例句全抄袭了《修辞新格》中关于这3个格的例句，“列名”格中有6个例句与《修辞新格》“列锦”格中6个例句相同。据谭先生初步统计，《修辞学纲要》一书共抄袭了他这两本著作中12 144个字。该书为刘焕辉所著，由百花洲文艺出版社出版发行。谭永祥曾于1991年7月8日致函百花洲文艺出版社，指出其侵权行为。同年8月27日，百花洲文艺出版社回信否认有侵权行为，但认为刘焕辉没有把每一处引用注明出处，也许是个人缺点。其后，刘焕辉本人在给谭永祥先生的来信和该书重印后记中也承认直接借用了谭先生《修辞新格》一书中研究成果和现成例句，且也未一一交待清楚每处引文的出处。然而，无论是百花洲文艺出版社还是刘焕辉，均认为《修辞学纲要》所引用的部分没有超出《中华人民共和国著作权法》所规定的“适当引用”范围，不存在侵权行为。谭永祥则坚持认为，刘焕辉的《修辞学纲要》过量引用《修辞新格》一书有关内容，超出"适当引用"范围，同时在引用时又未以任何方式注明其出处，表明其用途，显已构成侵权。于是，他将一纸诉状递交到芜湖市镜湖区人民法院，请求人民法院依法保护公民的知识产权，判令两被告停止侵权，公开赔礼道歉，赔偿经济和精神损失5 000元。后因被告系全国人大代表，此案又被移送到芜湖市中级人民法院。目前此案正在进一步审理之中。

（原载《新安晚报》1998年3月26日）

一波未平　一波又起

安师大学者谭永祥再递诉状

本报讯　安徽师范大学谭永祥副研究员近一段时间来打起了两场著作权官司。刚将江西南昌大学刘焕辉送上被告席，旋即发现自己的一些著作又被西安两名大学教授刘帆和杨春霖严重抄袭。谭先生近日被迫再次走向法院，正式起诉这两名教授和陕西人民出版社。

西北政法学院汉语教研室教授、兼职律师刘帆和西北大学中文系教授杨春霖主编的《汉语修辞艺术大辞典》（陕西人民出版社出版）分别于1995年1月出版，1996年8月重印，累计印数达1万册。谭永祥诉称，该辞典抄袭了他的专著《修辞新格》中的全部修辞新格共15个，包括格名、定义和绝大部分例证、评析；抄袭他的另一本专著《汉语修辞美学》所创修辞新格"留白"格10个例证中的9个，包括格名、定义、评析及理论观点；抄袭他发表在1987年第1期《修辞学习》的学术论文《"断取"补阙》的全部新例证，包括评析和理论观点；抄袭他的第三部专著《歇后语新论》在论述"歇后语的来源"时所举《诗经·小雅·苕之华》的例证及理论观点，并作为该书"研究歇后语的'源'和'流'的确实资料"。据谭先生介绍，该辞典从他的3部专著和1篇论文中，共抄去了他具有独创性的修辞新格16个，包括格名、定义及其理论观点，并抄去他所举的例证175个，加上"歇后"例证1个，共176个及其评析文字。在语言文字表达方面，《汉语修辞艺术大辞典》与谭永祥的著作存在完全相同或相似的地方达176处，共计56 000多字，且都没有注明出处。

谭永祥认为《汉语修辞艺术大辞典》使用原告作品时，明显违反了《中华人民共和国著作权法实施条例》的有关规定，全书找不到一行文字可以证明它是为了“介绍、评论某一作品或者说明某一问题”。该辞典整“格”整“格”地照录谭永祥的著作，谭永祥认为此举显然已构成侵权。

目前，谭永祥已向芜湖市镜湖区人民法院递交了民事诉讼状，要求被告停止侵权，公开赔礼道歉，并赔偿3万元。据悉，目前这家法院已正式受理此案。

（原载《新安晚报》1998年4月3日）

原告被告各执一词

谭永祥诉刘帆侵权一案扑朔迷离

本报讯 安徽师范大学谭永祥副研究员状告西安两名大学教授刘帆和杨春霖侵权一案(本报曾于4月3日作过报道),由于原告、被告各执一词,目前变得扑朔迷离。

刘帆认为,他和杨春霖主编的《汉语修辞艺术大辞典》未抄袭谭永祥的著作,谭先生的"所谓抄袭之责,有悖理法"。他说,该辞典是整理、汇编、研究古今修辞方法的作品,借鉴古今学者、专家的某些研究成果,达到深入研究的目的;或者对某些已有成果的错误和不足加以纠正和补充,正是古今治学之常规。这可不能算是抄袭。他还说,《汉语修辞艺术大辞典》可能与谭永祥的作品使用了某些相同的例句,可这些例句是别人的,谭永祥用得,《汉语修辞艺术大辞典》也用得,此类现象为语言研究中的惯例。

作为一名兼职律师,刘帆认为谭永祥的指责不成立。他说,从法律角度讲,《中华人民共和国著作权法》规定,在下列情况下使用作品,可以不经著作权人许可,不向其支付报酬:为介绍、评论某一作品或说明某一问题。《汉语修辞艺术大辞典》使用了谭永祥著作的某些"名称",抑或归纳、总结、分析了其中的某些观点,是学术研究的正常现象,受法律保护。刘帆认为,如果谭永祥执意要打官司,那么这场官司应该到西安来打,而不是芜湖。因为芜湖既非是所谓"侵权的发生地"(被告的居住地),也不是所谓"侵权的结果地"(《汉语修辞艺术大辞典》的出版发行地)。

谭永祥认为,《修辞新格》是自己多年潜心研究的成果,每一个新格所用的书证(例句),不论是古代的还是现代的,也不论在此之前是否有人用过这些例句,都是作者最先即第一个用到与之相应的新格之中,而且《修辞新格》所用的例句均与所阐述新格的文字浑然一体不可分割,无一例外。所以作者享受《修辞新格》版权的同时,对其作品中不可分割的例句也享有排他形式利用的专有权,即通常的"演绎权"。他说,《汉语修辞艺术大辞典》如果真像刘帆所说的那样,是"介绍、评论某一作品或说明某一问题",那么首先就应该"介绍某一作品"及其作者的名字,然后再就"作品"的某些方面予以"评论",或就"某一问题"加以"说明"。事实上,《汉语修辞艺术大辞典》无法找到一例属于"介绍、评论某一作品或说明某一问题"的文字,显然构成侵权。关于这场官司的管辖权问题,谭永祥认为,《汉语修辞艺术大辞典》已在芜湖市公开发行,根据《中华人民共和国民事诉讼法》有关规定,被侵权人可以向"侵权结果发生地"芜湖当地法院提出诉讼,而不需要去"侵权行为实施地"西安打官司。原告、被告各执一词,法院判决尚有时日,本报将对此作跟踪报道。

(原载《新安晚报》1998年4月20日)

迟到的信息不迟到的警示

一道高考题折射两种价值观

本报讯 今年高考语文试卷中的一道仿写题，在让考生们充分发挥自己的思考力和想象力的同时，也折射出少数考生消极的思想观念，让阅卷老师哭笑不得。

今年高考语文试卷中有这样一道试题："仿照下面的比喻形式，另写一组句子。要求选择新的本体和喻体，意思完整(不要求与原句字数相同)。海是水的一部字典：浪花是部首，涛声是音序，鱼虾、海鸥是海的文字。"从阅卷现场反馈的情况来看，绝大部分考生能发挥自己的思考力和想象力，规范地完成这道题目，而且不乏上乘之作。如"中华大地是一个奋斗不屈的巨人：珠穆朗玛峰是高昂的头颅，万里长城是挺直的脊梁，黄河、长江是沸腾的血液。"然而，也有一些答案虽然在形式上基本符合要求，但在内容上却反映出少数考生不健康的思想观念，流露出与上述考生完全不同的价值观。有的在价值取向与感情色彩上有失偏颇，如"婚姻是爱情的坟墓：结婚证是墓碑，家庭是棺材，老婆、孩子是黄泥巴。"有的言语过失，如"学校是学生的地狱：教室是阎罗殿，校长是阎王，办公室是学生的油锅。"

一位资深语文教师阅后大发感慨："中学在追求升学率的同时，切不可放松对学生的思想品德教育。像这种素质的学生即使成绩再高，也不是合格的人才。"据悉，在今年的阅卷中，像这类偏颇、过失的答案均被判为不合要求，得分较低。因此，不少阅卷教师在为这类考生感到痛惜的同时奉劝广大考生，在今后的各类考试中不要玩诸如此类的文字游戏，自以为是，自得其乐，否则，搬起石头砸了自己的脚，得不偿失，严重的还会误了自己的美好前程。

（原载《新安晚报》2002年7月31日）

图书市场切“蛋糕”的多了

新华书店惊呼“狼来了”

几年前，国营新华书店还是一枝独秀，个体书商几乎没有生存空间。可如今，人们发现，集体的、个体的图书经营网点像雨后春笋般涌现在都市的大街小巷，新华书店“一统天下”垄断图书经销市场的局面逐渐被打破。在读者群没有发生多大变化的情况下，图书销售业这块定额定量的“大蛋糕”切的人越多，各自占有的市场份额就势必越小，再加之各种无序和不正当的竞争，使得昔日图书经营“老大”的国营新华书店频频告急，他们惊呼：图书销售市场“狼来了”！

那么，当前对国营新华书店构成威胁的力量到底来自何方呢？据了解，在合肥，图书经销渠道主要有两条。一是从经销部门来看，邮政局、大型商场等一些本不从事此项业务的部门，在固守自己一方阵地的同时，努力拓宽经营范围，把触角延伸到图书市场。比如，合肥市长江路邮政局在继续从事报刊销售的同时，还在二楼开辟图书销售大厅，而它与合肥市新华书店的位置仅距100米；商之都、乐普生、鼓楼商厦等大型商场也纷纷设立了图书专柜，他们也有充足的理由：图书既然也是商品，为什么就不能在商场销售呢？二是从图书种类和性质来看，一些专业性比较强的图书，经销权往往在主管单位和主管部门，比如，“三五”普法类图书的发行权在普法办公室，自学考试类图书的发行权在自学考试办公室，外语类职称考试用书的发行权在人事部门，大中专教材一般由各类高校的教材代办站发行代理。据合肥新华书店一位负责人介绍，1997年，他们发行大中专教材的营业额只有100多万元，而合肥高校教材的需求量折合人民币就达2 000万元，仅此一项计算就流失1 900多万元。不仅如此，各种专业性比较强的图书专卖店也相继问世，并占据“地利”“人和”的优势，如“医药书店”“希望电子书店”“社科书店”“行知书店”等。这些书店往往是一些专业人员开设的，他们瞄准书店附近相对稳定的读者群，并和这些读者达成契约，帮助他们迅速选购到市场上不易买到的专业书籍。此外，近年来迅速崛起的二级图书批发市场，也吸引了一大批个体书商。最令国营新华书店感到头痛的是那些不法经营的个体书商，他们或者租个小门面占地经营，或者就在地摊上兜售图书，而且大肆套购境内外各种非法盗版图书，打折出售牟取暴利。正版图书尚未公开发行，盗版图书就在个体书摊上大量倾销，这也扰乱了图书市场的秩序。

在此情况下，国营新华书店再也不坐以待毙，合肥市新华书店积极寻求对策：一是采取微机管理向科学要效益，变码洋管理为品种管理；二是改变职工管理模式，实行劳动力从密集型向集约型转变；三是改善购书环境，给读者提供一个休闲、舒心的读书场所；四是举办多种活动吸引读者参与，如邀请名人签名售书、售带，送书下乡、送书到高校和部队，不定期举行“读书沙龙”，定期举办图书展销活动等。国营新华书店既感到了压力，又对前途充满信心，他们决心发挥国营新华书店主渠道作用，重新收拾一度失落的“大好河山”。

（原载《新安晚报》1998年2月23日）

个体书商如此大胆　盗版图书公然销售

本报讯　个体书商作为国营新华书店销售网络的补充，如果合法经营，亦当受到社会的认可和欢迎，如果既没有领取营业执照又公然销售非法劣质出版物，则应归属严禁之列。日前，记者在合肥市的部分公共场所走访时发现，一些个体书商竟然将盗版图书堂而皇之摆出来公开销售。

在合肥市公共汽车站的候车室和合肥市旅游汽车站门口等地，记者看到，一些销售行情较好的图书被盗版后摆上书摊公然销售，其中有倪萍的《日子》，汪东兴的《汪东兴日记》和《汪东兴的回忆——毛泽东和林彪反革命集团的斗争》，叶永烈的《江青传》等。记者打开后，发现图书的印刷质量低劣，书中错字较多，图片大多是黑白的。此外还有标注“加拿大明镜出版社出版”字样的一批境外非法图书，书中的文字是以繁体字和竖排形式出现的。一位书商老板直言不讳地告诉记者，其实这些图书都是以正规出版社的名义为幌子和诱饵盗版而来，但价格便宜很多，一般按原价的五折或六折出售，如果批量购买，价格可以再优惠。

记者在合肥市淮河路上一家书摊上还看到，一本刚在北京等地畅销的新书《我认识的鬼子兵》也以盗版的形式悄悄“入侵”图书市场。为此，记者呼吁，在“3·15消费者权益日”来临之际，有关文化市场管理部门是否能够“出手”整顿混乱的个体图书经销市场，切实保障广大读者的合法权益?!

（原载《新安晚报》1998年3月4日）

“大闹天宫”现实版

顽猴闯进“象牙塔”

本报讯 连日来，一只顽猴在安徽师范大学校园内频繁出没，闹出不少笑话。

8月初，芜湖市赭山动物园的一只顽猴，耐不住寂寞，乘管理人员不备悄然逃离猴岛，溜进与赭山公园仅一墙之隔的安徽师范大学校园。8月11日这天，学校文学院办公室主任张树文正聚精会神地端坐在办公室的电脑前敲击键盘。这时，这只溜出来的顽猴竟然钻进办公室，拿起张主任后面办公桌上的矿泉水瓶，一边肆无忌惮地饮用，一边悄悄地站在张主任的背后好奇地看着他操作电脑。张主任不经意间回头，一下子被吓蒙了，猴子慌乱中夺门而逃。

谁知第二天上午，这只顽猴又悄然出现在教室窗边，正向教室内张望，把正在给研究生班上课的方维保副教授和十几名学员吓了一大跳。但大家在知情后又都哄堂大笑起来：“猴子也来‘充电’了！”这时，方教授调侃道：“我们恐怕还要考虑是否给它颁发个结业证书呢。”说话间，这只顽猴一溜烟又逃得无影无踪了。

当一位教师把这一情况电话告知赭山公园管理处时，该处一位同志笑着说，他们已经知道猴子逃脱了，只是因为这只顽猴太调皮，不易被抓住，除非使用麻醉枪射击。但他们不轻易使用这种手段，因为猴子一般不会伤人，往往过一段时间后会主动返回动物园。然而，让学校教师担忧的是，这只猴子能够很容易在校园里找到一些吃的、喝的东西，有的人甚至主动给它送些桃子、苹果等，时间一长，就怕这只受宠的猴子“乐不思蜀”了。

（原载《新安晚报》2002年8月15日）

黄梅戏著名演员吴琼

“春香”一炷悼先人

本报讯 昨天是我省著名的黄梅戏演员严凤英逝世30周年纪念日，有“黄梅歌后”之称的中国广播艺术团青年演员吴琼，在她下榻的合肥金安徽饭店，以《春香传》“别歌”里的调子，清唱了一段她自己新创作的曲子，寄托了她对老一代黄梅戏艺术家的怀念之情。

因唱黄梅戏出名并走出安徽的著名演员吴琼，虽然近几年唱了很多流行歌曲，但她自称无论走到哪里都不忘自己是黄梅戏演员，不忘自己是黄梅戏传人，她与黄梅戏艺术结下了不解之缘。最近由她担任制片人、出品人、音乐和主演的20集古装喜剧电视剧《君子好逑》，就是以黄梅戏唱腔为主，中间穿插了安徽的庐剧、五河民歌和文南词等。

吴琼这次是从四川和湖北拍完《君子好逑》之后转道回安徽老家的。她清唱的这首曲子也是这部刚刚拍竣的《君子好逑》里非常优美的选段。作为“黄梅传人”，吴琼永远不会忘记生她养她的这片故土和给予她指导和培养的黄梅戏艺术家及其先人们，她对为黄梅戏事业而倾注毕生心血的严凤英等老一辈艺术家充满崇高的敬意。

（原载《新安晚报》1998年4月9日）

全省文化工作会议与会者提出

黄梅戏要上因特网

本报讯 “黄梅戏在谁的手里失传，谁就要担负历史责任。”这是在近日召开的全省宣传部长会议和全省地市文化局长会议期间，大家热切关注的一个焦点问题。

黄梅戏经历过20世纪50年代初和80年代到90年代的两度辉煌，出现了《天仙配》《女驸马》《红楼梦》等优秀剧目，涌现了以严凤英、王少舫、马兰、黄新德、韩再芬为代表的、家喻户晓的表演艺术家。但20世纪90年代以来，遇到了创作滞后、新剧目匮乏、市场不景气、后继乏人等重重困境和危机，与人们所期待的黄梅戏三度辉煌相距甚远。对此，安徽省委领导同志极为重视，将1998年定为“黄梅戏艺术年”，省委书记在一次领导干部会议上强调，“黄梅戏在谁的手里失传，谁就要担负历史责任。这将无法向全省和全国人民交代”。省委常委、宣传部长王明方，呼吁大家都要关心黄梅戏，进剧场看黄梅戏。会议期间，代表们为黄梅戏的繁荣和发展献计献策，从挑选演职员到邀请编导演，从创作新剧目到培养后继人才，包括拍摄电视专题片、举办优秀作品演出季、主办黄梅戏征文、开展少儿歌谣大赛以及理论研讨、演出洽谈等方面，提出了众多的建议。另外，有同志提出，黄梅戏可以作为“省粹”上因特网，让黄梅戏走进每个普通观众的视界。

（与张家濂合作，原载《新安晚报》1998年2月25日）

《泰坦尼克号》:让老人和孩子走开

本报讯 《泰坦尼克号》正在省城合肥的三家豪华电影院同时上映，令影迷大饱眼福。然而，记者在昨晚的采访中也发现，这部影片在一路叫好声中却给老人和孩子们留下了些许遗憾。

以往，西方大片在合肥的票价大多在10元左右，这次《泰坦尼克号》的票价高达20～25元，“黑市”价还“炒”到35～50元，昂贵的票价使许多老人们望而却步。昨晚，记者在艺术电影院门前“捕捉”到一对老年夫妇，男同志姓郭，是合肥卷烟厂的退休职工，他说：“听孩子们说这部电影不错，今天就和老伴来看看，一见票价太高了，就舍不得买了。”老伴这时插话说：“一张票竟然能卖到35元，万一卖不掉还不赔老本啦，这些青年人胆子真大。”说完两位老人不无失意地匆匆离开了这里。

《泰坦尼克号》从形式上来看是“冰海沉船+爱情神话”的简单演绎，再加之放映前铺天盖地的广告宣传大多过分渲染其中的“爱情神话”，这让家长们不放心，他们不愿意让孩子过早接触西方的“糟粕”。记者在解放电影院门口遇到一位合肥八中的初中女生和她尚在读小学的表妹。她们说，班上很多同学都从书摊上购买了含有这部影片宣传内容的杂志，但老师和家长们却不同意他们来看这部电影，其实他们心里很想看。

记者随后在光明影都、艺术电影院和解放电影院进出口处采访时也发现，观众以中青年居多，无论是青年人还是中年人，他们大多成双成对，不带孩子；老年人为数不多，大多持的是单位赠票或亲友送票。

（原载《新安晚报》1998年4月7日）

改革，联合国50岁后新动作

一、联合国，美梦难圆

1945年春。

丧钟为法西斯而鸣：4月28日，意大利"领袖"墨索里尼度过了他最后的日子，被人民游击队击毙。

4月30日，苏联红军包围了纳粹头目阿道夫·希特勒在柏林的地堡，希特勒自杀身亡。

太平洋战争仍在激烈进行。在不到四个月的时间内，两朵原子弹的蘑菇云相继在广岛和长崎的上空腾起。8月9日，日本宣布无条件投降。

当5月8日欧洲战事宣告结束的时候，在美国旧金山歌剧院和附近的一个退伍军人大楼内，一个即将替代已停止活动的国际联盟的新型国际组织——联合国，经过一小批外交官三年的不懈努力和精心筹备，正在这里举行成立大会。

据当时的美国国务卿科德尔·赫尔说，在《联合国宣言》发表前不久，"联合国"的名称是暂时的。他在自己的回忆录中写道："当罗斯福向丘吉尔提出这个建议时，丘吉尔正在洗澡，他大声地表示同意。就这样，'联合国'这个名称就叫开了。"

这次会议由中、英、美、苏发起，世界上有42个国家接受邀请并出席了旧金山会议，有8个国家不请自到，与会国总数达50个。

6月26日，他们联合签署了《联合国宪章》。中国作为二战中参战时间最长的国家，获得了第一个签字的殊荣。《联合国宪章》在10月26日开始生效。于是，这一天被命名为"联合国日"。

在旧金山会议上辩论最激烈的问题是，在联合国各机构中，尤其在安全理事会中，如何作出决定。讨论结果是，安理会5个常任理事国各获得一票否决权。这使5个理事国能保护它们各自的利益。为此，一些较小国家牢骚满腹。半个世纪过去了，它们对这一特权地位的怨恨情绪一直没有减弱过。

大国认为，如果它们要肩负起保证国际和平与安全的主要责任，它们就应该享有推翻任何可能导致它们动用武力的决定的权利。

可是，不久国际形势表明，在共产主义世界和非共产主义世界之间的"冷战"，意味着实际上不可能就使用武力达成一致，历史上不可能，现在和将来也将不可能。

二、财政危机，纽约总部频频告急

50年间，联合国大部分时间在以冷战为特点的两极世界中斡旋调停。东西方对峙时代的结束对联合国来说，是进行一连串的维持和平行动的开始。

近年来，联合国维和行动随着维和任务的大大加重、维和规模的不断增加，联合国的经费入不敷出，出现赤字，致使联合国面临有史以来最为严重的财政危机。

联合国秘书长加利在今年6月22日的一份报告中说，联合国目前暂欠有关国家15亿美元，另一方面成员国拖欠联合国28亿美元会费未交，其中以美、俄、德等国为欠费大户。

联合国最大的财政支持者应是美国，它被要求每年拿出大约3.5亿美元来支付常规预算。可是，据加利透露，到今年1月底，美国欠联合国的常规款和维持和平专款两项总计已经超过10亿美元。难怪欧盟也站出来指责美国，既不想出钱，又想独揽维和指挥权。

据加利介绍，截至5月底，仅48个成员国全部缴纳了分摊的会费。在联合国安理会5个常任理事国中，只有中国全部支付了应承担的维和行动费用和正常会费。如果会费拖欠不交的情况继续下去，那么年底之前，联合国将只剩两亿美元的资金，仅够维持3个月的开支。

当然,联合国出现财政危机也有其自身的一些原因。如联合国财政管理不善,浪费严重。加利自己在埃及也说,他从来不知道联合国到底有多少钱。官僚机构臃肿庞杂,办事效率低,人浮于事等是它致命的弱点。去年12月15日世界上最后一个托管领土宣布自治。这样,作为联合国六大主要机构之一的"托管理事会"就没有必要继续存在。最近,美国参议院攻击联合国说,在联合国任职的外交官和派驻联合国的各国使团,已拖欠纽约市的银行、商店、医院、饭店、公共事业公司和商人的债务(包括停车罚款)高达900多万美元。

面对这种混乱无序的状态,秘书长加利一筹莫展。在雅加达,加利许诺下一步将实行改革,包括减少联合国的文职人员,减少联合国的预算。同时,加利也抱怨说,联合国面临的主要问题之一是寻找捐赠国,而现在要找到一个捐赠国是越来越难了。

加利甚至不止在一个场合这样呼吁过:"联合国将因资金不足而无法做好工作,这样会导致联合国的信誉受到长期性的损害,它意味着联合国作为和平与进步的工具的作用也将要结束。"

三、维和帐外,怨声四起

冷战结束后,世界从以两个超级大国为首的东西对峙体制下解脱出来,世界大战的威胁大大减少,剑拔弩张的气氛明显缓解。但原来被两极体制掩盖的许多矛盾,诸如宗教矛盾、民族问题、疆域划分以及冷战后一些国家解体造成的种族纠纷等,又导致世界出现了许多新的不稳定因素。于是,人们普遍对联合国维持国际和平与安全的作用寄予厚望。联合国维持和平行动在一些地区遭受重大挫折,并暴露出一系列令人担忧的问题,使一些地区的冲突在联合国介入后反而久拖不决,留下后患。

1993年初,联合国部队在美国的操纵下,在索马里严重违反了联合国宪章的宗旨,由中立的第三方变成直接卷入冲突的当事方,借以支持一方军阀打击另一方军阀:向索联大主席和军事强人艾迪德武装实施军事打击和盲目搜捕,进行大规模的进攻;除造成数百名军人和成千上万索马里平民伤亡外一无所获,而且造成严重的政治后果,使维和行动陷于难以自拔的地步,最终不得不宣告"联索行动"的失败。1995年3月20日,维和部队从索马里首都摩加迪沙撤出。

历史上,联合国所涉入的军事制裁活动,多数针对国与国之间的侵略行为。国际性质或内政性质,虽然是联合国采取制裁活动与否的重要参照指标,但却并非是唯一的考虑因素。以卢旺达种族大屠杀事件为例，联合国不能向受害的图西人提供及时、有效的救援，无论任何角度均无法自圆其说。

最近，在被喻为“战争火药桶”的巴尔干地区，西方大国以联合国名义对波黑冲突中塞族一方实施空中打击。此举非但没有平息那里的民族主义烈火，反而致使400多名联合国维和部队士兵被波黑冲突双方当作人质。在帕莱，蓝盔部队人员被当作“人肉盾牌”拴在军事设施周围。6月30日，波黑政府宣布不再与联合国特使明石康打交道。

外电曾戏谑地评述说，联合国在波黑实际上已沦为仅负责居民安全和运输人道主义援助物资的“小伙计”。联合国维和部队在波黑扮演的只能说是不幸的旁观者的角色，维和已成为一句空话。更有甚者，维和部队正陷入自身难保的境地，进退两难。

于是，国际社会围绕联合国维和部队的职责，进行着激烈的论争。议论的焦点问题就是：这个全世界都需要，但同时又受到各国攻击和批评的国际组织，如何继续下去呢？许多人认为，联合国必须进行重大机构改革。

四、美国扬言要退出联合国

就在国际社会纷纷指责联合国的时候，美国有人扬言，美国要退出联合国。

事出有因。稍有点时事常识的人都知道，是波黑事件加剧了美国和联合国之间的紧张关系。

今年5月8日，联合国通过了一项不对波黑塞族武装袭击平民行为进行惩罚的决议，立即遭到美国的强烈反对。美国驻联合国大使奥尔布赖特愤怒地说：“他对联合国的这一决定感到不可理解。”联合国认为，如果重新进行空袭，维和部队人员的生命就可能受到威胁，因为他们将处在塞族的报复之下。美国政府则认为，空袭将使维和部队变得更加安全，而不会使他们的处境变得更加危险。为此，美国方面纷纷指责和批评联合国秘书长加利和他的特使明石康。5月24日，美国一位高级官员说：“华盛顿不能再接受联合国秘书长有关老一套的联合国保护部队、老一套的接触规则和老一套的不愿空袭的主张。”这些言论又迫使联合国一位官员马上做出反击：“我们应该找到解决问题的一项共同的办法，而不是通过人身攻击来使辩论升级。”与此同时，联合国官员也对美国支持波黑穆斯林表示不满。这样，在波黑问题上，美国与联合国存在着明显的意见分歧和矛盾，使关系趋于紧张。

针对美国一些人士的扬言，6月26日美国总统比尔·克林顿反驳那些批评联合国的人士，他说："要美国脱离这个受到众人批评的世界机构，无疑是近视行为，是自取灭亡。"同时，克林顿也指责联合国并没有起到应有的作用，他要求联合国秘书长加利必须带头进行改革。

7月31日，美国参议院以94票对2票通过一项议案。该议案声称，在国务卿提供拖欠美国企业和个人债务的联合国或外国使团外交官的姓名之前，美国拒付应提供给联合国的1 000万美元经费。加利秘书长获悉后，对美国此举深表遗憾。这显然是一次美国针对联合国由于波黑问题的立场而进行的报复和要挟行为。

诚然，联合国在它创立以来的50年中，发挥过积极而有效的作用，备受世人的称赞。那么，50岁以后，联合国是继续求得发展，还是走向消亡呢？看来，任何一种选择都是十分艰难的，甚至还需要付出沉痛的代价。

（原载《廉政风云》1995年第3期）

第三编

媒体互动

MEITI
HUDONG

资本和政府操控下的西方媒体

核心提示：近年来，西方国家以“国家安全”为名义侵犯“新闻自由”的全球威胁系数在不断增加，尤其是那些标榜高扬民主和尊重法治的欧美国家，不仅没有在“新闻自由”上作出表率，采取一些实实在在的举措，而且有时做得还非常离谱，让人觉得不可思议。

西方媒体标榜“新闻自由”，其实未必然。“西方社会的‘新闻自由’主要被两种力量所控制：一种力量是政府，另一种力量是媒体寡头，即资本。”安徽师范大学传媒学院教授沈正赋在接受记者采访时表示。

沈正赋告诉记者，西方政府非常重视对媒体的操控，但在多数情况下，并不直接控制新闻媒体和新闻报道，而是通过政策倾斜、利益交换、政治压力等来影响媒体及其幕后老板，通过媒体老板左右新闻记者和新闻报道。

1971年，美国国内反对“越南战争”的运动风起云涌，壮观的反战场面促使《纽约时报》采取了一项惊人之举：发表国防部绝密文件，揭露美国政府在越战问题上对美国舆论的误导和欺骗。当时美国政府以间谍法要求《纽约时报》停止刊登。

2005年7月，《纽约时报》记者朱迪思·米勒在对美国中央情报局特工瓦莱丽·普拉梅的身份泄露事件调查中，因拒绝透露她的消息来源，被一名法官判处监禁。

沈正赋告诉记者，这些例子说明，如果“新闻自由”与“国家安全”发生冲突时，欧美国家政府会毫不犹豫地以“国家安全”为借口对法院施压，有时法院也会屈从于政府作出荒唐和不理智的判决，这样西方所自诩的所谓“新闻自由”就变成一纸空文，难以兑现。这无疑是对社会公正与道德良知的一种挑战，是对公民合法的言论自由权利的一种亵渎。

那么，西方政府缘何要控制媒体呢？

在沈正赋看来，西方的政治家们深知，尽管新闻内容并非总是最好地反映政治，它却可以影响决策的制定，影响公众对这些决策的反应，影响公众判断哪些政治家或政治集团最有实力、最有影响。可见，媒体具有巨大的政治影响力和社会影响力，足以对公众的价值取向和政治倾向性产生一定影响。于是，他们试图通过操纵新闻来达到控制公众舆论的目的。

另一方面，西方新闻媒体大都属于私有，被极少数的大公司和媒体寡头所操纵。这些巨头办媒体的终极目标是实现利润的最大化，资本的趋利性决定了其新闻媒体无论如何也不可能摆脱资本和集团利益的束缚与制约。

“对于西方的新闻媒体而言，新闻自由只不过是一枚‘橡皮图章’，是他们滥用新闻采访权的一个幌子，社会责任和职业操守早已被商业利润所取代。”沈正赋在接受采访时坦言，全球媒体目前集中在一小部分企业巨头手里，如美国在线时代华纳、德国的贝塔斯曼，以及鲁伯特·默多克的新闻集团，这表明利益驱动和市场力量对新闻的影响越来越明显。

传播学者罗伯特·麦彻斯尼认为，商业新闻体系几乎与公共服务或社会责任格格不入。他暗示，如果我们揭开“新闻自由”的面纱，会发现媒体用第一修正案做保护伞，不是为了保护他们发表有政治风险内容的自由，而是为了保护他们放弃服务公众利益转而追求利润的行为。

沈正赋说，当新闻不再承诺为公众服务时，它也就沦为追逐利润的生产线。在西方国家，资本垄断着新闻媒体，资本左右着媒体视线，影响着新闻对报道内容的选择与加工，时时处处可以领略到资本对媒体的傲慢。在这里，我们所看到的是新闻自由成为他们追逐利润的“名片”，新闻自由权的滥用成为他们获取更高利润的最佳通道和惯用手段。

“在西方国家，无论是政治控制媒体还是资本控制媒体，其背后都是有利可图的，而且有着各自的目的。”沈正赋告诉记者，“政治”与“资本”之间的利益博弈从来就没有消停过。就英国《世界新闻报》“窃听门”事件而言，此前英国政界之所以“始结终弃”默多克，原因有三：一是默多克传媒对底层读者有极大影响力，可以吸附广大底层选票；二是默多克传媒垄断舆论，便于政治家制造声势；三是“趋利避害”，唯恐无孔不入的默多克帝国窥己隐私，故而来个互不得罪。

由于受到政府和资本两大力量的控制，西方媒体一直宣扬的新闻自由也就成了一句空话。

在沈正赋看来，在西方国家，政府与媒体之间的关系比较微妙，一方面是政府希望控制媒体、操纵舆论，另一方面是媒体希望自由、独立的同时又能借助政府的影响力，它们之间是一种相互依赖、彼此制约的关系。这些做法的最终结果也使西方所宣称的“绝对的、超越阶级的”新闻自由名不副实。

沈正赋告诉记者，近年来，西方国家以“国家安全”为名义侵犯“新闻自由”的全球威胁系数在不断增加，尤其是那些标榜高扬民主和尊重法治的欧美国家，不仅没有在“新闻自由”上作出表率，采取一些实实在在的举措，而且有时做得还非常离谱，让人觉得不可思议。

（记者张杰，原载《中国社会科学报》2014年6月18日）

党报引我走上新闻路

20个世纪90年代初，安徽师范大学新闻系刚成立，缺乏师资，出于个人的兴趣和爱好，再加上教学工作的需要，我便临危受命担任了新闻系新闻业务课教师。为了加强自己的新闻实践锻炼，积累办报经验，我又到校报担任一段时间的记者编辑。也就是从那时起，我开始与安徽日报打交道。报社的老师在电话中告诉我，学写新闻稿要从模仿开始。很快，我的稿件就在从未谋面的编辑老师修改和润色下陆续见报，我清楚地记得自己的新闻处女作《我省高校首家新闻系在安徽师范大学挂牌》是在1996年4月26日《安徽日报》头版刊发的，为此安徽师范大学新闻系首任系主任潘啸龙教授还在多个场合把我很好地表扬了一番。屈指算来，至今已在《安徽日报》上发表消息、通讯和文章40多篇，有的还获得过重要奖项，多次接受本报记者的专题采访。

1997年下半年，我报名参加新安晚报社组织的记者编辑招聘，在众多选手中很荣幸被录用了。于是，从这年10月份开始，我和其他11位新加盟的记者编辑，陆续走进位于金寨路206号的安徽日报社上班。当时创办不久的新安晚报社在一幢旧楼里，办公条件相当简陋。报社老总们和我们这些记者编辑同在一个采编大厅里工作，中间仅仅用半截的木板和玻璃隔开，说话声彼此都能听见，在报社内部几乎没有什么秘密可言。在这里，我们与对面的安徽日报社办公楼就相隔几十米。当时我们习惯称日报为“大报”，隔三差五就跑到大报那边去讨教，有时还跟着跑相同口子的大报记者一起外出采访，于是又逐渐认识了大报的一些知名记者编辑和部主任们。

第二年夏，由于安徽师范大学新闻系领导的多方劝说和热情召唤，我又回到了高校新闻系任职。虽然恋恋不舍地离开了新安晚报社，离开了安徽日报社，但在报社的那段经历让我终生难忘，如今我还保留着当年在新安晚报使用过的一叠发稿签、稿纸、信封和一盒尚未用完的名片，我把它作为一份美好的回忆珍贵地收藏着。

虽然离开了安徽日报社的办公大楼，离开了新闻实践的岗位，但我又踏入新闻教育的门槛，仍然与新闻打交道，而且由于这段经历的缘故，无论是新闻实践教学，还是新闻业务研究，我一直与安徽日报社保持着密切的联系。无论是安徽日报社的记者编辑，还是我在新安晚报那帮亲如兄弟姐妹的朋友，抑或是后来都相继发展成为报社的领军人物或业务骨干，他们都是我从事新闻教育不可多得的人脉和资源。每年新闻大实习前夕，我都要代表学院帮助毕业生去报社找老领导老同事联系实习岗位，征求报社对安徽师范大学新闻办学的具体意见和建议，邀请报社资深记者编辑和领导担任新闻系兼职教授，不定期到校给青年教师和学生传授新闻采编秘籍。这些年，大报和新安晚报社的几任老总均在本人的邀请下来安徽师范大学作过学术报告，师生听后大开眼界，获益匪浅。

在学校时，与报社打交道比较多的部门是科教部和社会周刊部，至今我还与当年引领我走上新闻路的、安徽日报社曾经的几位记者编辑保持着亦师亦友的关系。尤其是当年社会周刊部的车敦安主任、甘社会、孙玉宝编辑，资深编辑童本清老师，科教部的王畅平主任、文霞平编辑，以及《新安晚报》创办人钱玉岁总编辑、李今枚副总编辑、副刊部丁光清主任等，他们要么带领我一起外出采访，要么亲手帮我修改稿件。虽然多年过去，但当时的情景历历在目，终生铭记。

在与安徽日报的频繁交往中，给我留下印象最深的是1999年下半年参加社会周刊部举办的一次征文大赛。我当时采写的一篇稿件《救亲人也是英雄行为》，由于观点比较“前卫”，编辑担心难以被党报读者接受，此稿一度被搁置一边，处于待处理状态。在经过车敦安主任、甘社会、孙玉宝编辑的精心修改，努力争取，甚至在惊动时任副总编辑汪家驷并亲自加工提炼主题的情况下，在一片争议声中突破阻力闯关发表，最后还幸运地在参赛的150多篇征文中脱颖而出，获得一等奖中的第一名。正是由于《安徽日报》的正面、及时的报道，报道对象吴慧明后来还被评为“安徽省第三届精神文明十佳人物”，受到省委、省政府领导的亲切接见。这篇报道吸引了包括成都电视台、《辽宁青年》《扬子晚报》《知音》等国内一些知名媒体的目光，它们随后纷纷加入到追踪报道的队伍之中。以至于后来，每当我遇见这几位当年的编辑时，大家都会不约而同地回忆起那篇稿件的出笼过程，并且津津乐道。这次征文让我念念不忘，不忘的不是这个难得的一等奖，而是安徽日报社从编辑到总编辑这种乐于替别人做“嫁衣”的可贵品质和奉献精神。

正是由于拥有在报社的这段工作经历，走入高校新闻系从事教学和研究的我，从报社的一名普通记者变成了一名忠实的读者。多年来，我一直坚持每天阅读《安徽日报》和《新安晚报》，不仅学习而且研究，一方面把报纸上的优秀新闻作品推荐给新闻系的学生学习和观摩，另一方面研究两报在采写编评摄等方面的新闻业务经验，以丰富新闻专业的课堂教学内容，提高自己的新闻理论研究水平。如今，我出版的两本学术专著和发表的70余篇新闻论文等研究成果，基本上是以报纸为研究对象，其中不少研究资料来源于《安徽日报》和《新安晚报》的相关报道或文章。事实上，没有在安徽日报社和新安晚报社那些新闻从业历练，我是不敢再次贸然走上新闻业务教学的讲堂的，我担心因缺乏新闻实战经验而误人子弟，也不会有后来对新闻实践的一些理性思考及其理论成果。因此，我可以自豪地说，这些成就应当归功于安徽日报和新安晚报多年来给予我的新闻滋养。

在我看来，报社就是一所大学，这里不仅出新闻，还出人才。我们期待创刊60周年的《安徽日报》，能够一如既往地支持和帮助我省的新闻教育事业，共同承担起培养更多更优秀新闻人才的历史重任，推动我省新闻事业乃至于社会各项事业又快又好发展。

（原载《安徽日报》2012年5月29日）

当好海量信息“守门员”

自律先行不做杂音噪音的放大器

探寻网络谣言的传播轨迹，我们不难发现，别有用心的造谣者固然是“始作俑者”，但是不少网站不分青红皂白地推荐、置顶、转载，客观上起了“助推手”“发酵剂”的作用。

安徽师范大学新闻系沈正赋教授认为，论坛、微博等网站上的互动平台是谣言、低俗、淫秽等不文明信息滋生的重灾区，少数网友滥用自由、匿名的网络特性，发布虚假信息和不负责任的言论，网站或疏于管理，或片面追求点击率，对其“睁一只眼闭一只眼”，更有部分网络媒体以互动平台上没有核实的信息作为舆情资源，转化为新闻报道，助长了网络“杂音”“噪音”的传播。

“互联网上信息海量，网民数以亿计，难免良莠不齐，泥沙俱下。每一个依法设立的网站，犹如一个个应该有人值守的关口。只有网站切实担起管理责任，认真履行把关义务，才能有效减少虚假信息的存在，截断谣言传播的通道。”安徽省社会科学院文学研究所所长钱念孙说。

强化行业自律，坚持文明办网，积极承担应负的社会责任，努力净化网络文化环境。2010年3月，安徽省网络宣传办公室组织开展了万家网站签署《文明办网自律公约》活动，公开向社会承诺“八提倡、八反对、八促进”，最终2万多家网站参与其中，在国内引起广泛关注和积极评价。去年，安徽省网络宣传办公室又出台《安徽省文明网站测评体系》和《安徽省文明网站评选办法》。其中《安徽省文明网站测评体系》是全国第一个文明网站测评标准，给“文明办网”提供了一把标尺，供各网站逐一对照自查，自我完善。

完善监管，切断有害信息传播路径

热门论坛、微博、博客每天发帖数万条，如何有效监管监控其中的不良信息和有害信息？安徽省互联网信息办公室负责同志介绍说，这需要各类网站和运营接入商多管齐下，将人力防范与技术监控相结合，将集中整治与长效管理相结合，不断健全内部管理制度，完善监管监控体系。

网站在内容建设和把控上下工夫，是管束网络"杂音噪音"最得力最有效的环节。如果网站在谣言和受众之间成功树起"防火墙"，就可切断谣言影响公众、扰乱秩序的"引线"。沈正赋认为，首先，网站要有类似传统媒体的编审机制，这样可以有效地对一些违法违规信息进行初步过滤；其次，网站拥有庞大的网民资源，对于捕风捉影、似是而非的信息，可以发动网友的力量，辨伪揭伪、去伪存真；最后，网站及时将造假传伪的网友信息，转给有关部门，请他们依法惩处，让造谣者付出代价。

设置禁止转载范围"高压线"，对论坛、博客内容全程监控，也是很多网站行之有效的办法。"很多混淆视听的谣言都是经过多方、层层转载后蔓延传播开。不信谣、不传谣，就要从不转载虚假有害信息做起。"中安在线负责同志表示。

在热门论坛里，版主是"向导"，他们的言论和管理水平将直接影响论坛的健康文明程度。"'E滁州'网站的论坛版主上任前需进行理论考试，如何处理'动物表现异常，疑似地震前兆'等帖子成为'准版主'们的考核内容；'合肥论坛'通过后台关键字过滤、IP地址封堵等多项技术，强化论坛管理。这些好经验都值得推广。"安徽省网络宣传办公室负责同志举例说。

疏堵结合，搭建网络良性互动平台

"慎'堵'重'疏'，搭建规范有序的网络互动平台，及时正面回应网民关心关切的问题，能有效避免不良情绪和网络谣言滋生。"钱念孙分析说。

近年来，中安在线"网上问政"、芜湖市的"市民心声网"、宣城市"网络政民互动"等一个个"网络问政"平台在江淮大地兴起，成为畅通民情、表达民意、集聚民智的新载体。以中安在线"网上问政"为例，其最大特点就是实名发帖，实名回帖。在问政平台上，网友无论是建言献策，还是反映民生问题，网站编辑都严格进行把关，筛选之后，提交到政府各相关职能部门，再由政府职能部门就相关问题进行答复。“网友反映的生产生活难题，及时有效地得到解决，不良情绪也得到了疏解，网络上的‘好事者’便在现实生活中难以找到‘秘而不宣’的‘猛料’，谣言也就少了滋生的土壤。”中安在线负责同志介绍说。

前往特困中心献爱心、救助失学儿童、帮助特困家庭、探望白血病患儿、义务植树……近年来，省内很多网站积极尝试线上线下互动，发动组织爱心网友投身公益事业。“互联网也是汇聚爱心、传扬真善美的有效载体。”安徽省人大代表黄新德认为，要发挥各类网站互动平台的作用，引导并支持他们关注、颂扬身边的凡人善举，让温暖、感动、爱心成为网络世界的关键词。

（记者李跃波，原载《安徽日报》2012年8月20日）

现代新型城市党报的资源优势与分众化生存

目前，国内绝大多数党报在办报思路和方式上似乎持有一种旧有的模式，呈现出一种明显的倾向，那就是坚持走传统党报的老路子，居高临下，内容枯燥，形式刻板，可读性较差，让读者望而却步。这些问题具体表现在以下几个方面：头版主要刊登会议报道，领导人的讲话和活动新闻，内容的程式化比较严重，公文语言明显，说教味较浓。现在的会议报道中，新闻标题虽然一改往日的“××会议在××召开”的模式，突出了会议的内容和主要精神，但新闻导语和正文的采写仍沿用以前的套路，大多为“×××指出”“×××表示”“×××强调”式地大段引用与会领导的讲话内容，缺乏自采的内容，缺乏新闻背景材料，缺乏内容上的分析，影响此新闻对现实工作的指导性。报纸的新闻版上，一般化的工作类稿件挤占了大量版面，内容单一，报道内容往往以工作报道和经验新闻为主要报道对象，报道中大量使用行业性和专业性较强的材料，这类报道大多没有新意，不具备新闻价值，加之表现形式呆板，从而导致新闻信息量不足。在报道语言上，一些新闻还表现出明显的程式化、机械化、模式化、口号化的报道倾向，给人一种生硬的感觉，拒人于千里之外。

我们认为，党报的资源优势在于信息的权威、高端、严肃、真实。权威性是党报独特的优势，也是党报“不可替代”的核心竞争力。党报的权威性来自于信源的权威性，在重要决策、政策制定、重大事件等方面能及时、详尽地提供真实可信、权威性强的报道。因此，党报不同于城市晚报或都市报，要在党和国家现行的路线、方针和政策的发布与解读上下工夫，这种政治资源正是党报的优势所在。而目前的一些党报仅仅停留在对有关政策的发布阶段，对政策热点的解读却未能跟上。群众对政策的疑惑需要通过党报来求证，需要通过党报来消解。

政务新闻是党报的主流新闻，是党报权威性的具体体现；政务报道具有丰富和特定的新闻价值，是党报的立足之本和核心竞争力。在会议报道中，我们不是说领导的讲话内容本身不重要，而是说仅仅报道领导讲话是不够的。要在报道的内容上有所拓展和延伸，要站在读者的角度去解读会议的精神，多做解释性报道，不能仅当会议的传声筒。要让会议内容所涉及的政策与现实工作、生活发生一定的联系，进行有效的对接，实现新闻传播效果的最大化。

党报要注重新闻策划，进行深度报道。这种策划与报道主要围绕党和政府的中心工作进行操作，一方面为党和政府的决策提供信息发布的渠道和窗口，另一方面也为广大群众提供政策咨询服务，尤其在新闻的本土性上做文章，拉近党和政府与老百姓之间的心理距离。对新出台的政策法规的报道与解读，不仅要报道"是什么"，还要说明"为什么"（政策出台的背景），以及告诉公众"怎么样"（政策出台对公众带来怎样的影响）。

新闻评论是党报思想性的重要载体，也被公认为是加强思想性的重要途径。一位老报人曾经说过："一张没有思想的报纸即使办得版面再多也是薄的，党报要使报纸每个版面都充满思想。"新闻评论在舆论的引导上具有积极的作用，党报要开辟专栏或专版刊发新闻评论，选拔和培养优秀的新闻评论员，聘请著名的专家、学者担任本报特约评论员，就老百姓关注、关心和热议的话题进行广泛的讨论，通过设置议题，引导舆论，释放情绪，化解矛盾，促进社会和谐。

新闻舆论监督是媒体的社会监视功能，党报要善于运用舆论监督的手段，增强党报的政治功能，服务和谐社会建设和提高党的执政能力。党报在坚持以正面报道为主的同时，也要努力排解建设和谐社会过程中的一些不和谐因素，通过舆论监督，正视矛盾，分析问题，解决问题。目前一些党报虽然偶尔也涉及一些批评性内容，但大多是从经验总结的角度去报道的，走的是事后监督的路子，而事前监督却做得很少，直接采取曝光式的舆论监督则显得更少，因而未能很好地发挥党报及时干预社会现实这一功能。

长期以来，党报在表现形式和传播效果上，往往注重传播的单向性，只强调一味地思想灌输，缺乏信息反馈和与读者之间的双向互动交流。我们认为，党报作为架设在党和政府与人民群众之间的桥梁和纽带，还要充分发挥人民群众参政议政的积极性，给他们提供合理诉求和建言献策的机会与空间，让他们参与到党和国家大政方针政策的研究、制定和实施上来。党报就应开辟这样的版面，开通新闻热线倾听群众的意见和建议，派出记者深入到群众中去采写这样的新闻。

版面也是党报的“脸面”，直接影响读者对报纸的印象，尤其是头版的影响力。一些党报头版多以领导人重要活动为主要内容，且以文字报道为主，图片应用较为保守（少、小且表现力不强），这样的版面继承了传统党报的“四平八稳”，但在市场上缺乏竞争力。在一个“注意力经济”时代，现代城市党报必须对版面进行个性化设计，以强烈的视觉冲击力，在众多的报纸中脱颖而出，抓住读者的眼球。此外，在报道形式上也应该“多元化”，如漫画、图表、示意图等，还可以借鉴电视手法，如现场报道、镜头呈现等。这些改革可以改变读者对党报的“刻板印象”，对党报的形象建构无疑具有一定的积极影响。

从上述分析中，我们还可以得出，现代新型城市党报也不宜和没必要走城市晚报、都市报之路。如果党报把自家的“新闻富矿”丢弃，让“自留地”荒芜掉，而去和他人争夺本不属于自己的那块“地盘”，或盲目去抢耕别人的田园，结果是得不偿失的。从读者的角度来看，如果把打扮得花里胡哨的城市晚报、都市报比作“俏姑娘”，而把扮相俊朗甚酷的党报比作“俊小伙”的话，那么社会大众中不乏有人喜欢围着花布兜、扎着羊角辫的“俏姑娘”，有人则喜欢西装笔挺、一脸严肃的“俊小伙”。一如有人喜欢《红楼梦》中的林黛玉，有人则喜欢薛宝钗；有人喜欢“阳春白雪”，有人则喜欢“下里巴人”。其实彼此没有高低、贵贱或伯仲之分，只是特质不同、读者群有所区别而已。不同性质的报纸，其目标受众也是有所区别的。因此，现代新型城市党报也没有必要与城市晚报和都市报抢夺读者。像《合肥日报》这样的现代新型城市党报，其目标读者就是以机关单位公务员、企事业单位管理者、商务人士、专业人士为主，她不以普通市民和市民家庭作为主要发行终端和消费对象。在当下分众时代，党报也应该探索出一条适合自身特色的分众化生存之道，从而避免在同城不同新闻媒体或同类新闻媒体之间形成恶性竞争，建立一种有利于业务共同进步与事业共同繁荣的良性竞争机制与生存发展新格局。

（原载《合肥日报》2010年3月26日）

打造安徽最具权威性和影响力的全媒体

核心提示：全媒体时代的到来正深刻改变着传统媒体的生存环境，而这种变化正在改变着受众的生活方式。沈正赋认为，在独家新闻日益成为稀缺资源的情况下，媒体之间的竞争已经转移到对新闻事实的解释权的竞争、媒体观点的竞争和新闻深度的竞争。他建议本报在打造全媒体过程中，利用新安晚报的品牌效应，有效整合报网资源，加大干预社会事件的能力，“彰显新安全媒体社会责任，赢得民心，打造安徽最具权威和影响力的全媒体”。

全媒体时代已经来临

传播媒介的每一次变革都对传统媒体产生了巨大冲击。20世纪30年代末，广播的扩张冲击了纸媒。20世纪50年代，电视的普及又冲击了广播和出版物。当前新媒体的发展，远非当年广播、电视的出现对媒体格局的影响，新媒体的包容性、替代性特质，给传统的纸媒带来前所未有的挑战。

沈正赋认为，随着新媒介的迅速扩张，传统媒体“独步天下”的局面将不复存在，甚至会出现发展的“拐点”，而新兴媒体则逐渐从边缘媒体成长为主流媒体。“对于报纸来说，是坐而待毙、等待自生自灭，还是主动出击、智寻出路？答案肯定是后者。”沈正赋说，国内一些先进媒体正在通过实施全媒体发展战略将压力化解成发展动力。

1994年世界上第一个门户网站YAHOO在美国开创，那一年，中国正式引入了互联网。1998年至2000年，新浪、搜狐、网易三大门户网站相继成立；2002年至今，各类门户网站遍地开花，南方都市报、辽沈晚报和烟台日报集团等传统媒体也已开始向全媒体方向转变。“全媒体时代已经来临，而且正在影响着普通人的生活，改变着他们的消费和阅读习惯。”在沈正赋看来，面对新媒体的挑战，新安传媒公司和新安晚报能够及时调整发展战略，主动融入新媒体，打造省内第一家全媒体，“此举意义深远，是一次明智之举”。

注重差异，避免“同质化”

在报网融合、打造全媒体的过程中，对于纸媒来说，遇到的最大困惑就是如何留住读者，继续培养他们对报纸的忠诚度。“如果报纸读者全部或很大一部分都流向网络媒体，那么报纸的生存和发展便会出现危机。”沈正赋建议本报在打造全媒体过程中，注重区分网站和报纸内容间的差异，避免“同质化”，“印刷版与网络版、手机版和用户定制版，新闻内容都要有所差异，报纸尽量刊发深度报道，报纸稿件的末端要有指向网络版的链接路径。”

沈正赋说，新安晚报实现全媒体后，要发挥各种媒介优势，真正实现即时报道、滚动报道、互动报道、深度报道的立体化、多元化和全天候发布。“当一个重大事件正在发生时，要第一时间在手机、网络上进行报道，第二天再在报纸上进行解读式分析报道。”沈正赋认为，互联网、手机是即时的、动态的，而报纸则是全方位的、深度的报道，“要实现在网络上让读者知其然，在报纸上让读者知其所以然。网站要注重新闻的更新迅速，而报纸则注重新闻的深度分析。”沈正赋建议，新安全媒体报道最好是网站上的内容只用主报文章，并且主报文章部分上网，读者想看这些文章的全文就得购买这份报纸。

品质将决定成败

作为省内最具影响力的省级都市报，新安晚报一直秉承“为老百姓办，给老百姓看”的办报宗旨，坚持走亲民化路线。“正因为有这样的办报理念和这样的目标读者群，也就要求你们有更多的社会责任感，对读者、对报道对象、对国家和社会，都要抱有强烈的责任感。”沈正赋认为，媒体的社会地位跟它的影响力是密切相关的。

“在媒体竞争日益残酷的情况下，媒体的品质决定了它的成败。”沈正赋说，在独家新闻日益成为稀缺资源的情形下，媒体之间的竞争已经转移到对新闻事实的解释权的竞争，媒体观点的竞争，新闻深度的竞争。“读者第一时间通过网络、手机报等方式知道哪里发生了什么事情，为什么会发生？这个事情发生后会怎么样？有没有更多故事和细节？这都需要报纸进行深度解读。”沈正赋建议，新安全媒体成立后，要更加重视民生新闻的采集，加大介入公共事件的力度，提高干预社会的能力，抓住公共事件、重大事件的话语权。

“新安全媒体应该继续发挥省内主流媒体的作用，彰显新安晚报所有的品牌内涵、内容特质、社会责任等。在受众心目中，树立新安全媒体的权威性和公信力。”沈正赋期待新安晚报作为我省最具有影响力的平面媒体，与时俱进，主动迎接新媒体的挑战，拥抱新媒体，融入新媒体，打造全媒体，“相信并期待新安全媒体在不久的将来，成为安徽乃至全国新闻界最具有权威性和影响力的媒体。”

（记者李阔，原载《新安晚报》2010年11月28日）

洞开一扇让安徽人及时全面地了解世界的窗口

——新安晚报开辟《世界周刊》有感

如果说美国“9·11”恐怖袭击事件让凤凰卫视在中国大陆家喻户晓，阿富汗战争和伊拉克战争“成就”了半岛电视台的话，那么是否可以这样说，是日本大地震和利比亚战争催生了新安晚报《世界周刊》的问世。至少可以说，新安晚报在日本大地震和利比亚战争等令全球瞩目的重大新闻事件发生的时候，适时推出《世界周刊》，以满足广大读者对国际重大时政新闻的深度关切和全面了解。

在全球某个地方发生的新闻，仿佛离我们很遥远，其实它离我们又很近。加拿大著名传播学家麦克卢汉的“地球村”理论告诉我们，作为居住在“地球村”的村民，对于地球上所发生的任何事情都会产生“咫尺天涯”的感觉，我们倍加关注发生在地球上的与我们息息相关的一切事件。

全媒体时代，我们习惯于通过网络迅速了解世界今天发生了什么，但我们更想通过类似于新安晚报《世界周刊》这样的深度报道，去深入了解世界今天为什么会发生这样的事情，事件背后到底还有哪些政治背景和深层原因，今后可能会朝什么方向发展和演变等。

对于《世界周刊》的办刊定位和宗旨，我的理解就是：对于上一周的国际重大新闻事件进行概括性的回顾和总结，把握舆论导向，主动设置议题，邀请国际问题专家、学者进行深度解读与分析，培养自己的“舆论领袖”，配发权威性的新闻评论，进行新闻的二度开发、二次传播，帮助读者及时掌握和全面理解新闻事件的来龙去脉。注意避免与本报每天的“国际新闻”版，以及其他媒体如刊物、广播、电视、网络等在新闻内容上的简单重复，在独家新闻和报道的权威性上下工夫，真正实现人无我有，人有我“特”，人有我“深”。

（原载《新安晚报》2011年10月29日）

换一种视角审视"新闻民工"

近年来，在一些新闻记者经常登录的网络论坛上，不时听到来自媒体的少数记者抱怨当下的新闻记者们几乎已沦落为"新闻民工"，言外之意就是，作为新闻记者的他们不该成为这个角色，与民工为伍似乎有失自己高贵的身份。

到百度上查询一下，"百科词条"显示：民工又被狭义地称为农民工、外来工、外地人，在城市中则略有贬义。农民工泛称所有在外打工的农村人。农民工，通常简称民工，是中国大陆特有词汇，指身为中国大陆特有的农业户口身份的工人；指从农村进入城市，依靠替雇主工作为谋生手段，但不具备非农业户口的社会群体。"农民工"往往是城市被雇佣者中劳动条件最差、工作环境最苦、收入最低的群体。

那么，为什么我们的一些新闻记者却把自己贬称为"新闻民工"呢？在新中国第十一个记者节来临之际，笔者想在此谈点不成熟的看法。

首先，"新闻民工"的称呼是对农民兄弟的一种歧视，不符合媒体的报道规范和新闻职业道德。一位伟人曾经说过：社会工作只有分工不同，没有高低贵贱之分。在中国，农民背井离乡进城扮演了工人的角色，做起了既苦又脏又累的工作，虽然他们为城市的繁荣和发展做出了巨大的贡献，但曾几何时，在少数城市人的眼里，这些农民工却成了被歧视的对象，他们的劳动得不到应有的尊重。而我们一些媒体的新闻记者如果用"新闻民工"来贬称自己，则说明一些媒体人认同这种歧视，事实上，贬低自己无意中在歧视弱势的农民工群体。这显然不符合新闻工作者的职业道德准则。

其次，对“新闻民工”提法的敏感、介意和刻意回避，表明少数记者对自身价值的一种过高期待和评估。新闻媒体是党和人民的耳目喉舌，是党和人民群众联系的纽带和桥梁，新闻记者作为人民群众的代言人，承载着时代使命、社会良知和道德厚望，其角色定位直接影响政府和人民群众之间的交流，对我国新闻事业的发展有着重要的影响。但是，新闻记者的这种地位和价值是党和人民赋予的，而不是媒体自封的，也不是记者主动争取来的。如果我们的记者过于敏感、介意和刻意回避“新闻民工”，说明我们的记者还没有完全摆正自己的心态；不愿与农民工兄弟为伍，说明我们少数记者具有一种自我职业优越感。

其三，做个“新闻民工”比较契合当下媒体生态的现实图景。作为新闻记者，我们要拥有远大的职业理想，但我们不能无视当下的媒介现实。在媒介融合和传统媒体与新兴媒体相互竞争的格局和背景下，作为一个新闻从业人员，其工作是非常辛苦的。无论是工作时间还是劳动强度，丝毫不亚于“民工”：没有节假日，经常加班，二十四小时随时待命奔赴新闻现场采访，生活作息没有规律，在开展新闻舆论时还潜藏着各种危险，人身安全受到威胁等。如果仅仅从这些方面来看，新闻记者与农民工的工作又十分相似，甚至在幸福指数和安全指数上还不如农民工。因此，我以为，新闻记者把自己比作不含任何贬义的“新闻民工”，又是较为恰当和准确的。

其四，记者与民工在工作性质上没有本质区别，都在为社会“打工”。俗话说，不想当将军的士兵不是好士兵。照此推理，不想当优秀记者、骨干记者和首席记者的记者不是好记者。新闻界的现实图景是：优秀的记者往往总是那些行走在新闻一线的记者群体。其和农民工一样，虽然经过一天的工作之后会感到非常辛苦和疲惫，但是非常有成就感和满足感。那就是，新闻记者每天极像农民工欣赏着自己亲手建造的城市建筑一样欣赏着自己得意的新闻作品。可以这样说，优秀记者梦想的实现是与自己的劳动和付出成正比的。从这个意义上来看，当个像农民工一样的记者即“新闻民工”，应当成为新时期新闻记者的共识。新闻记者完全可以自豪地说：农民兄弟们，让我们一起为缔造美好的明天，共同为社会“打工”，成就事业，成就自己。

谨以此文献给新中国第十一个记者节。

（原载《合肥日报》2010年11月8日）

品牌是这样打造出来的

——写在《文摘周刊》出版1 500期之际

《文摘周刊》是一份在省内外享有较大影响和知名度的文摘类品牌报纸。在当前的“文摘热”中，《文摘周刊》缘何能在激烈的竞争中充当“领跑者”呢？

其一，精选信息。《文摘周刊》本着“汇众报之魂，解读者之忧”（邵华泽语）的办报宗旨，充当信息处理过程中的“过滤器”，提取读者真正需要和感兴趣的新闻，力求在新闻的“二次传播”中进一步凸显稿件的新闻价值，发挥信息的社会价值，从而帮助读者解决了时间少而信息多的矛盾。

其二，引导舆论。《文摘周刊》坚持“政治家办报”的思想，牢牢把握正确的舆论导向，树立大局意识和“以人为本”的理念，向读者提供内容健康、格调高雅的精神食粮。

其三，拓展容量。《文摘周刊》在众多文摘类报纸中以版面多、栏目多、信息量大而独具特色。《文摘周刊》相继开设了20多个特色和精品版块，全方位、多角度地报道大千世界所发生的各类社会信息，被广大读者誉为“一本读不完的百科全书”。

其四，加强服务。《文摘周刊》在办报过程中始终把为读者提供信息服务作为自己的职责之一，很多细心的读者已经把《文摘周刊》当作资料进行收藏和使用。

作为《文摘周刊》的读者和新闻业务研究者，笔者认为已出版1 500期的《文摘周刊》下一步可以在两个方面寻求突破。第一，在主题新闻的加工上下工夫。《文摘周刊》不仅要为读者提供大量的新闻信息，还要帮助读者梳理这些信息。

在具体操作方法上，一是按照新闻主题进行相关信息整合；二是通过提供“观点”信息来传达自己的声音，加强舆论引导，如简要点评、配发编者按语和本报评论员文章等。第二，在重大新闻的深度报道上下工夫，把精确、深刻作为立身之本。

（原载《文摘周刊》2004年8月13日）

探索无止境 新闻在路上

——《大江晚报》改版琐议

6月15日改版后的《大江晚报》以全新的面目、散发着温馨的墨香，出现在江城大街小巷的报摊上，停留在广大读者的手中，摆放在上班一族的案头上。作为一名高校新闻学专业教师和业务研究者，笔者更是以专业挑剔的目光打量着眼前的这份焕然一新的报纸，从内容到形式，从文字到图片，反复玩味，仔细揣摩，认真品鉴，阅读后有以下几点感受，一吐为快。

一是报纸的定位更加明晰和准确，比较契合晚报、都市报的特点和风格。《大江晚报》此前的办报口号是“真实报道新闻，真心服务读者”。笔者曾在多个场合表达自己的观点，认为这两句话在表述上不是很妥当，前一句在内容表述上存在歧义现象，后一句说得过于直白，缺乏内涵。现在的定位是“关怀民生，情系百姓”，就比较妥帖和精当。说明《大江晚报》注重把民生新闻作为自己的新闻主打产品，把百姓情感放在非常重要的位置，有别于《芜湖日报》在内容上坚持和追求新闻发布的高端性与权威性。笔者的理解是，这里的“关怀”应该兼有媒体关心、关切百姓生活和胸怀全局心中装有群众之意，而不应该有报纸居高临下、俯视众生之臆断。

二是头版头条新闻标题有亮点，内容选择不再局限于芜湖市、省内和国内，而是把视角放大到全球，用全球的眼光去捕捉发生在“地球村”中的重大新闻事件，体现《大江晚报》的大手笔、大气魄和新形象。只是建议编辑同志还可以把导读标题做得更生动、更形象、更简洁一些，而且与内页的新闻标题有所区别，不简单雷同，做到一虚一实，虚实结合，相得益彰。

三是开辟一些新的版面和新的栏目，给读者以耳目一新之感，内容新鲜、实在，张扬报纸的个性和特色。言论版"锐思"，名称雅致，表述精当，设置在A2版上较为合理，力求做到让本报的思想和观点呈现在前，发挥正确舆论导向引领社会、干预社会的积极作用。深度报道版"关注"和"社会"聚焦社会热点问题和难点问题，这是纸质媒体今后的主攻方向之一。如果能够把社会调查和舆论监督也纳入其中，此版面和栏目的生命力和市场竞争力将会更强，读者的关注度无疑会更高。因为这里有新闻"富矿"，这里是优秀记者施展业务才华的广阔舞台，需要报社投入"精兵强将"，推出优秀的新闻策划，选派骨干记者冲锋陷阵。重大题材、精彩稿件可以突破计划版面的限制，临时调整版面，设置备用版和机动版，打破编辑常规，版位还可以适当前移，作强势突出处理。"社区"版的设置具有现代意识，记者走进社区将成为记者的工作常态，此举可以拉近报纸与市民之间的距离。"互动"版充分吸纳和借鉴了网络的优势，有编者与读者之间的互动，有报纸与网络之间的互动，还有精彩的知名人士和网友的微博。名栏目"凡夫沙龙"依然敞开大门迎宾送客，嬉笑怒骂皆成文章，体现出很强的互动性、包容性和自由性。笔者认为，这里更像一个观点和见解的"自由贸易"市场，多元化的声音和智慧的火花在这里汇聚、交流与碰撞，激情四溢，热情似火。

四是几点具体的建议。针对6月15日这天的《大江晚报》，笔者认为，当天正值中考的第二天，中考内容的报道还可以再深入一些、再全面一些，可以包括各方人士谈中考、约请中学名师点评试卷、中考作文大家谈等。"南海局势"或"南海风云"是最近几天全球关注的焦点问题，国人对此更是关切有加。今后遇到类似新闻，建议开辟专版、专栏进行重点报道和追踪报道，抢抓重大新闻，先声夺人，满足读者的知情权。此外，芜湖作为安徽省经济和文化相对发达的地区，《大江晚报》可以把这两块内容做得更深、更透、更活一些，挖掘芜湖悠久灿烂的历史文化，展示芜湖扑面而来的现代气息。

一句话，没有最好只有更好，新闻人不变的追求就是"变"。我们期待并相信，《大江晚报》一定会做到版面越变越新，内容越变越精彩。探索从来就没有止境，新闻人永远在路上。

（原载《大江晚报》2011年6月17日）

仰望星空　脚踏实地

——读《大江晚报》“两会推动力·我的一线报告”有感

2012年3月28日，《大江晚报》用了10个版的篇幅推出了“两会推动力·我的一线报告”特刊，援引温家宝总理在3月5日十一届全国人大五次会议上所作的《政府工作报告》对今年社会经济发展9项任务的部署，结合江城芜湖近年来在社会经济文化等方面所发生的一系列变化，通过一个个普通而又生动的个案，进行一次全方位的扫描和透视。这既是《大江晚报》记者、编辑开展“走基层、转作风、改文风”活动的一次集中展示，又是该报高层设计、精心策划、周密安排而打造的一次“新闻行动”，显示了《大江晚报》在新闻采写编评摄等方面的整体实力、人才优势和新闻核心竞争力。

其一，新闻策划有创意，体现两个有机结合。一年一度的“两会”《政府工作报告》，既是对过去一年工作的盘点和总结，又是对今年工作的全面部署和落实。而这对于新闻媒体及其新闻工作者来说，既要领会并吃透其中的主要内容，从宏观层面理解和把握其精神实质，还要立足当下，从微观层面做好新闻的“落地”工作。《大江晚报》适时策划并推出的“两会推动力·我的一线报告”，就体现了这两者的有机结合，无疑是创意和创新之举。

其二，大主题，小切口，角度独特，内容丰富。《大江晚报》高层在梳理国家经济社会发展思路时发现，《政府工作报告》对今年社会经济发展9项任务的部署在芜湖的经济社会发展中都有具体的体现和展示。于是，该报从这9项任务入手，派出一批优秀的年轻记者分别采访了相应的人和事，其中包括采访一家卫浴品牌专卖店的营业员吴兰、享受低保的汪勇生等几位居民、家庭贫困学生张龙，走进芜湖蔬菜基地及其直销店、三山区峨桥镇个体养殖户汪家兴的养殖场、奇瑞新能源汽车有限公司、芜湖市文化馆、芜湖市行政服务中心和芜湖港储运股份有限公司现代化集装箱专用码头等地。采访对象和采访地点的选择都具有一定的代表性，报道角度独特，内容丰富。

其三，作风扎实，文风朴实，新闻的可读性较高。《大江晚报》此次开展的“走基层、转作风、改文风”活动，就是积极响应中宣部等国家部门的号召，动员并组织记者编辑深入基层、深入群众，了解群众生产生活新情况、新变化，以真实的情境、切身的感受、民众的语言、清新的笔触反映基层变化，展现发展成就。在这组报道中，我们看到该报记者随销售员吴兰体验了最基层最普通员工一天的工作，走进芜湖蔬菜基地感受蔬菜如何从农户的菜园子直接对接到市民的菜篮子中去，走进鸠江区官陡街道新世纪学校体验贫困生张龙的快乐生活，走进芜湖市行政服务中心体验普通市民来这里的办事效率和政府工作人员的服务态度。深入基层接“地气”，脚板底下写“生机”。记者的采访作风扎实，文风朴实，写出的报道鲜活、耐看、可读。

其四，版式大气，视觉冲击力强，编辑手段新颖。《大江晚报》“两会推动力·我的一线报告”，无论是新闻内容，还是版面语言、图片风格，都给人一种全新、大气之感，彰显了晚报个性化的特色。每版由“报告索引”和“我的一线报告”组成，版式设置一致并相对独立、固定，整齐划一，风格明显。每版配发的一幅彩色特写照片，视觉效果好，具有较强的冲击力，让读者眼睛一亮。每版主打新闻的标题，诸如“市场红火百姓勤劳敢花钱了”，“爱看新闻联播的农民汪家兴”，“‘菜园子’‘菜篮子’中间有个直销店”，“愿做一辆新能源汽车里的小零件”，“听低保居民算笔温情‘流水账’”，“一个码头工人和一座港口城市”等，不仅表达准确，而且生动形象，读起来朗朗上口，感受自然亲切。

期待《大江晚报》这样的策划和报道越来越多、越多越好！

（原载《大江晚报》2012年3月30日）

第四编

作品解读

ZUOPIN
JIEDU

书写安徽崛起壮丽史诗　彰显江淮之子时代风貌

——2009年度安徽新闻奖(报刊类)获奖作品综述

2009年,江淮大地上发生了不少值得关注和报道的大事,我省新闻工作者们肩负神圣的社会责任和时代使命,纷纷拿起手中的笔,饱蘸工作激情和生活热情,记录下一个个鲜活的新闻事实,通过一篇篇精彩的报道,向世人展示安徽人积极进取、昂扬奋发、敢为人先的精神风貌。

2009年度安徽新闻奖(报刊类)参评作品254件,其中消息93件、言论18件、通讯102件、超长作品11件、中央媒体19件、其他类11件。经过评选委员会的多轮认真评选,最后产生特别奖2件、一等奖32件、二等奖57件、三等奖71件,共162件。综观这些参评的新闻作品,我们的总体评价是:书写安徽崛起壮丽史诗,彰显江淮之子时代风貌。具体体现在以下几个方面:

一、展示重大新闻题材中的"安徽现象"

2009年全国乃至全球范围内发生的、对安徽产生较大影响的重大事件主要有:一是国际金融危机的爆发与蔓延;二是新中国成立60周年;三是邓小平同志发表"黄山谈话"30周年。这些重大事件涉及政治、经济、文化、教育、科技等领域,有的虽发生在国外但波及安徽;有的虽发生在全国,但在安徽有个性化的呈现;有的就发生在安徽本土,但有全国意义。这些新闻成为我省各家新闻媒体关注和报道的对象。把目光聚焦到具有安徽元素和带有安徽符号的重大新闻题材上，历来是安徽各家新闻媒体报道的题中应有之义，这些新闻富矿从来就是“兵家必争之地”。2009年度安徽新闻奖参评作品当然概莫能外。

（一）积极宣传应对金融危机之举

2009年，国际金融危机是新闻媒体无法回避、无论如何也绕不开而必须面对的一个沉重话题。中国经济饱受国际金融危机的冲击，安徽经济也未能幸免。面对国际金融危机的冲击，千方百计保企业、保增长、促发展无疑是这一年安徽省经济工作的重中之重，也是新闻宣传工作的重心。可以说，这场不期而遇的金融危机，既在考验政府和企业，也在考验新闻媒体的反应能力和认知水平。

2009年5月，《安徽日报》精心策划推出“重点企业保增长纪实”系列报道，由汪谷震总编辑亲自率队，抽调骨干记者组成报道小组，选择马钢集团等6家重点骨干企业进行深入采访。获得通讯类一等奖的《逆境超越的“钢铁力量”——马钢集团应对危机保增长纪实》就是依托红五月里止住7个月连跌、实现扭亏为盈的新闻由头，着力揭示这一“惊人转身”背后的三大“钢铁力量”，深入挖掘马钢保增长的独特做法，成为该组系列报道中出新出彩的代表作。此文具有三大特色：一是主题重大，选题精准。在应对金融危机的大背景下，保增长就是保企业，马钢作为省内最大的企业，其在逆境中扭亏为盈的生动实践具有重要的意义。二是采访深入，内容深刻。记者深入马钢车间一线采访，从企业运营管理的专业视角对大量的事例进行总结提炼，内容专业深刻，启发性强。三是创新方式，写法新颖。《安徽日报》选送的述评《坚定信心　咬定目标　千方百计保企业保增长》属于同类题材获得特别奖。

（二）记录和见证新中国成立60周年的发展与变化

2009年是新中国成立60周年。60年来安徽和全国一样发生了翻天覆地的变化，无论是亲眼见证、亲身经历60年变化的老人，还是与共和国一起成长的普通百姓，他们都对祖国抱有拳拳之情、赤子之意。我省新闻媒体既从宏观的角度全面展示安徽60年所取得的辉煌成就，也从微观的角度来描述祖国60年所发生的日新月异的变化，以及个人对祖国母亲的朴素情怀。由于受评审标准中对作品字数和篇幅的限制，各家媒体关于宏观、全面报道国庆的特稿未能选送参评。而获奖的两篇作品均是以“我和我的祖国”为主题从个体的角度来反映祖国的变化和个人对祖国的情感。《颍州晚报》选送的作品《40年收藏旅游门票　七旬老人进央视讲述祖国变化》获得消息类二等奖，文章详细展示了这位名叫张振标的72

岁老人40年收藏全国各地旅游景点门票的历史和生活，以平民的视角，从老百姓最基本的生活层面入手，以小见大地展现了普通百姓和祖国变化息息相关的情结，共享祖国壮美的河山和景色，烘托出全国上下共庆新中国生日的情景。《淮北日报·淮北晨刊》选送的作品《北京：今年我十岁——一位癌症患者的生命仪式》获得消息类二等奖，此文展示了一个癌症患者与首都北京的特殊情缘。作品小切口大视角，一个身患绝症的普通百姓在国家和社会的扶助下创造了生命的奇迹，通过十年来每年一次进京留影，让北京见证他还活着的特殊个例，深刻挖掘了个体生命对祖国的信仰、依赖和感恩意识。

（三）踏着小平的足迹，重温"黄山谈话"精神

2009年7月15日是邓小平同志发表"黄山谈话"30周年纪念日。1979年的7月11日至16日永载史册，每一个黄山人都不会忘记。从7月11日至15日的5天时间，小平同志以75岁高龄始终坚持徒步攀登，兴致勃勃地登上了黄山之巅，带着对中国命运的深邃思考，以伟大政治家的远见卓识，对黄山的旅游开发发表了许多重要意见，回答了长期束缚和困扰人们思想的许多重大问题。在小平同志视察黄山并发表改变中国旅游业态的著名的"黄山谈话"30周年之际，《黄山日报》特组织采访小分队，于7月18日沿着小平同志当年登山路线，踏着伟人的足迹，先后选择了观瀑楼、玉屏索道、玉屏楼宾馆、迎客松守护人、白云宾馆、光明顶气象站、北海宾馆、新云谷索道等多个景点进行了采访，深情回顾30年前小平同志在黄山的音容笑貌，以时间为序，成就系列组合报道《沿着小平足迹走》。文章"即景即情"，善于抓住细节，以小见长，以昔比今，像纪录片一样讲述了小平同志"黄山谈话"30年来黄山旅游业、中国旅游业所发生的变化。此稿为《黄山日报》独家策划和报道，获得通讯类特别奖。

二、关注和谐社会建设

社会和谐，是中国特色社会主义的本质属性。构建社会主义和谐社会，就是要按照民主法治、公平正义、诚信友爱、充满活力、安定有序、人与自然和谐相处的总要求和共同建设、共同享有的原则，着力解决人民群众最关心、最直接、最现实的利益问题。这里就涉及农民工就业与创业、收入分配制度改革、城市拆迁改造、基层组织建设和干群和谐关系构建、生态文明建设等方面的内容。在2009年度安徽新闻奖（报刊类）评选中，无论是参评作品还是获奖作品的数量在这类题

材上所占的比例都是最大的，这说明和谐社会建设已经成为当下最受人关注和关切、最具有新闻价值的一大题材。面对这些领域不断出现的社会热点，安徽省新闻媒体牢牢把握正确的舆论导向，加强舆情分析，主动设置议题，抢占先机，积极引导，彰显主流媒体的大局意识和社会责任意识。

(一)农民工就业与创业问题

2009年初，全球金融危机初露端倪之时，飓风起于青萍之际，国内的返乡农民工失业潮预告了这场风暴的到来。而恰在此时，中央关于扶持返乡农民工就业创业政策和扩大内需大政方针的实施，成为举国上下的最强音。获得通讯类二等奖的《5 300个饭碗的"寒门盛宴"——埇桥区劳动局帮扶返乡农民工就业创业纪实》，反映出《拂晓报》记者具有高度的政治嗅觉和新闻敏感。当该报记者得知宿州市埇桥区劳动局在春节期间深入乡村，创新形式，积极帮扶返乡农民工就业创业这一行动后，在长假结束后上班第一天，第一时间赶到新闻现场，进村入户，深入采访，迅速成稿。从上层到乡村，由政府到农民，从宏观和微观的层面深入透析了基层农民返乡就业创业的事实本源，并站在全局的高度，以基层的视角，凭借"先知先觉"的新闻预见性，客观生动地报道了这场危机的萌发和政府未雨绸缪、超前应对的英明决策。因此，无论是从预见性、时效性还是导向性上来看，该篇报道都是一篇不可多得的上乘之作。类似的报道还有由《淮北日报》选送的作品《我市万余岗位送到村民家门口　就业大篷车开进农村大集》，获得消息类二等奖。

(二)收入分配制度改革

职工收入分配问题一直是社会关注的热点，也是近年来全国及省"两会"讨论的焦点。《安徽工人日报》选送的作品《淮北矿业实施工资共决》反映这一内容，并获得消息类一等奖。该作品及时报道了淮北矿业集团经过平等协商等民主形式，在企业发展过程中，确保广大职工能够共享企业发展成果。实施职工工资共决机制，这在省内大型企业中是首家，它也抓住了社会热点和焦点问题。同时，该集团是拥有近10万职工的大型国有企业，在金融危机背景下出台这一举措，对其他企业也具有引导性和借鉴意义。获得消息类二等奖的由《马鞍山日报》选送的作品《马钢年薪制向技术工人延伸　十七名首席技师享受模拟年薪》，告诉我们这样一件新鲜事：在马钢集团，优秀的技术工人像企业高管或企业的高级知识分子一样，也能享受到"年薪制"待遇。本新闻将马钢集团在技术工人中实行模拟年薪制这一在国内钢铁行业中的创新之举及时进行报道，不仅极大地调动了马钢集团职工钻研技术、提高技能的积极性，而且对其他企业也提供一个学习借鉴的范例。

（三）城市拆迁改造问题

近年来，随着经济发展和城市化步伐的加快，在城市拆迁改造及重点工程建设中，因拆迁引发的矛盾和纠纷不断，严重影响了社会稳定，拆迁也因此成为中国社会的关注焦点和敏感问题。《大江晚报》选送的作品《芜湖首开拆迁信访听证会》获得消息类一等奖。作品反映的具体内容是：芜湖吉和大市场曾是全国服装鞋类重点批发市场之一，后因存在重大火灾隐患而被关闭，该市场地块的拆迁遗留问题一直是各方争议的焦点。为此，信访部门召开拆迁户信访听证会，这也是芜湖市依据《信访条例》首次以信访听证会的形式处理上访群众的申诉。听证会让各方当事人充分表达了自己的诉求，从而推动了信访问题的最终解决。该作品记录从信访部门获知此消息后，详细了解该信访事由和背景，又先后采访了信访人代表、市民代表、法律专家和信访局有关人士，就此次听证会的意义和影响进行了分析和评价。获得消息类二等奖的由《池州日报》选送的作品《先期介入　先期预防　先期化解　大铜像景区拆迁实行风险评估》与上文也有异曲同工之妙。《蚌埠日报》选送的作品《幸福指数最高的"钉子户"》获得通讯类二等奖。

（四）基层组织建设和干群和谐关系构建

无论是基层党组织建设还是干群和谐关系的建立与完善，一直是社会各界关注的焦点，也关乎政府的形象，是新形势下需要新闻媒体给予大力关注和高度重视的一项议题。获得消息类一等奖的由《淮北日报》选送的作品《推了围墙　去了官气　得了民心　杜集区推广开放式村部》所反映的是一件2009年在淮北市乃至安徽省都很有影响的新闻事件。它的闪光点正如该报在配发的评论中所说的那样："杜集区从试点开放式村级活动场所建设到全面推广，推倒的是介于村民和村部之间的一堵墙，连起的是百姓和政府之间的桥梁，赢得的是民心。"其意义在于，作为深入学习实践科学发展观活动中的一面旗帜，杜集区率先推倒村部的围墙，健全各项服务机制，拉近了干群关系，表明了政府真正愿意花大力气解决老百姓最为关心的实际问题，以至于杜集区的这一新鲜的经验和做法被省市领导誉为"一场基层组织建设的革命"。与此类似的参选稿件还有：《安徽日报》选送的作品《党员议事会"花开"乡村》获得消息类一等奖，《拂晓报》选送的作品《埔桥区党组织生活会让群众说话》消息类二等奖,《安徽日报》选送的作品《"驻村夜访"问民情》获得通讯类二等奖。

(五)生态文明建设

生态问题是人类社会必须高度关注的一个重大战略问题。生态文明是指人们在改造客观物质世界的同时,积极改善和优化人与自然的关系,在建设有序的生态运行机制和良好的生态环境过程中所取得的物质、精神、制度方面成果的总和。建设生态文明,实质上就是要建设以资源环境承载力为基础、以自然规律为准则、以可持续发展为目标的资源节约型、环境友好型社会。[①]获得通讯类一等奖的由《淮南日报》选送的作品《从土地"黑疮"到乡村"绿肺" 采煤沉陷区治理新经验——"后湖模式"采访纪实》所反映的就是采煤沉陷区治理问题。这是一个带有共性的问题,关系民生和环境保护。淮南市潘集区采煤沉陷形成的地区近6万亩,而且塌陷面积还在不断扩大,2008年,该区尝试把后湖村的塌陷土地集中起来,综合开发,统一治理。记者分别于2008年12月、2009年6月、8月、11月多次深入后湖村采访,在亲眼见证了后湖村沉陷区翻天覆地的巨大变化之后,打磨出此稿。从标题上来看,"黑"是煤的原色,"绿"是生态的本色,由"黑"到"绿"的转变,真实地展现出把生态修复与农业结构调整相结合的治理模式。报道同一题材的由《安徽日报》选送的作品《"后湖模式"托起希望——淮南探索采煤沉陷区治理新路》获得通讯类二等奖。

报道生态环保的新闻还有:《安庆日报》选送的作品《大量候鸟陆续栖息我市沿江湿地》获得消息类一等奖,《池州日报》选送的作品《池州"能源门槛"催生环保型经济》和《淮北矿工报》选送的作品《温总理高度重视"绿色能源"被"唤醒" 淮北矿业致力开发数亿吨天然焦》分别获得消息类二等奖,《马钢日报》选送的作品《蓝天碧水,印证我们默默前行》获得通讯类二等奖,《黄山日报》选送的作品《坚定环保理念 发展低碳经济 歙县招商引资拒绝"煤能源"》获得消息类三等奖等。

三、情系中央"三农"政策

"三农"一般指农业、农村和农民,中央连续多年的一号文件均是研究"三农"问题。安徽是个农业大省,"三农"问题在安徽省显得举足轻重。因此,对于中央

① 中共中央宣传部理论局:《理论热点面对面·2008》,学习出版社、人民出版社2008年版,第84–85页。

“三农”政策，历来被安徽新闻媒体视为一块新闻“富矿”。

党的十七届三中全会的重要精神之一就是在农村推动土地流转，开创我国现代化农业的生产模式，而大宗土地流转却一直是个难题。获得通讯类一等奖的由《安徽日报》选送的作品《“柏林”独辟大宗土地流转新径》，就及时向读者推介了舒城县柏林乡在大宗土地流转上的创新做法，为农村改革的深入发展提供新鲜经验。记者在了解到这一创新做法之后，一直跟踪采访相关事实，并及时向报社领导反映，先后5次到柏林乡采访，深入了解情况，前后用时近一个月时间，在充分掌握大量事实之后，采写出此报道，编辑及时处理，给予重要的新闻版面刊发。此报道受到中宣部《新闻阅评》的充分肯定，该阅评认为，“以此为标志，农村大宗土地流转难题在我国农村改革的发源地安徽省破局。”同样是报道农业土地流转的由《阜阳日报》选送的作品《全国种粮大户徐公纯探索土地流转模式 612户农民土地入股当“股东”》也获得了消息类三等奖。同样是报道新农保的由《铜陵日报》选送的作品《新农保让乡村百姓养老无忧》关注新型农村养老保险这一重大的惠农政策而获得通讯类一等奖。《江淮》选送的杂志作品《情系三农谱新篇——安徽农业大学25年坚持走“大别山道路”纪实》获得通讯类二等奖。《皖西日报》选送的作品《金寨启动新型农保》获得消息类二等奖。《安徽日报农村版》选送的作品《繁昌18村设“村务发言人”》获消息类二等奖。《阜阳日报》选送的作品《农民企业家包机“赶集”广交会》因报道新型农民而获得消息类二等奖。

四、弘扬江淮之子精神

2009年，在江淮大地上，在安徽省的各行各业，都涌现出许多杰出的英勇人物和模范人物，他们被统称为“江淮之子”。他们中有成为“2009年度感动中国十大人物”的沈浩、有成为“2009年度安徽十大新闻人物”的曹军、卢帅和李峰。我省各大新闻媒体都成功地捕捉到了他们人生中最精彩的瞬间，最感人的故事，尤其是凝聚在其行动背后令人骄傲的安徽人的精神。这是一个人才辈出的时代，讴歌时代典型，传递安徽力量，省内新闻媒体重任在肩。

一个响亮的名字感动江淮，感动中国。安徽省委选派到凤阳县小岗村担任党委第一书记的沈浩，因积劳成疾倒在了任职的村子里。《合肥晚报》在第一时间推出的报道《他永远留在小岗村》获得通讯类一等奖。曾经多次采访过沈浩的记者，在获悉沈浩同志的噩耗后，禁不住“心痛”和“惋惜”。心痛之余，记者抚今忆昔，往日采访沈浩的画面一幕一幕地在眼前闪过。记者紧急联系采访沈浩生前在小岗村的亲密"战友"——当年大包干带头人严宏昌等，抓紧整理相关资料，从与沈浩的深入交往着笔，用真诚朴实的语言记录沈浩同志在小岗村的点点滴滴，显得更加真实、可亲、可敬。《安徽日报》在11月12日刊发报道沈浩事迹的作品《他把生命留在小岗》，以立意高、写法新和时效强等特点获得通讯类二等奖。《滁州日报》选送的作品《为了人民的利益鞠躬尽瘁》获得言论类一等奖。

获得通讯类二等奖的由《安徽日报》选送的作品《英魂长存山水间》，报道的是两位舍己救人英雄曹军和卢帅的英雄事迹。2009年8月17日下午，在宁国市中溪镇凤凰村朱家坝，为抢救一名落水少年，35岁的公安派出所副所长曹军和20岁的安徽涉外经济学院大二学生卢帅献出了宝贵的生命。8月21日，记者顶着酷暑，深入事发现场进行了长达两天的采访，在和曹军、卢帅生前亲友、同事和同学的接触中，两位英雄平凡而高大的形象深深打动了记者。饱含着对英雄的敬仰之情，记者以扎实的第一手材料、生动的语言和满腔的深情，写出了这一长篇通讯。在这篇2 000多字的文章中，记者通过对现场的还原和描述，以及英雄遇难后群众的反应，全景式书写了两位英雄的不凡壮举和崇高境界，成为全国省级以上报刊报道曹军、卢帅英雄事迹的第一篇长篇通讯。

获得消息类二等奖的由《拂晓报》选送的作品《成功迫降歼十战斗机　灵璧籍飞行员李峰获金质奖章》，报道的是空军航空兵某团副团长、特级飞行员、宿州籍"歼十"英雄李峰成功处理国产新型战机空中发动机停车故障并且安全返航，获得空军金质奖章的消息。

五、加强新闻舆论监督

实施新闻舆论监督是党和人民赋予新闻媒体和新闻记者的一项重要职责。多年来的新闻实践表明，新闻媒体开展正确的舆论监督，不仅能够帮助党和政府改进工作，推动党风廉政建设和社会风气的好转，而且还是新闻媒体增强自身权威性和吸引力的一条重要途径。它已经与典型宣传、热点引导一起成为做好新闻宣传工作、提高新闻宣传水平、增强新闻宣传效果的"三大工程"。①针对党和政府重视、群众反映强烈的问题，我省新闻媒体着力依法监督、准确监督和科学监督，用好党和人民赋予的"话语权"；针对一宗宗人民群众反映强烈的事件，新

① 沈正赋：《解读传媒——传媒生态与新闻生态研究》，西南师范大学出版社2006年版，第47页。

闻媒体主动出击，敢于“亮剑”，用确凿的事实和理性的思考，为民代言，为民排忧解难。

《新安晚报》选送的作品《市民三问“交通龙卡”》获得通讯类一等奖。交通部门即将推出交通龙卡，这是一条各家媒体均刊发过的新闻报道。在众多家媒体仍在沉默与思考时，《新安晚报》记者率先捕捉到隐藏在这一线索背后的新闻价值，打破沉默，首发质疑的声音。在该报质疑下，相关部门紧急召开新闻发布会进行解释。全国和省内外众多媒体纷纷跟述、连续报道，一时间形成巨大的舆论攻势，致使相关部门叫停了这一“新举”。此稿的价值在于，代表公众发出声音并推动了民主决策，维护了近200万驾驶人的合法权益。此报道体现了主流媒体的责任感和引导力，更彰显了新闻舆论监督的力量。

获得通讯类一等奖的由《安徽日报》(农村版)选送的作品《抗旱机具补贴“走了样”》，真实生动地再现了皖北特旱时期农民买抗旱机具遭遇的种种尴尬。《安徽商报》选送的作品《“豪华”经适房难卖　邀上市公司“团购”》获通讯类一等奖；《亳州晚报》选送的作品《有楼有车缘何成了低保户》获得系列·组合类一等奖。属于舆论监督类获得二等奖的新闻作品还有：《安徽日报》选送的通讯《治住这只“吃地老虎”》、《新安晚报》选送的系列·组合作品《疯狂渣土车“撞痛”合肥》、《蚌埠日报》选送的言论《尚主席，先取消“五块钱”如何？》、《芜湖日报》选送的通讯《一个人的“失态”让一座城市“失分”》等。

当然，2009年度安徽新闻奖(报刊类)参评的新闻作品中也还存在一些不足之处，主要表现在以下几个方面：

一是体裁形态不标准，尤其是消息和通讯分不清。一般来说，消息必须有导语，导语要突出最有新闻价值的要素，但本次有个别参评消息的开头像导语，更像是通讯的开头，并且加了“本报讯”作为消息头。比如《池州日报》选送的《万余五保老人乐享“夕阳红”工程》和《安庆晚报》选送的《没人敢报警，我们也不怕报警》等消息的导语不规范，从形式上看更像是通讯。另外，消息写作中一般不宜采用第一人称手法，而《滁州日报·皖东晨刊》选送的《大学生猪倌张振国“年薪”20万》、《颍州晚报》选送的《数百名皖北抗日英烈家在何方》和《芜湖日报》选送的《记者亲历：芜湖市区大医院看一次感冒只花3元钱》中均使用了“我”和“我们”第一人称的写法，有些欠妥。此外，有的消息中议论过多，有损于新闻的客观性。

二是语意表述不当，违背常理，造成歧义现象。比如《拂晓报》选送的言论《年轻干部就要像沈浩那样做人做事》，从逻辑学上来看，这个标题经不起推敲，难道中年干部就不要向沈浩学习了吗？应该在标题中把“就”改“更”字。按理说，《新安晚报》选送的消息《普通农民参加市委会议》是篇很有新闻价值的作品，但可惜的是，它的开篇首句“没想到今天来了这么多领导！”就让此文错失了获奖的机会。试想，此位农民是应邀走进市委大院参加铜陵市委八届十二次全委会的，而这里正是各位市领导办公和开会的场所，怎能“没想到”呢？

三是采访环节缺失，新闻的完整性和客观性受到影响。比如《滁州日报》选送的消息《东后街孤老享用免费午餐》，报道的是辖区爱心企业家为9名孤寡老人午餐“买单”，但文中没有采访任何一个爱心企业家。《合肥晚报》选送的消息《蜀山法院涉嫌侵犯公民名誉权今成被告》，从副标题和全文来看，记者只采访了原告和律师，却没有采访被告，显然有失公允，报道缺乏平衡性。

（原载《安徽新闻界》2010年第1、2期合刊）

见证经济社会科学发展　营造兴皖富民舆论氛围

——2010年度安徽新闻奖(报刊类)获奖作品综述

安徽新闻奖是安徽省新闻界的最高奖项，每年一次的评选活动是对全省新闻宣传工作成果的全面检阅。2010年度安徽新闻奖（报刊类）参评作品共计264件，其中消息类99件、通讯类（含系列·组合报道、来信和超长作品）140件、言论类25件。本届安徽新闻奖（报刊类）评委会，根据《安徽新闻奖评选办法》的规定，本着公平、公正、公开的原则，共有162件作品分别获得特别奖和一等奖、二等奖、三等奖，其中特别奖2件、一等奖32件、二等奖56件、三等奖72件。从总体上看，本届获奖作品主题重大，导向鲜明，题材新颖，内容丰富，影响广泛，鲜明地见证了我省在过去的一年里经济社会发展的可喜变化，充分反映了2010年我省新闻宣传工作者围绕省委、省政府工作大局，坚持正确舆论导向，坚持"三贴近"原则，为营造科学发展、兴皖富民的浓厚舆论氛围做出了突出贡献。

一、主题重大　导向鲜明

今天的新闻，明天的历史。2010年，在安徽的大地上发生了许多重大的新闻事件，它们注定会被记入安徽历史史册。比如，温家宝总理视察淮河、安徽文化强省战略的部署和推进、皖江城市带承接产业转移示范区的设立以及全国全省重大宣传典型王坤友等。我省各级各类新闻媒体纷纷将关注的目光聚焦到这些重大社会事件上，真实而生动地报道了安徽在经济社会领域所发生的巨大变化，涌现出堪称“安徽骄傲”的一大批杰出先进人物和优秀代表。

1951年毛泽东同志发出“一定要把淮河修好”的指示。如今50多年过去了，淮河，这条安徽人民的母亲河，肆虐的洪水依然威胁着下游人民群众的生产生命安全，每年当洪水即将来临的时候，党中央、国务院都十分关心和牵挂着蓄洪区人民群众的安危冷暖。2010年7月24日，就在沿淮群众全力以赴投入防汛抗洪之际，中共中央政治局常委、国务院总理温家宝来到阜南县王家坝检查指导防汛抗洪工作。《阜阳日报》记者在接到温总理活动的采访任务后，立即着手搜集温家宝历次到王家坝视察的有关历史资料，确定了本次采访报道方案。采访中，记者时刻保持高度的新闻敏感性，注意发现新闻事件现场中感人的细节。写作时，记者精心提炼新闻主题，仔细选择报道角度，几经修改后成稿《和沿淮人民心连心——温家宝总理在阜检查指导淮河防汛工作纪实》，此篇报道主题重大，导向鲜明，获得通讯类一等奖。

文化体制改革和文化产业发展均属于安徽文化强省战略的重要内容。中央要求2010年上半年全国基本完成文化体制改革任务。时间紧，任务重，责任大。在文化体制改革进入决战决胜的关键阶段，《安徽日报》适时推出文化体制改革系列评论。获得本次新闻奖言论类一等奖的《吹响文化体制改革的决战号角》即为其中的第一篇。该文一针见血地指出了有些地方、一些同志存在认识上的不足和行动上的迟缓，要求全省人民敢于攻坚克难，勇于探索，善于创新，在新的起点上进一步提升水平，在已有的良好基础上全面提速，以思想的新解放推动改革的新突破，以改革的新突破推动发展的新跨越。文章有力度，见气势，为深化文化体制改革营造鼓励和推动的舆论氛围。

在转变经济发展方式，调整经济结构过程中，文化产业的作用和地位日益凸显。继国务院颁布《文化产业振兴规划》之后，党的十七届五中全会又明确提出要推动文化产业成为国民经济支柱性产业。那么，文化产业在转变经济发展方式中究竟扮演什么样的角色？《安徽日报》记者带着这个问题深入一线，扎实采访，详细了解宏观政策、新兴业态发展，以及市民每月文化消费支出等情况，深入探究海内外资本青睐文化产业的原因。在此基础上，记者认真思考，精心推敲，运用权威翔实的数据和典型生动的案例，展示了我省加快文化产业发展、打造经济增长“新引擎”的创新和建树。这篇以“经济转型的‘文化引擎’”为题的报道获得通讯类一等奖。

在产业升级、结构调整的压力下，地处中部的芜湖审时度势，将目标锁定文化创意产业，直接参与产业高端竞争，形成今天在国内动漫产业异军突起的“芜湖方阵”，创造了有别于其他城市的“芜湖模式”。《芜湖日报》记者从芜湖探索发展动漫产业的创意入手，结合芜湖文化创意产业发展和转变经济发展方式的实践，超前策划，深入调研，据此采写的述评《芜湖造　中国心　东方魂》捧得本次新闻奖特别奖。文章从理论和实践相结合的角度进行深层次的述评，提出动漫产业和文化创意产业的自主创新，既包括科技创新，更蕴含了文化创新内涵的观点，得出了“立足自主创新，给动漫产品赋予中国文化价值，让动漫形象体现中国思维和东方神韵，树立民族动漫产业的核心价值观”的结论。文章论据翔实，分析透彻，具有较强的思想性和指导性。

2010年1月，国务院正式批复了《皖江城市带承接产业转移示范区规划》，这是我国第一个为促进中西部地区承接东部沿海地区和国外产业转移而制订的规划，也是安徽第一个被上升到国家层面的战略规划。为此，《新安晚报》紧紧抓住这一难得的历史机遇和重大新闻事件，经过精心策划，安排多路记者，北上北京、天津，东进上海、江苏，西征江西、湖南，南下福建等地，并深入皖江十市，对他们的行动、思路等进行全方位的展现和透视，从3月30日～4月2日连续4天用了64个版16万字的篇幅，分“平沙落雁”篇、“高山流水”篇、“渔樵问答”篇、“十面埋伏”篇等，推出了系列报道《大江唱皖：皖江示范区元年纪事》。这里既有对宏观战略的解读，又有对外地经验的分享，还有对皖江城市带十市发展优势的集中展示。整组策划报道创意新颖，视野开阔，内涵丰富，读后令人开阔眼界，拓展思路。此篇系列报道获得通讯类一等奖。

《巢湖日报》选送的长篇人物通讯《信仰，让生命绽放异彩——记无为县蜀山镇新安村党总支书记王坤友》获得特别奖。王坤友是2010年全国、全省重大宣传典型，是全国、全省“创先争优”活动中涌现出来的先进典型，堪称新时期村党支部书记的优秀代表，被誉为沈浩式的基层干部。为了报道这一重大典型，该报记者到新安村驻村采访一个星期，采取随同王坤友工作，走村串户采访村民等方式，掌握了大量鲜活细腻感人的新闻事实。此稿曾先后经过了17轮修改，在2010年7月1日党的生日这天，以头版头条形式并配合《中共巢湖市委关于开展向王坤友同志学习活动的通知》和本报评论员文章《有一种执著叫信仰》在该报隆重推出。此通讯报道了王坤友为基层群众工作40多年，始终保持乐观坚定，任劳任怨，默默奉献，特别是在身患肝癌的情况下，依然以微笑面对人生，面对群众，面对事业，教育广大党员干部要永远恪守一个共产党员的不变信仰，永远保持对党的忠诚，对群众的感情，对事业的激情，无愧于党，无愧于人民。

二、题材新颖　内涵丰富

在本次获奖的作品中，从题材上来看，涉及面比较广，反映了社会生活的方方面面。如果从新闻价值和采写水平上来衡量的话，则主要体现在和谐社会建设、各项制度改革尤其是医药制度改革、社会问题透视等重要民生新闻方面。

在当今时代，建设和谐社会是永恒的话题，其所包含的内容是十分丰富和广泛的，它包括人与人之间的和谐、人与社会之间的和谐、人与自然之间的和谐等。刑满释放人员如何正常回归社会，如何实现二次就业，避免再次因生活无着落而重新犯罪，一直是政府相关部门积极探索的问题。《淮北日报》选送的《我市民企“高墙”内招员工　白湖监狱69名服刑人员签订就业协议》获得消息类一等奖。2010年5月底，该报记者在淮北市司法局进行采访时，无意间听到司法局正组织淮北市15家民营企业到白湖监狱开展招聘活动。企业招聘是常有之事，可到监狱去招聘即将刑满释放的服刑人员，这不仅在淮北市是首次，在全省也是率先之举。记者意识到这是一条好线索，便立即与相关领导联系，进行采访报道。该稿紧紧抓住司法部门为服刑人员回归社会搭建就业平台这一新鲜事件，彰显出政府高度关注民生、关注特殊群体就业、构建和谐社会的积极作为，坚持了正确的舆论导向，弘扬了社会主义主旋律。字里行间充满了人性的光辉，向社会传递出一股暖流。

《安徽日报》（农村版）选送的《出身农门事业有成，不忘扶助贫困乡亲　含山16名同乡“抱团”行善》获得消息类一等奖。该文报道了含山县16名乐善好施的同乡，自发组建“福山爱心社”，用最朴素的心愿做成一项了不起的事业——草根慈善，帮助那些因贫困而需要帮助的乡亲们。这群从农村走出来的“精英”，正用他们力所能及的能力擎起一片关爱的天空。该报编辑从通讯员一篇200字的来稿中，敏锐地捕捉到这一藏在小故事背后的大价值。记者于春节期间深入农家实地采访，起初写成2 000余字的通讯，经与编辑沟通，又决定改写成760字的消息。文章四易其稿后于3月12日头版头条发表。该文对同乡之间“抱团”行善的生动表述，传神地表达了“草根慈善”的温情和力量。

《池州日报》选送的作品《从“非法捕捞”到“生态养殖”　石台20位农民参与秋浦河生态系统修复》获得消息类二等奖。经济发展不能以牺牲环境为代价，农民增收同样不能以牺牲环境为代价，尤其像石台县这样的国家生态功能区更是如此。基于此，新闻媒体对石台县的河流生态环境保护尤为关注。2010年3月底，该报记者在石台县采访时无意中获得一条线索：该县矶滩乡的20位农民一改过去非法捕捞破坏生态环境的做法，在秋浦河上搞起生态养殖，主动参与到秋浦河的生态修复工作中，巧妙地解决了增加收入与生态保护之间的矛盾。于是记者立即奔赴矶滩乡，通过对这20位农民的面对面采访，探索他们主动参与河流生态系统修复的“标本”意义和示范价值。

众所皆知，医药卫生体制改革（以下简称“医改”）一直是社会关注的热点和焦点问题。作为试点省份的安徽，其医改一直走在全国前列，所创造的经验值得媒体报道和对外推广。《安徽工人日报》选送的《阜南农民工东莞看病就地报销》和《安庆日报》选送的《岳西老百姓看病“不差钱”》两篇消息均获得消息类一等奖。当前，我国农村普遍实施的“新农合”（新型农村合作医疗）属于县级统筹，一旦在省外生病住院将遭遇报销的“瓶颈”。而能否及时、足额地领取报销费用，将直接影响农民对“新农合”制度的认同和参与程度。阜南县推行的新农合“省外就医即时结报制”，方便外出民工在异地看病，激发了以前担心异地看病报销难的农民工参加新农合的积极性。这对于外出农民来说，无疑是一件大好事，自然受到老百姓的欢迎和拥护。《安徽工人日报》的报道，及时抓住了这样一个新闻价值含量巨大的新闻题材，贴近数以亿计的农民阶层，主题鲜明，意义深远，是一篇颇具分量的民生新闻。

2010年1月1日起，岳西县作为全省医改试点县，率先实行了药品零差率销售。《安庆日报》记者在岳西县医改试点工作开展2个月之后，深入到乡镇卫生院一线进行实地采访。作品以岳西县莲云乡长生村牌坊组村民胡佳乐带孩子看病为切入点，以小见大，以点带面，以现场所见所闻为依据，详细报道了该县医改的开展情况，通过药价前后比较证明医改给老百姓带来了真正的实惠。

社会问题透视与分析是本次获奖作品中比较突出的一大亮点。这些作品可以归类为深度报道之列。其中的代表作品主要有：《安徽青年报》选送的消息《技术不断突破，制造企业寥寥　我省机器人产业成“跛腿”》、《安徽法制报》选送的通讯《有多少亡人还“活”在户籍簿里》、《皖江晚报》选送的通讯《宣纸制作技艺被浙江申遗?》、《皖西日报》选送的通讯《“格田成方”隔断农田“生命线”?》、《安庆日报》选送的通讯《黄梅戏之乡为何难看黄梅大戏》等，均获得所属类别的一等奖，《马鞍山日报》选送的来信《村民买药难，症结何在?》获得通讯类二等奖。由于篇幅所限，这里仅以《安徽青年报》的获奖作品为例来分析新闻媒体对社会问题的关注与透视。该稿以全国机器人大赛中我省研制的机器人打破记录为由头，却没有简单地停留在报道赛事本身上，而是在我省机器人研发科技发展迅猛、硕果累累的表象中，敏锐地发现了本土制造企业的缺乏、科技成果转换率低下等尴尬而真实的现状。科研专家在畅谈机器人科技美好未来的同时，发出“没有本土研发制造企业合作”的感叹，读后令人遗憾又发人深省。科技先进却转换无门，“跛腿”产业的比喻精炼而形象。

三、舆论监督　激浊扬清

一般来说，新闻舆论监督就是指媒体的批评报道。新闻媒体通过对社会负面新闻或社会阴暗面进行曝光，以达到祛邪扶正、鞭挞落后、弘扬正气、激浊扬清的目的。社会如果缺乏有效的舆论监督机制将难以保证其在健康的轨道上运行。尤其是我国现阶段尚处于社会转型期，新闻舆论监督的作用就更显得弥足珍贵，不可或缺。

在本次获奖作品中，《安徽商报》选送的通讯《啥坏事没干，却“被”判无期徒刑》、《新安晚报》选送的通讯《节能任务重重重　居民用电断断断》、《颍州晚报》选送的消息《老河湾只捞四条鱼》，以及《安徽商报》选送的言论《以生命之名，向“三大车”宣战》等均获得一等奖。2010年4月8日，阜阳市颍上县谢桥镇高庄村民郑冠群，天天在家上班，没招谁没惹谁，却被远在千里之外的广州市中级人民法院判处为无期徒刑，罪名是贩卖毒品，非法制造、买卖枪支和弹药。《安徽商报》记者在接到线索后第一时间赶往颍上县郑冠群家中，了解事情经过，并采访当地派出所求证事件的真相。第二天，记者奔赴广州向广州中院通报此事，这引起法院的高度重视。由于假冒郑冠群的毒贩犯的是涉枪涉毒大案，真正的犯罪分子也是主犯，却蒙混过关，令人深思。记者随后采访了广州公安局、检察院和法院等单位，顶住了相关部门的压力，连续8天进行跟踪报道，要求澄清事实真相，尽快为无辜者洗冤。在强大的舆论监督下，广州警方最终查清了毒贩的真实身份，并向当事人郑冠群赔礼道歉。此篇调查报道体现了媒体的社会责任担当，获得了良好的舆论传播效果。

2010年，节能减排是大事，理应支持。但少数地方为完成任务竟然不顾百姓利益。10月21日，《新安晚报》记者接到读者反映，全椒县为完成节能减排任务竟限制居民生活用电，公然违背国家相关政策。经核实后，记者赶赴当地开展调查，先后深入四个居民区采访了10多位居民，了解限电给居民生活带来的影响。随后到供电部门采访，最后也采访了负责实施此次限电的县经委负责人。此报道就是对全椒县在节能减排冲刺年的大背景下侵犯民生利益的做法进行的客观报道，是一篇关注社会热点、维护民生利益的监督稿件。它引起了广泛关注，最终促成问题的有效解决。

2010年一月份，合肥“三车”夺命事件屡屡发生，接连3天，5辆车致死11人。《安徽商报》接连数日对“三车”乱象进行了大篇幅的集中曝光，但“三车”之害似乎很难遏制。作者身为报社的编辑，每天与从事故现场赶回的记者交流时，都能感受到他们的震惊、愤怒和无奈。于是有感而发，短短的数小时内一气呵成，写成了这篇文章《以生命之名，向“三大车”宣战》。这篇时评写作的成功之处在于：一是结构新颖，一改时评由头平铺直叙的特点，而是以祭奠惨死在三大车下的鲜活生命开头和结尾，使用充满力量与深情的语言，带给读者强烈的情感冲击。二是观点鲜明，透彻地分析了“追逐超额利润”是三车为祸的深层原因，进而明确亮出观点，并且提出了具体的整治之策。此文与其说是一篇不可多得的时评佳作，不如说是一篇战斗檄文，很有鼓动性和战斗力。

当然，本次新闻奖参赛作品中也还存在一些问题，致使一些原本可能获奖的作品被遗憾地淘汰出局，或者是被降低获奖等级。这些问题主要表现在以下几个方面：

一是消息没有讯头。讯头一般是消息的标志，可是有些参赛消息却没有署讯头。如《新安晚报》选送的两篇消息《十八驴友雨夜黄山迷途》和《合肥获准建轨道交通》，以及《合肥晚报》选送的消息《建个治污泵站一拖拖了几年》虽然都属于新闻价值较高的新闻，但就因为没有讯头而被排斥在评奖之外。

二是语言表达欠准确。新闻语言表达要力求准确第一，生动第二。《宣城日报》选送的《“家庭农场”遍布郎川大地》中的“遍布”一词，《巢湖日报》选送的《一次休息时间成就“五市峰会”》中的“成就”一词，均显得过于夸张。《市场星报》选送的《“带不走的故宫”交给安徽造》题意相反，应该是把“带走的故宫”交给安徽造。

三是标题类型与体裁不吻合。消息、通讯、言论在标题上是有较为明显的区别的，可是少数参评作品的标题却张冠李戴，混淆了彼此之间的区别，使得体裁不明确。比如《安徽法制报》选送的消息《法规草案、意见征集为何频现零参与》，从标题上看更像是通讯。《江淮》杂志社选送的言论《聚焦皖江城市带承接产业转移示范区》，标题更像栏目名称，而非言论标题。一般而言，言论标题应直接亮明观点，使用的是判断句式，而不是陈述句式。

四是标题中出现错别字。经过层层选拔和推荐的参评作品不应有错别字这样的硬伤存在，尤其是标题上不能有错别字。《滁州日报·皖东晨刊》选送的《你恶意欠薪我砸你饭碗》中的二级小标题“有21种行为将但责”中的“但责”应为“担责”。

五是作品字数明显过多、篇幅超长。《安徽新闻奖评选办法》中明确规定参评作品的字数，消息和言论字数一般不得超过1 000字，通讯字数一般不得超过4 000字。可这次参评作品中有一些作品明显超过规定的字数标准。比如《安徽日报》选送的消息《40条政策力推皖江示范区建设》和《马钢日报》选送的消息《马钢鼎泰“第二次握手”》，尽管选题重大，但因为字数均超过1 000字而与本次新闻奖失之交臂。

（原载《安徽新闻界》2011年第2、3期合刊）

为实施“三个强省”战略建设美好安徽提供舆论支持

——2011年度安徽新闻奖（报刊类）获奖作品述评

2011年度安徽新闻奖的评选目的，旨在全面检阅全省新闻宣传工作年度业绩，展示新闻战线“三项学习教育”和“走基层、转作风、改文风”活动成果，发挥优秀作品的示范引导和激励作用，推动各级新闻媒体和广大新闻工作者坚持正确舆论导向，落实“三贴近”原则，不断提高新闻宣传水平，多出精品，多出人才，为实施“三个强省”（即经济强省、文化强省、生态强省）战略、建设美好安徽提供强大的舆论支持。

2011年度安徽新闻奖（报刊类）参评作品共计245件（不含超长作品和中央驻皖媒体参评作品），其中消息类84件，占总数的35%；通讯类（含系列·组合报道和来信）143件，占总数的58%；言论类18件，占总数的7%。本届安徽新闻奖（报刊类）评委会，根据《安徽新闻奖评选办法》的规定，最终评选出特别奖2件、一等奖32件、二等奖57件、三等奖72件。从此次获奖作品的报道内容上来分析，笔者认为主要表现在以下几个方面：

一、建党90周年主题报道浓墨重彩

2011年恰逢中国共产党成立90周年，为隆重纪念这一活动，我省各级各类新闻媒体政治敏锐力高，新闻敏感强，反应迅速，精心策划并推出的一系列相关报道，主题厚重，立意高远，新闻价值大，传播效果好，社会反响强烈。

在建党90周年前夕，以《安徽日报》为代表的省内主流媒体纷纷开辟“党旗耀江淮”“江淮先锋”等专栏，重点报道我省活跃在基层一线的广大党员干部，深入开展创先争优活动，一心一意为群众办实事、做好事、解难事。《安徽日报》选送的通讯《一切为了人民群众——全省党员干部深入走基层、访民情、办实事纪实》获得此次安徽新闻奖特别奖。该报道多角度浓墨重彩地展现全省各级党员干部深入基层、倾心尽力为民办实事、解忧难的全景。上到省领导带头深入联系点开展调研、帮扶活动，下到基层普通党员履行承诺，为身边群众分忧解难，此举不仅锤炼了党员干部的党性，而且提升了党组织和党员干部在群众心目中的权威性、信任度和荣誉感。“走基层，访民情”是全省去年以来坚持开展的一项重大活动，本文以此为题材，在建党90周年纪念日前一天即6月30日刊出，意义重大，效果不同凡响。此报道受到中宣部《新闻阅评》肯定，获当年度全省“宣传安徽好新闻奖特等奖”。

类似的稿件还有：《淮北晨刊》选送的、获得消息类二等奖的作品《虚拟的空间真实的交流　天南地北共有一个安定的家　我市网络党支部“网”住流动党员心》，以及《安徽日报》选送的、获得通讯类二等奖的作品《暴雨中，挺起坚强脊梁——记抗洪抢险中的基层共产党员》等。

二、“走转改”活动效果显著精品迭出

从2011年8月份开始，中宣部、中央外宣办、国家广电总局、新闻出版总署、中国记协等五部门联合倡导新闻战线开展“走基层、转作风、改文风”活动。我省各级各类新闻媒体纷纷响应，上到社长、台长、总编辑，下到普通记者、编辑，深入到基层一线进行蹲点采访，体验生活，真正做到深入群众“接地气”，走入基层“抓活鱼”，并且在媒体的显著位置开辟专栏，推出一大批散发着泥土气息和新闻芬芳的优秀作品。为此，省记协在《关于开展2011年度安徽新闻奖评选工作的通知》中专门要求各新闻单位，注意把握导向，着力把在“走转改”活动中涌现的精品佳作推荐出来。

马鞍山日报社“走基层、转作风、改文风”基层蹲点活动于2011年9月底全面启动，先后派出多批记者分赴乡镇社区、车间厂矿等基层联系点进行为期一周的蹲点采访。记者们与采访对象同吃同住同劳动，全面真实地记录基层干部群众在贯彻落实马鞍山市第八次党代会精神、推动科学发展实践中的精神面貌和生动事例。由该报选送、获得通讯类一等奖的作品《让党员成为引领矿工前行的

"灯塔"——与姑山矿地下百米深处矿工们的对话》,就是该报52岁的女记者从姑山矿发回的第一篇蹲点报道。10月18日,记者抵达矿山第一天的傍晚五点半,便在当晚带班下井的副矿长和采矿车间主任的陪同下,头戴安全帽,身穿防水加长工作服,脚穿长筒胶靴,脖挂手电筒,下井到地下200米处实地采访,直至晚上八点半出井。下井3个小时期间,除了乘坐上下井罐车外,在井下步行两个半小时进行采访。"脚下沾有多少泥土,心中就沉淀多少真情。"这是记者在姑山矿实地采访后获得的真情实感。

类似的稿件还有:《江淮》杂志社选送的、获得通讯类一等奖的作品《小巷书记的一天》,《安徽日报》(农村版)选送的、获得消息类一等奖的作品《芜湖167位失地农民合伙办公司》等。

三、积极响应各项社会体制改革

2011年度的社会体制改革主要包括文化体制改革、户籍制度改革、医药卫生体制改革和社会管理体制改革等,都开展得如火如荼,成效显著。党的十七届六中全会提出深化文化体制改革、推动社会主义文化大发展大繁荣。我省各级各类新闻媒体积极响应这一号召,立足安徽现实,深入挖掘江淮大地上的文化元素,彰显安徽悠久灿烂的历史与文化特色。

众所周知,形成于1955年的现行户籍制度,是按"农业户口"和"非农业户口"划分管理的二元管理体制。但是,随着社会主义市场经济的建立与完善,这种户籍管理办法的弊端开始显现。从2011年11月23日起,铜陵市在我省率先取消"农业户口"和"非农业户口"性质的划分,统一登记为"居民户口",进一步缩小城乡差距,推进城乡一体化进程,逐步实现城乡居民平等享受各项基本公共服务和社会保障。此举意味着延续了50多年的二元户籍将逐步消解。《新安晚报》记者敏锐地捕捉到这一新闻线索后,进行了认真的准备,展开了细致的采访,经过多轮修改,最终成文《铜陵正式取消"二元户籍"》,独家见证了安徽的又一次重大改革。此文在本次评奖中获得消息类一等奖。在这篇600多字的消息里,记者尽可能地融入了更多的内容,从历史到现状,从具体措施到未来趋向,详细地介绍了这一改革创新之兴。

类似的稿件还有:《安徽日报》选送、获得通讯类二等奖的作品《文化皖军海外拓版图》,《芜湖日报》选送的、获得通讯类一等奖的作品《医药分开"芜湖模式"探路"二次改革"》,以及《淮南日报》选送的、获得通讯类二等奖的作品《"连岗模式”:新形势下社会管理的崭新答卷》等。

四、和谐社会构建成为报道领域的“常青树”

构建社会主义和谐社会有着重要的理论意义和现实意义,是新闻媒体关注和报道的重要领域,也是近几年来我省各级各类新闻奖“锁定”的重要题材之一。

《池州日报》选送的、获得消息类一等奖的作品《农民只种不收　鸟儿自由取食　升金湖保护区为越冬珍禽办“食堂”》,也是一篇“记者走基层”的好稿件。近年来,长江中下游重要湿地如鄱阳湖等区域越冬候鸟大量减少,而升金湖区域却不降反升,这一反差现象引起了记者的关注。结合“记者走基层”活动,记者两度深入升金湖区域,采访保护区管理局、沿湖乡村和当地群众,掌握了当地干群爱鸟护鸟的大量素材。在写作过程中,记者运用鲜活故事的叙述、动人场景的描写,以及大量来自民间的语言,使得稿件的故事性和可读性大大增强。人类为鸟儿办“食堂”,将人与自然和谐相处演绎到极致,营造了一个人与鸟相亲、童话般的美好家园,这一创新之举系全国首创。

类似的稿件还有:《安庆日报》选送的、获得通讯类二等奖的作品《山包新村演绎现代“六尺巷”》,《淮南日报》选送的、获得通讯类一等奖的作品《“老娘舅”调出一片和谐天》等。

五、“三农”问题始终成为媒体关注的焦点

安徽是个农业大省,历次的农业改革又往往从我省开始试点,然后推广到全国农村。安徽媒体的涉农报道一直走在全国前列。

由《滁州日报》选送的、获得系列·组合报道一等奖的作品《伸出你的热情双手　快帮农民兄弟一把》,就是党报记者关注“三农”问题并帮助农民解决实际困难的真实体现。2011年11月初,记者在下基层采访时发现,明光市泊岗乡上千亩的萝卜积压在地头。望着农民兄弟焦虑的神色,记者决定肩负起媒体人应有的社会责任,帮助农民兄弟一把。11月18日,该报在头版头条位置刊发此文,希望社会各界尽可能伸出援助之手。随后又开设“爱心萝卜大购买跟踪报道”专栏,从不同角度连续报道,得到广大市民的热烈响应,各地不断掀起购买爱心萝卜的高潮。为了进一步帮助农民销售萝卜,记者又三下泊岗农村,深入田间地头和义卖现场捕捉最鲜活的新闻素材。在媒体的呼吁和社会各界的支持下,积压的1 500多万斤萝卜一个多月就销售完毕。滁州市委主要领导高度评价道,这次活

动真正体现了主流媒体的社会责任，是对“三农”工作的有力支持。

类似的稿件还有：《安徽日报》选送的、获得通讯类一等奖的作品《“争抢用工”能否让农民工走进“春天里”》，《芜湖日报》选送的、获得消息类二等奖的作品《“留守娃”有了“心灵吧” 我市设立全省首个留守儿童心理辅导中心》等。

六、典型人物宣传呈现多元化报道格局

典型人物一般是指各行各业涌现出来的先进人物、模范人物、优秀人物的代表。2011年度我省各家新闻媒体选送的人物报道除了上述类型外，还有类似于“小人物”即普通人物的报道，呈现出多元化的报道格局，丰富了人物报道的内涵，给人一种耳目一新的感觉。

《皖西日报》选送的、获得通讯类特别奖的作品《“扶贫政委”——赵克信（上）》，记述了金寨县人武部政委赵克信献身老区扶贫、真诚奉献的先进事迹。赵克信同志的先进事迹在2011年7月2日《国内动态清样》刊发后，中央军委、总政治部领导和省、市领导先后作出重要批示，充分肯定了他的先进事迹，认为很感人，是新时期践行人民军队宗旨的典型代表，应大力宣传。7月20日，受报社的委派，记者前往金寨县人武部采访，当听完人武部部长对赵克信的事迹介绍后，记者第一次感动得流泪了；来到扶贫点铁冲乡采访，看到男女老少围着赵克信，尤其是看到一位80多岁的大娘把平时省吃的土鸡蛋送给赵政委的感人场面，目睹此情此景，记者第二次流泪了；在采访返程的路上，了解到赵克信家庭还存在令人难以想象的困难时，记者禁不住流下了第三次泪水。记者几乎是和着墨水和泪水在感动中完成对赵克信采访的，几乎又是一气呵成完成这篇近4 000字的通讯，在该报7月28日头版头条刊出。该作品是全国媒体最早报道赵克信先进事迹的长篇通讯。

还有一些普通的“小人物”，他们的行为虽然不是惊天动地的壮举，但是发挥了一个社会个体的独特价值和作用，这种责任担当不是社会赋予的，而是个人凭着思想境界和道德情操选择的一种理性行为，他们受到了来自社会各界的普遍尊重和赞誉。比如，《阜阳日报》选送的、获得通讯类一等奖的作品《农民的“老喇叭”李坤池》，《新安晚报》选送的、获得通讯类一等奖的作品《两人为亡兄 扛下百万债》。《皖江晚报》选送的获得系列·组合报道一等奖的作品《马鞍山女孩孝感天下》等。

从本次安徽新闻奖（报刊类）参赛作品的内容和形式来看，还存在这样一些

问题。

一是个别媒体选送的作品擅自采用网络、微博上未经核实的信息。网络新媒体由于把关不严，信息的真假难以甄别，传统媒体不能未到新闻发生现场实行“隔空”采访，贸然采信。

二是一些媒体为了提升参赛作品的新闻价值，未经调查和核实，使用全省或全国“首家”“第一个”“首例”“首次”等概念，而大多数是与事实不符。

三是个别媒体混淆了“编者按”和“编后语”两者之间的区别。按惯例，“编者按”应当放在新闻的开头部分，“编后语”则应放在新闻的结尾处，位置有所不同，作用也有差异。

四是消息标题、通讯标题和言论标题混为一谈，相互难以区分，进而影响读者的阅读和判断。

五是有些稿件的内容经不起仔细和认真的推敲，表面上看，是在表扬个体、小群体的模范行为，实则是在间接批评或暗讽当地政府或有关部门的不作为，在舆论导向上存在偏差现象。

（原载《皖江传媒》2012年第3期）

呈现江淮大地发展新貌　营造改革创新舆论氛围

——2013年度安徽新闻奖(报刊类)获奖作品述评

回首2013年，我们发现，无论是进一步深化经济领域、文化领域、社会领域改革，还是弘扬社会主义核心价值观，安徽人始终牢记自己的使命，勇于创新，敢于担当，在各条战线上取得了不平凡的业绩和辉煌的成就。作为历史的忠实记录者，我省各级各类新闻媒体积极跟进，及时捕捉并大力弘扬安徽人自强不息、追求卓越的首创精神，充分发挥正确舆论的引导作用，为安徽的经济建设和社会发展提供了强大的精神支持和不竭的动力源泉。

正是在这一年，我省新闻媒体广大从业人员通过“走转改”活动，走出办公大楼，走向基层一线，把关注的焦点聚集在各行各业干部群众的干事创业上，把深情的目光投射到江淮大地、城乡社区广大干部群众的创先争优上；通过各种平台、载体播发了数以万计的新闻报道稿件。此举生动地反映了我省广大新闻工作者践行党的群众路线、弘扬时代主旋律、传播社会正能量的可贵品质和职业风貌。

一年一度的安徽新闻奖的评比和表彰，就是对我省新闻媒体及其从业人员一年来的新闻报道工作进行全面检阅和重点审视，目的是进一步激励他们为安徽新闻事业再立新功，为美好安徽的建设和发展营造更加良好的舆论氛围。

2013年安徽新闻奖(报刊类)参评作品共计235件(不含超长作品)，其中消息类85件，占总数的36%；言论类28件，占总数的12%；通讯和深度报道类(含系列组合报道)122件，占总数的52%。根据《安徽新闻奖评选办法》规定，2013年度安徽新闻奖(报刊类)最终评出,特别奖2件,一等奖32件,二等奖56件,三等奖72件。这里着重就获得一等奖和特别奖的作品进行简要分析,其报道主题和内容主要体现在以下几个方面:

一、聚焦“三农”,关心农民的切身利益

近些年来,随着经济社会的蓬勃发展和生产方式的不断变迁,中国的农村已经发生了深刻的变革,农业结构已经发生了剧烈的变化,农民的生活状态已经发生了质的改变。作为农业大省的安徽,“三农”问题更加明显和突出。新闻媒体所关注的是,农业生产方式和农村面貌的彻底改变,使得农民对党和政府的富民政策心存感激,对改革取得了实实在在的好处而感到心花怒放。同时也对发展中农村和农民的前途和命运,尤其是在关涉农民切身利益上所出现的一系列新的矛盾和问题予以高度关切。

2013年是改革开放35周年。35年前,肥西县山南镇小井庄村农民实行“包产到户”,极大地解放了农村生产力。35年后,随着工业化、城镇化发展,谁来种地、谁能种好地成了这里的突出问题。获得特别奖的由《安徽日报》选送的通讯《山南农民种地调查》就把笔触对准了这一问题。记者多次赴山南镇采访,与普通农户、种粮大户、农民专业合作社、龙头企业等农业经营主体交流座谈,和乡村干部、农技人员、农业专家等深入讨论。同时,精心研究中央农村政策,将山南农民种地实践放在中国“三农”事业发展大局中来进行考察。该作品站在统筹城乡发展、推进农业现代化和保障国家粮食安全的高度,深刻审视农业农村发展现状,客观分析农业生产经营主体的现实境遇,探究研判未来农村经济发展动力之源。2013年7月16日《中国新闻出版报》专门刊文对此文予以推介,认为此稿“以山南农民种地现状为样本,剖析解决三农问题,为党和政府决策提供有力参考”。

获得消息类一等奖的由《安徽商报》选送的作品《20个县区的农民可“买卖”宅基地》,就抓住了农民宅基地流转试点这一农村改革新举措。党的十八届三中全会《中共中央关于全面深化改革若干重大问题的决定》指出,改革完善农村宅基地制度,选择若干试点,慎重稳妥推进农民住房财产权抵押、担保、转让,探索农民增加财产性收入渠道。该作品没有追求面面俱到,而是在诸多改革政策信息中敏锐地抓住了我省将建立农民通过流转方式使用其他农村集体经济组织宅基地的制度这一信号,独家报道了我省农村综合示范改革的新做法。因为这一变化无疑将成为农村改革的突破口,继续创新安徽在农村土地改革方面先行先

试的“改革排头兵”地位，其新闻价值可想而知。

当然，新型城镇化和美好乡村建设中暴露出的一些问题也值得重视和反思。中央城镇化工作会议上提出要“让居民望得见山、看得见水、记得住乡愁”，这是针对近30年来我国城镇化建设过程中出现的自然生态被破坏的严峻现实问题而提出来的。《池州日报》选送的作品《乡思乡愁记心头》获得言论类一等奖。该评论正是把中央城镇化工作会议精神与美好乡村建设实际结合起来，就城镇化过程中存在的一些社会现象，比如砍树、填湖、盖楼，钢筋水泥取代了自然风光，众多历史文化悠久的古村落逐渐消失，祖先延续下来的民俗和邻里文化也在消失，乡亲们的乡土情感失去了寄托等进行事实分析，提出“‘记得住乡愁’的城镇化发展目标是，既融入现代化元素，又传承历史文脉的高水平的城镇化”的观点，主题鲜明，条理清晰，论述充分，分析透彻，语言生动，是一篇较好的“短新实”作品。

《决策》杂志选送的作品《城镇化新政能否冲破布罗代尔钟罩》获得言论类一等奖。“钟罩”是指阻隔市场的制度藩篱。在城乡二元经济结构中，农民进城经商受到种种身份限制，还像几千年来所做的那样，只能把所种的玉米一担一担地挑到市场来交易；农民在城里不能享受市民待遇，早出晚归。这样，农民就像是被罩在钟罩里一样。是什么因素制约着人类合作秩序的扩展？这一问题曾被法国历史学家费尔南德·布罗代尔视为一个没有解开的历史之谜，这种被封隔的经济状态则被称为“布罗代尔钟罩”。文章认为，进城务工农民工到底是农民还是市民，身份较为模糊。这种现象与现行的土地制度、户籍制度、社会保障制度等有关，农民工们被围困在布罗代尔钟罩内，处处都是难以突破的藩篱。文章指出，中国目前的城市化进程是一种以市民为中心的排斥性增长，而城镇化新政就必须以农民为主体真正成为一种包容性增长。该评论选择了一个小切口，论述了一个大命题，即新型城镇化的体制性障碍，为半城市化忧心，为边缘群体代言；既有理论的深度，又有视野的宽度，论述极富张力，且具人文关怀。因而力透纸背，发人深省。

获得通讯类一等奖的由《皖西日报》选送的作品《失地农民为何“钱途”迷茫？》聚焦的是，六安城郊被征地农民用巨额补偿款参与赌博，导致因赌返贫，形成了社会不安定因素。2013年7月上旬，六安本地一个论坛上有网友发帖，反映六安城郊被征地农民将补偿款用于赌博现象。记者根据这一线索，前往裕安区政府深入采访，发现除了民间对此事很关注，当地政府也十分重视此问题，已开展相关调研工作，并且出台相关措施，引导失地农民正确使用征地补偿款，为失地农民送岗位,不定期开展群众文化活动,丰富失地农民精神文化生活,让他们远离赌博。该作品以小见大提出问题,反映出一个城镇化进程中出现的具有普遍意义的大问题,并点出当地政府部门正在着力解决问题。此报道既反映了民间问题,又树立了政府形象;既解决了群众困难,又体现了媒体的社会责任,可谓一举多得。

二、关注改革,给力社会转型与发展

安徽不仅在农业改革方面走在全国前列,而且在文化体制改革、教育改革、户籍制度改革等方面也是全国先行先试省份,取得成功经验后再逐步向全国推广。改革就是探路,它所走出的每一步都是在探索前人没有走过的道路。因此,改革试点的地方就是出经验、出新闻的地方。改革的实验田就是新闻的策源地,那里有许多新闻富矿值得挖掘。新闻也是一种力量,宣传改革,支持改革,助推社会的转型与发展。

在安徽农业改革中,土地流转信托是土地流转改革的一项新举措。《安徽日报》选送的作品《宿州在全国率先"试水"土地流转信托》获得消息类一等奖。作为全国第一批国家现代农业示范区和全国农村改革试验区,宿州市近年来主动肩负现代农业"探路先锋"的使命,此次"试水"土地流转信托,是农村土地制度改革的一次新尝试,对探索农村土地流转,服务"三农"具有较强的创新实践意义。记者在走基层的过程中,第一时间得知线索,立即深入采访,不仅调查走访了众多村干部、群众,了解他们的感受和期待,还采访了政府有关负责人,进一步挖掘这一事件的意义。该作品对于土地流转信托在盘活农村土地资源,推进农村产业结构调整,突破土地使用权不能作为固定资产的"瓶颈"等问题上均作了一定的探索。在写作上,作者善于运用背景资料,在文中穿插细节描写和人物对话,将一篇相对枯燥的财经类稿件写得生动鲜活。

《芜湖日报》选送的作品《三访中干渠——南陵全国率先试点农田水利建管体制改革纪实》获得通讯类一等奖。芜湖市南陵县是国家确定的全国唯一农田水利建管体制改革试点县,中干渠综合治理工程是该县实施的第一个由农民"自选、自建、自管、自用"的小农水工程。从获知新闻线索到稿件的采编发表,历时一年多,记者多次深入一线采访,到现场调研座谈,翻阅核实大量原始数据和材料,并深入研读多年来中央一号文件的精神和相关政策理论,持续跟踪此项改革的探索过程,通过解剖中干渠项目,透视和展现小农水改革成果。文章选取项目建设前期、中期和后期三个时间节点，破译小农水项目“谁决策”“谁来建”“谁来管”的三大难题，为此项农田水利建设改革探索出新路，积累了经验。文中引用的著名诗句“问渠哪得清如许，为有源头活水来”可谓一语双关，“活水”既是指自然之水，又是指国家的富民政策。安徽省省委宣传部《新闻阅评》评价称赞本文“脉络清晰，善抓要点，事实说话，解读有力，突出主旋律，激发改革信心”，是一篇“指导性强的纪实”。

《拂晓报》选送的作品《农村集体经济的“费村路径”》获得通讯类一等奖。该作品报道了萧县费村在发展壮大村集体经济方面所作出的成功探索，这些经验值得总结和推广，尤其对村集体经济普遍匮乏的皖北地区来说，颇具借鉴意义和指导价值。这些经验主要包括：一是以村级组织的名义进行土地流转，从事高效大棚蔬菜种植，并逐渐探索出独具特色的“费村路径”；二是把农村留守妇女培养成现代农业产业工人，充分发挥农村党员干部发展经济的本领和作用，把村集体经济收入全部用在为民办实事上等诸多务实举措，进一步夯实了党在农村基层的执政基础。整篇稿件采访全面深入，文风清新朴实，用数据、实例和细节说话，层次清晰，内容厚重。

《安庆日报》选送的作品《老峰镇在全市率先探索村级集体产权股份制改革　2.6万农民变股东》获得消息类一等奖。安庆市迎江区老峰镇位于城乡结合部，国土面积54平方公里，其中75%的国土面积划入城市规划。在城市扩张中，如何最大限度地保护农民利益，关系到社会的和谐稳定，也关系到城乡一体化的发展。该作品报道了老峰镇坚持市场化导向，率先在农村社区推广集体资产股份化的实践探索，变资产为股权，变农民为股东，以土地为媒介，盘活集体资产，解决失地农民的后顾之忧，让改革的决策最大限度地体现全体社员的意志，让改革的目标最大限度地维护群众的根本利益，让群众安心进城、安心上楼。记者站在城市化进程的高度，展示了村级集体产权股份制改革的创新举措，诠释了如何最大限度地维护农民利益的核心要义。作品的成功之处就在于题材重大，立意高远。

三、坚持“走转改”，深入一线“接地气”“抓活鱼”

自从2011年8月份开始启动“走基层、转作风、改文风”活动以来，我省各级各类新闻媒体和全国新闻媒体一起，把这项活动开展得扎扎实实，有声有色。“‘走转改’只有起点，没有终点。”这是国家新闻出版广电总局的统一要求，也是做好新闻工作的内在诉求。特别是在网络时代，一些年轻的新闻记者编辑对新媒体趋之若鹜，工作中的依赖性和惰性有增无减，缺乏的正是对基层工作的激情，缺乏的正是对一线生活的热情。“走转改”既是一种政策导向，也是一种自我价值的实现途径。实践表明，深入群众“接地气”，走入基层“抓活鱼”，让不少媒体既丰富了版面稿源，又提高了新闻报道的质量，并且还锻炼了新闻人才。

《淮南日报》选送的作品《一位农民的年度工作报告》获得通讯类一等奖。农民也会有工作报告？年度工作报告交给谁？在“新春走基层”活动中，乍听此消息，记者感到既惊讶又疑惑。带着疑问深入采访后，记者惊叹于传统农民现代意识的觉醒。淮南市潘集区高皇镇“金针菇大户”张传仕，从大棚培育金针菇，到发展周年化生产线，实现农业工业化，到更加理性地面对市场变化、谋求突破，从2010年大年三十写给自己的日记，到2013年连续三年春节写给区农林局的年度工作报告，求取真经，得到政府的帮助与支持，一位普通农民在思考中逐渐走向成熟。文章视角独特，立意新颖，形式创新，以农民张传仕连续三年交给当地农林局长的年度工作报告为主线，把一位普通农民告别传统模式向现代农民转型的历程生动地刻画出来，既传神贴切，又引人深思。作品刊发后，在社会上得到广泛好评，同时也引起政府部门的高度重视。它启示人们，从几千年来面朝黄土背朝天的老传统，到发展现代农业，实现农业工业化，农民的思想和行为发生了巨大的变化，迫切需要与政府进行有效的互动。

《安徽日报》(农村版)选送的作品《好想有个家　不想再漂泊　阜南县淮河渔民盼“上岸”》获得通讯类一等奖。该报道反映的是一个特殊群体的困难生活状况：“贫穷、破旧、文盲、超生”。记者在“走转改”活动中了解到，淮河阜南段300多个渔民，他们大多是文盲，常年漂泊在船上，收入微薄，喝污染的河水，子女无法上学，年轻人找不到对象，想上岸生活无地无房，享受不到任何社会保障。采访时，正值隆冬季节，天寒地冻风刺骨，记者来到淮河岸边，趟着泥泞的河滩地，走进一艘艘渔船内，观察渔民们的生活环境，与渔民们谈心交流，采访到大量第一手资料。稿件中大量使用直接引语，增强了报道的真实性和感染力。报道发表后引起我省有关领导和部门的重视，省政府办公厅专门出台了《关于解决捕捞渔民生产生活困难的意见》，对统筹解决渔民户籍、子女上学和医保、低保、养老、生活困难救助等社会保障问题提出了具体措施，决定加快实施渔民上岸安居工程，多渠道筹措资金，对渔民这个群体实行多种方式安置。

《池州日报》选送的作品《“线下”建农庄，“线上”当网管，农庄淡墨生态园——现实版“QQ农场”在“云端”播种现代农业》获得消息类一等奖。这是一篇

"记者走基层"的专栏作品。作者深入田间地头，挖掘了发生在农业生产第一线的创新之举，在写作中抛弃大话、套话和空洞的说教，运用鲜活故事的叙述、动人场景的描写，以及"线上""线下""网管""QQ农场""种菜""偷菜"等大量来自网络和民间的语言，符合"走转改"精神和"短新实"的要求。这是一篇新闻性、趣味性和可读性兼备的新闻，"互联网上建农庄，瓜果蔬菜看着长。"现实版"QQ农场"描绘了网络科技与农业生产相结合带来的梦幻般的场景，在给人轻松、惬意感受的同时，还展现了运用物联网等信息化手段的现代农业所迸发出的活力与魅力。这还是一篇颇有深度的好文章。农庄淡墨生态园从现实版"QQ农场"起步，利用物联网技术探索现代农业发展新路，契合十八大精神，代表现代农业发展的一个方向，对于安徽这个农业大省来说，具有很强的示范意义。

四、践行群众路线，重塑党员领导干部形象

2013年6月，党中央在全国范围内开展党的群众路线教育实践活动，此活动紧紧围绕保持和发展党的先进性和纯洁性这一主题，以为民、务实、清廉为主要内容，按照"照镜子、正衣冠、洗洗澡、治治病"的总要求，自上而下在全党深入开展。此项活动一扫往日干群之间的矛盾和隔阂，受到基层群众的拥护和欢迎。我省新闻媒体通过跟踪和解剖一个个鲜活的案例，重塑党员领导干部形象，拉近基层党组织、政府和群众之间的心理距离，新闻媒体的桥梁和纽带作用在活动中得以进一步彰显。

《安庆日报》选送的作品《泥巴裹裤腿的乡镇干部们》获得通讯类一等奖。该作品在开头部分就开宗明义，点明主旨："'高高在上'，曾经是很多人对机关工作人员的印象，'坐着车子转，隔着玻璃看'，这句俏皮话也真实地反映了一部分机关工作人员办事时的态度和与百姓的距离。但在望江县高士镇，这里的机关干部从党委书记到普通办事员却大不相同。他们走村串户，活跃在田间地头，沾满泥巴的裤腿，倒像是个庄稼汉。"2013年春节，记者在望江县采访，在获取这条线索后，就先后走进了高士镇镇政府，深入到乡村的田间地头，亲眼目睹了当地干部为群众办实事、解难题、谋发展的情景。"干部身上有土，群众心里不堵。"这句朴实而又蕴含哲理的话就来自一线的采访。广大乡镇干部与老百姓面对面、心贴心，党的群众路线就得到了真正的贯彻落实。记者全程走现场、写新闻、接地气，将重大政治题材和微观叙事融为一体，让新闻变得可读、可信，富有真情。

《安徽日报》选送的作品《乡镇干部：芝麻大的官，山一样的担子》获得通讯类

一等奖。记者了解到，一段时间以来，基层干部群体因为极个别人的行为，蒙受了许多误解，面临着巨大压力。2013年3月底至4月初，也就是党的群众路线教育实践活动前，记者带着选题走基层，分赴定远县藕塘镇和张桥镇、庐江县万山镇、宿州市埇桥区西二铺乡和嵩沟乡、无为县石涧镇等地，在乡镇蹲点调研多天，采取"与基层干部聊酸甜苦辣"的方式，呈现他们真实的工作状态和朴素的内心世界。在此基础上，带着思考找专家，分析乡镇干部压力大的原因，提出具体的对策和建议。作品紧扣"重任""压力""期待"三个关键词，将一线调查的丰富素材分门别类，裁剪恰当，既有新闻现场的再现，又有深入调研的思考，客观呈现了乡镇干部的酸甜苦辣。本报道的一大特色就是直接引语多，让乡镇干部自己说话，让基层群众自己评价，因而使作品具有原生态的表现力。

《合肥日报》选送的作品《搬不搬怎么搬群众说了算　合肥探索拆迁新模式，"自治搬迁"省内首创》获得消息类一等奖。在城市化发展中，拆迁是避免不了的事情。近年来，全国因拆迁问题也带来一些社会不和谐事件。合肥市大胆创新，探索出了"居民自治法"搬迁模式，实现了和谐拆迁。采访中，记者深入到居民家中，了解和听取民意；与拆迁部门、政府部门沟通，掌握操作方法；深入拆迁现场，多角度跟踪拆迁工作进展，获得了大量鲜活的第一手资料。作品以小见大，详细介绍了"政府倡导、街居引导、居民主导、合力疏导"的拆迁新模式，重点报道了基层的创新举措，尤其是通过居民反馈、拆迁工作快速推进等多方面的概述，折射了居民自治拆迁的可行性和创新之举，提炼出"搬不搬怎么搬群众说了算"这一主题。

此外，《安徽日报》选送的作品《绝不可需要群众时才想起群众》获得言论类一等奖。2013年9月中旬，正值党的群众路线教育实践活动深入开展之际，媒体曝光了湖南省邵阳市综治办给市民发短信、花钱买好评的事件，一时引发舆论质疑。记者紧紧结合这一热点事件，亮明观点："是群众需要时就想到群众，还是需要群众时才想起群众，是群众路线坚持得好不好的'分水岭'。"为了论证这一观点，文章深入阐述新形势下的群众工作"如何拿捏务必把握好'分寸'，怎么做应该讲究'章法'。"立论有高度，论述有深度，批评有力度，论据有温度，启人思考，发人深省，是新闻评论中不可多得的上乘之作。

五、传播正能量，弘扬社会主义核心价值观

社会主义核心价值观的基本内容凝练为24个字，即富强、民主、文明、和谐，自由、平等、公正、法治，爱国、敬业、诚信、友善。前面8个字所倡导的是国家层面

的价值目标，中间8个字所倡导的是社会层面的价值取向，后面8个字所倡导的是公民个人层面的价值准则。我省新闻媒体把弘扬社会主义核心价值观的旗帜高高举起，积极讴歌在培养和践行社会主义核心价值观中所涌现出来的好人新事，在社会层面大力传播正能量。

《安徽日报》(农村版)选送的作品《安徽首推“道德信贷” 好人贷款不再难》获得消息类一等奖。2013年初，安徽创新“道德信贷”举措，省联社与省文明办在全省推广实施“道德信贷”，授信对象为中国好人榜好人和市级以上(含)道德模范，根据道德模范生活和生产经营实际有效需求，以家庭为单位，合理确定授信额度和期限。此举系全国首创，旨在引导人们树立道德是一个人最大资本的理念，激励更多的人崇德向善，推动农村精神文明建设。记者掌握这一信息后，认为这种做法对于弘扬社会正气，培养和践行社会主义核心价值观具有重大的现实意义，因而具有很高的新闻价值。于是，紧紧抓住“道德信贷”这一主题，对相关部门以及第一批受益者进行深入采访。稿件成形后，该报在周刊头条位置及时予以刊发。此消息发表后，引起社会广泛关注，不少媒体相继加入到报道行列中。到2013年年底，我省已有375人获得“道德信贷”3 000多万元，可以说，媒体的宣传功不可没。

《合肥晚报》选送的作品《“大义菜农”紧急追回中毒蔬菜》获得通讯类一等奖。从作品的标题中不难理解这是一件不复杂的事情：蔬菜大棚遭人投毒，菜农发现后报警，并连夜追回已销往合肥市周谷堆批发市场的中毒蔬菜。然而，此事又并非如此简单而表面，记者准确地抓住了事件的核心和亮点，将报道重点落在菜农主动追回中毒蔬菜上。蔬菜遭人投毒，菜农却不计损失，连夜主动追回已销出的中毒蔬菜。报道生动地展现了一位普通菜农讲诚信、有大义的感人故事。事后，记者又继续追踪，“追查”合肥蔬菜市场安全问题，对周谷堆批发市场、农超市等蔬菜集散地进行深入探访，这引起了相关监管部门的极大关注。此报道由点到面，有感性也有理性，通过普通菜民的所作所为展现了社会诚信的价值追求。同时，通过对合肥蔬菜市场安全管理机制的探访，打消了市民对蔬菜食品安全的担忧，体现了媒体人的社会责任与担当。

《淮北日报》选送的作品《父与子的引水情》获得通讯类一等奖。淮北市是我国重要的煤炭生产基地，随着煤矿的不断开采，该市段园镇毛场村地下水位逐年下降，当地老百姓的生活用水成了难题。此作品报道的是村支部书记沈传亮和儿子沈涛，为了让村民吃上自来水，一个“偷偷摸摸”拿出家里积蓄的2万元购买自来水设备，一个“大大方方”捐出3万元结婚礼金购买自来水管道等材料，为村民们建起了自来水管网，解决村民们吃水的大难题。得知父与子齐心协力为村民解难题的故事后，记者第一时间赶赴段园镇毛场村进行细致的采访，了解父子俩引水的故事，并于当天下午完成稿件写作。编辑又对此稿进行了精雕细刻，腾出版面，保证此稿及时刊出。新闻见报后，淮北市领导批示：此类稿件体现了社会正能量；应鼓励记者多下基层，多采写能体现良好干群关系的稿件，进一步弘扬主旋律。

六、加强舆论监督，切实履行媒体的职责和功能

新闻媒体的性质决定了它就像硬币具有正反两面一样，对发生的正面事实要进行歌颂和表扬，对发生的负面事实就要进行揭露和批评。加强新闻舆论监督就是新闻媒体不可或缺的职责和功能。社会在转型的过程中出现一些不正常的现象和问题，先知先觉的新闻媒体，就要善于曝光和干预，对事情真相进行深入和不懈的挖掘。这也是广大人民群众对新闻媒体寄予的厚望。同时，新闻用事实说话，舆论的力量是强大的，新闻舆论监督还能为法治社会建设提供有力的事实和材料的支撑。

《新安晚报》选送的《开会溜号，宣城 62 人被"晒"上报纸》获得消息类一等奖。2013年4月10日上午，宣城市召开城市建设年暨文明城市创建再动员会，然而在会议期间，有人缺席，还有一些人提前离开。第二天出版的《宣城日报》上，宣城市委办公室和市政府办公室联合发布"通报"，对缺席会议的四家单位和62名提前离会的人员名单进行了曝光。记者看到通报后，当天就联系采访了一些与会人员了解开会时缺席和提前离会的情况。根据被通报人员的单位和姓名，记者又采访了部分被通报人员和单位，了解缺席和提前离会的原因，以及单位对被通报人员的处理。开会缺席或提前离会被登报通报是地方政府效能建设的新举措。该报对宣城市这一做法及时进行了独家报道，此举势必对我省各地政府开展效能建设起到积极的推动作用。

《江淮晨报》选送的作品《祁门耗资1亿多元建政务办公楼》获得通讯类一等奖。2013年初，祁门县居民向记者反映，该县正在建设的县政务办公大楼面积有3.3万平方米，耗资高达1亿多元，远远超出了此前上级政府部门批准的1.8万平方米，4 500万元的建设标准。接到举报线索后，记者查阅了祁门县、黄山市和安徽省发改委对该大楼的审批文件，用大量官方文件、数据，证实大楼超预算两倍多的事实。记者还及时与祁门县相关负责人直接对话，层层推进报道，最终叫停

了此项违规建设。报道客观理性，通过翔实的调查、全面的采访，反映了超标准建设豪华大楼的情况以及处理的结果，不能不说是一篇舆论监督的力作。

这里需要说明的是，以上仅仅是从“三农”问题、社会改革、“走转改”、群众路线、核心价值观和舆论监督等6个方面对获奖作品进行主题分析的。2013年安徽新闻奖（报刊类）一等奖和特别奖作品共有34件，本文只是从方便分类的角度选择其中20件作品进行述评，其他包括二等奖、三等奖获奖作品也都是非常优秀的新闻作品，由于限于篇幅只能忍痛割爱，敬请有关作者、编辑和广大读者宽容和谅解。

（原载《新闻世界》2014年第10期）

弘扬主旋律　传播正能量

——2013年度芜湖市好新闻获奖作品述评

芜湖市好新闻是芜湖市委宣传部和市新闻工作者协会主办的全市优秀新闻作品奖，每年评选一次。开展好新闻评选活动旨在检阅芜湖市新闻工作年度业绩，发挥优秀新闻作品的示范引导作用，推动全市新闻媒体和新闻工作者坚持正确的舆论导向，落实“三贴近”和“走转改”要求，建设一支政治强、业务精、纪律严、作风正的新闻采编队伍，不断提高新闻宣传水平。2013年度各家新闻单位根据下达指标的要求，推荐参加芜湖市好新闻奖评选的新闻作品共70件，其中广播作品9件，电视作品25件，报刊作品36件。经过评选委员会认真评选，最后评出一等奖5件，二等奖10件，三等奖20件。现对获得一等奖和二等奖的好新闻作品分类进行简要的述评。

一、锁定重大主题，彰显芜湖本土特色

优秀新闻的判断标准之一就是，既要“顶天”又要“立地”。顶天就是属于重大主题，立地就是接地气，具有本地特色。在2013年度芜湖市好新闻中，这类作品起到“唱主角”的作用，真正发挥了主流媒体弘扬主旋律、传播正能量的强大功能。

南陵县是全国唯一农田水利建管体制改革试点县。报刊类事件通讯《三访中干渠——南陵全国率先试点农田水利建管体制改革纪实》获得一等奖。“中干

渠”是该县确定实施的第一个由农民自选、自建、自管、自用的小农水工程。记者把这个试点项目作为采写的对象，在2013年间，多次深入南陵县，三访中干渠，通过解剖麻雀的方式破解此次改革。此新闻的特色在于：一是关涉三农，探索改革，选题重大，社会关注度高；二是锁定唯一，不仅全市全省唯一，而且全国唯一，体现新闻报道的独家性；三是内容丰富，事实确凿，不仅获得大量的第一手材料，而且掌握了不少历史背景材料，增强新闻的厚重感；四是语言表述精当，标题简练生动，无论是主标题“三访中干渠”，还是文中小标题“谁决策”“谁来建”“谁来管”，语言表达干净利落，内在逻辑严密；五是图文并茂，相互印证，治理前、中、后三张图片为文字提供有力的支撑，增强了新闻的说服力。

获得一等奖的电视消息《天宫一号太空授课板“芜湖造”》，是芜湖广播电视台“生活频道”于天宫一号太空授课当天编发的新闻。天宫一号太空授课不仅在国内而且在全世界引起高度关注。据报道，此次太空授课共有8万所学校、6 000万中学生收看了现场直播，吸引了上亿全球各国观众。芜湖新闻媒体选择这一新闻的理由是，航天员们身边实时播出授课画面的电子黑板，就是芜湖华东光电技术研究所自主研发的高科技产品。该台记者先知先觉、新闻敏感性很强，在太空授课之前就捕捉了这一信息，便提前深入到华东光电技术研究所，就太空授课板的研制采访了该所副总工程师刘波，并在电视上给观众展示了与王亚平在太空授课时同一款式的显示屏。对于芜湖新闻媒体来说，天宫一号太空授课新闻虽然不属于独家新闻，但是把角度锁定在芜湖造的太空授课板上，则成了芜湖新闻媒体独家视角下成就的独家新闻，报道手法的确高明。

芜湖市近几年来在创新驱动、转型发展的道路上，把节能减排和绿色发展作为城市发展的重中之重。2013年，芜湖市入选首批国家新能源汽车推广应用城市。报刊类消息《芜湖成为首批国家新能源汽车推广应用城市　新能源汽车产业走进“春天里”》获得二等奖。此消息报道的是作为首批国家新能源汽车推广应用城市，芜湖市依托拥有我国自主知识产权的奇瑞汽车公司，大力发展并推广作为新能源的电动汽车，倡导低碳环保生活方式，通过市场推广，带动产业发展，推动新能源汽车的研发和产业化进程。此新闻的适时推出说明了两点：一是围绕芜湖市成为首批国家新能源汽车推广应用城市做文章；二是围绕奇瑞电动汽车做文章，两者紧密配合，相得益彰。

二、弘扬芜湖精神，树立典型人物形象

早在2005年，芜湖市就提出了“崇尚创新，宽容失败，支持冒险，鼓励冒尖”的

16字“芜湖精神”。面对新的发展机遇，芜湖市再次提出，继承芜湖文脉，弘扬芜湖文化，重树芜湖精神，实现芜湖梦想。2013年，芜湖的新闻媒体紧紧跟上，大力弘扬芜湖精神，选树典型，进一步彰显芜湖魅力。

报刊类人物通讯《山村里走来的一位当代“愚公”——记南陵县何湾镇龙山村村支书胡太平》获得一等奖。此新闻报道的是被誉为当代“愚公”的村党支部书记、村委会主任胡太平，带领乡亲改造山村的一段传奇故事。从1996年被村民推选为党支部书记和村委会主任以来，胡太平在大山沟里一干就是16年，凭着一股倔劲、韧劲和闯劲，带领龙山村党员群众开凿出山路、开创致富路、开通连心路，将曾经偏僻落后的穷山村建设成现代化的美好乡村。胡太平也被乡亲们亲切地称为“愚公”书记，被上级党组织确定为新时期基层干部的典范。这是一篇人物通讯，主要围绕主人公胡太平的事迹展开。从文中的几个小标题就可以看出文章的主旨和思路。“志在开荒，山岭间掘路”，胡太平让村民找到了出山路；“情系乡邻，石缝中找水”，胡太平让村民喝上了自来水；“助民脱困，泥土里淘金”，胡太平让村民甩掉了贫困帽；“甘于清贫，执着中坚守”，胡太平放下“老板”的“金饭碗”，捧起“泥饭碗”，与村民同甘共苦。从写作上来看，作品主题鲜明突出，内容丰富翔实，结构安排合理，逻辑思维明晰，语言准确生动，是一篇十分难得的好作品。2013年12月31日，中共芜湖市委发出通知，要求全市开展向胡太平同志学习的活动，把胡太平同志的先进事迹作为党员干部学习培训的生动教材，教育和引导广大党员干部尽职尽责创先进，立足岗位争优秀。

同样，获得二等奖的电视新闻专题《“愚公”书记胡太平》，讲述的也是南陵县何湾镇龙山村村支书胡太平带领乡村脱贫致富的传奇故事。与前文的报纸报道相比，此电视报道的角度略有不同。该电视作品充分利用了电视媒体在画面和同期声等方面的独特手段，营造了逼真的传播效果，不仅使用了村庄如今的画面，也穿插了村庄过去的画面，对比鲜明；不仅采访了胡太平本人，还采访了胡太平的妻子和多位村民，除了一头一尾的议论外，全文基本坚持了新闻用事实说话的原则，说服力强，故事生动，给人印象深刻。

电视连续报道《偏向芦山行》是芜湖广播电视台“生活频道”推出的分上、中、下三篇一组的报道，获得此次评奖二等奖。报道的是以张海林为首的南陵县家发镇18位农机手义务为四川省雅安市芦山县地震灾区农民抢收油菜的感人事迹。俗话说：“明知山有虎，偏向虎山行。”此新闻的标题来源于此。2013年4月20日，芦山县发生了7.0级地震，不少人纷纷逃离芦山以躲避灾难，地震带来的恐慌、亲人离散的悲痛、灾后重建的繁重，也让处于地震中的芦山县农民无暇顾及油菜的收割。在这紧要关头，张海林等18位来自芜湖繁昌和南陵的爱心农机手组成一支义务收割队，开着6台收割机奔赴受灾最严重的龙门乡，6天时间帮助当地农民抢收油菜1 400多亩，为灾区群众挽回一笔可观的经济损失，赢得灾区群众的一致好评。这是芜湖市的骄傲，芜湖媒体的报道理当恰如其分。在这组报道中，观众所看到的，除了对芦山县农机局的电话采访和对几位农机手的事后采访画面，没有看到当时抢收的动态情景，只能通过一张张静态的图片来解读彼时动人的一幕。我们虽然不免为此感到有些遗憾，但这恰恰说明了这支义务收割队的真诚与大爱，因为他们不是在“作秀”，他们事前和事中也没有通知新闻媒体去跟踪采访，只是在默默无闻地、无私地向灾区群众伸出援手。于是，这种精神便显得更加纯洁、高尚和无功利性，对这种精神的弘扬就是此篇报道的价值所在。

电视专题《“鲁老伯”的生意经》获得二等奖，该专题报道的是一位地地道道的芜湖农民，通过电子商务网络平台把自己生产的农副产品莲蓬推销到全国，因为网上人气很旺，很快就蝉联了淘宝网芜湖馆的销售冠军。“鲁老伯”在网上注册了商标，不仅销售莲蓬，而且还打算销售一些自己种植的菱角菜、竹笋之类的绿色农副产品。对于农民朋友来说，这无疑是件新鲜事。记者能够紧紧抓住这件新鲜事做文章，再一次验证了芜湖人“崇尚创新，宽容失败，支持冒险，鼓励冒尖”的探索精神。农民朋友利用网络来销售农副产品而且销售的业绩远超这交易，这就拉近了农民与高科技产品之间的心理距离。从这个角度来看，此新闻表明，农民的现代科技意识得到了普遍提高，城乡之间“最后一公里”的差距进一步缩短了。

三、践行群众路线，加强干部作风建设

2003年10月中共十六届三中全会提出的“为民、务实、清廉”是2013年全党范围内开展的群众路线教育实践活动的主要内容。践行群众路线，加强领导干部的作风建设是这一年非常重要的一项工作。

获得二等奖的言论《从战略和全局高度重视“双联系”工作——一论深入推进“双联系”工作》，是《芜湖日报》对市委开展的“机关联系基层，干部联系群众”工作所配发的系列评论“论深入推进‘双联系’工作”中的首篇。该言论从“密切联系群众”“作风问题”“群众路线”等三个方面展开论述，能够紧密联系芜湖的实际情况和问题出发进行阐述，做到主题突出，观点鲜明，逻辑严密，论证有力，具

有正确的价值取向;也为此系列评论开了个好头,打下了扎实的基础。与此相关的同类题材,报刊类通讯《"你们来了,咱们家人心里敞亮多了"》也获得了二等奖,其报道的是芜湖市开展的"双联系"工作密切了干部和群众之间的关系。用新闻中的话来说就是"让群众与干部坐在了同一条长凳上,结交的感情愈发真挚"。自开展"双联系"工作后,繁昌县各级党员干部纷纷与基层困难户结对帮扶,关心他们的冷暖,倾听他们的心声,解决他们的实际困难,党和政府的信誉增强了,群众工作也做得更见成效了。此新闻弘扬了社会主旋律,抓住了一个个鲜活的事实,是新闻工作者深入基层走转改、接地气所取得的丰硕成果。

获得一等奖的电视新闻专题《问政镜湖》是芜湖电视台新闻频道自2013年5月起推出的省内首档针对区一级政府的电视问政节目。该节目每期设置一个主题,邀请相关部门负责人走进演播室,和市民代表零距离沟通,直面问题,解决问题。该专题在话题设置、表现手法和报道效果等方面值得称赞。一是话题贴近民生,话题的选择取自于群众、服务于群众,社会关注度高;二是形式新颖、多元,充分发挥电视表达的优势与特色,用暗访的新闻短片贯穿其中,把市民代表与接受问政的负责人请到现场,互动性强,老百姓参与的积极性较高;三是问政效果明显,问政现场不仅提出问题、分析问题,还针对上一期节目提出的问题进行跟踪问效,不仅体现了电视问政的威力,也验证了媒体问政作为一种舆论监督手段的效力。节目收视率高,社会反响强烈。

四、关注社情民意,服务芜湖百姓生活

群众利益无小事,民生问题是近年来芜湖市各级政府高度关注的一件大事。服务江城百姓,是检验芜湖各家新闻媒体是否真正"接地气"的一项指标。

广播专题《"醉驾入刑"两周年特别节目——消除遵法盲点,拒绝酒后驾驶》,是芜湖交通经济广播电台于2013年5月1日《公民与法》栏目推出的一期特别节目,获得此次评比二等奖。2011年5月1日,《中华人民共和国刑法修正案(八)》和修改后的《中华人民共和国道路交通安全法》正式施行。法律修改后,加大了对酒后驾驶等违法行为的处罚力度。其中,醉酒驾驶、情节恶劣的追逐竞驶等行为构成危险驾驶罪,将被追究刑事责任。虽然"醉驾入刑"已执行两年时间了,但对于如何认定酒后驾驶,许多听众通常的理解是喝了酒之后驾着车在公路上行驶,但是在一些特殊情况下,诸如酒后在停车场开车、隔夜酒开车、酒后小区内挪车等情形,法律是如何认定的呢?此广播专题聚焦这三种情况,模拟了三种情

景,把交警支队、检察院公诉科和律师协会的有关负责人邀请到广播直播间进行现场采访,回答听众关心的几个问题。此专题具有两个特点:一是新闻时效性强。本专题是在《中华人民共和国刑法修正案(八)》和修改后的《中华人民共和国道路交通安全法》正式施行两周年的纪念日推出的特别节目,抓住了新闻由头,具有新闻时效性。二是服务意识较强。此专题所涉内容是为了推广和普及法律知识,帮助听众释疑解惑,因而具有一定的社会服务价值。

获得一等奖的新闻图片《冻伤你的小手,疼在我们心头》,是一张新闻特写图片,视觉冲击力很强,小女孩冻得开裂的一双小手握着一支笔在认真地写字,让人感到心疼和不舍。据报道,这些手上生冻疮的孩子,多是外来务工者的子弟,他们是市区一所小学的学生,放学回家后经常洗碗洗菜洗衣服,用的是冷水。此图片刊登后,许多市民纷纷给报社打来电话,要求捐款捐物捐药,奉献自己的一份关爱。一场媒体与市民携手联动的爱心活动在芜湖2013年冬日如火如荼地展开。看到这张照片,不免让人想起《中国青年报》"大眼睛苏明娟"的照片,两者有异曲同工之妙。另一幅获得二等奖的新闻图片《高温下的急救》,是一幅报道突发事件的新闻摄影图片。夏日一天午时,烈日当空,一位头发花白的老人一动不动地趴在马路一侧的人行道上,歪着头,瞪着眼睛,也不说话。一个年轻人路过时,看到这一幕,立即为老者撑伞遮挡烈日,并拨打了120。随后,120人员赶到现场急救。可贵的是,这位普通市民依然撑起遮阳伞帮助老人遮阳,协助医护人员一起救治这位老人。因为是抢拍的画面,现场感特别强,体现了新闻记者较强的新闻敏感性。这样的场景对于新闻记者来说是可遇而不可求的,而且弘扬了社会正气,传播了正能量,所以值得提倡和鼓励。

获得二等奖的报刊类系列报道《"今天,你阅读了吗?"》,是《芜湖日报》精心策划的一组报道。此报道的背景是,2013年8月初,国家新闻出版广电总局称,全民阅读立法已列入2013年国家立法工作计划,并将于年底形成方案提交国务院法制办。消息一传出,便在市民中引起强烈反响。该报记者立即策划了这组报道,所选送的3篇报道分别是《实体书店:那一处心灵憩息的港湾》《农家书屋:老百姓的精神仓廪》《创意空间:阅读,是一种享受》等。从这三个选题来看,虽然新闻的时效性不是很强,但现实意义和问题意识较强,挖掘和分析得较为透彻,既有全国全省的共性特征,也有芜湖本土的个性特征。在全民盛行快餐文化、热衷于泛阅读的时代,如何读书、读什么书等的确是一件令人关注、引人深思的现实问题。

当然,在此次好新闻的推荐中,也有部分新闻作品存在一些瑕疵,主要体现在以下几个方面：

一是标题表述不准确，不恰当。比如，广播类消息《“愚公不愚，移山不悔” 一位安徽果农的“品牌梦”》标题中的“移山不悔”在文中找不到出处。电视消息《芜湖〈熊出没〉的秘密》，“秘密”在哪里？文中没有明确交代，既然是消息，假若改成《芜湖〈熊出没〉网上点击率超170亿次》之类的动态消息标题，也许更恰当一些。

二是题目太大、太虚，与内容不匹配。比如，广播类消息《芜湖通过创新体系建设驱动全市经济快速发展》，文中记者仅采访了芜湖众多企业中的一家企业即芜湖长信科技股份有限公司，难免以偏概全，支撑力度不够，说服力不强；而且采访市主要领导，使用的却是该领导在大会上的讲话录音，采访手段明显不妥。

三是新闻要素不完整，交代不清晰。比如，电视专题《“鲁老伯”的生意经》，“鲁老伯”的真名是什么？全文没有说明，这种新闻的五要素不全的报道，会有损于新闻的真实性。

四是有些报道经不起推敲，可能会产生负面影响。报刊类通讯《18年真情守护诠释母爱如山》，报道对象是一位年仅37岁的少妇，照料两名脑瘫儿18年，仔细推算，她竟然是16岁就结婚了，显然不符合《中华人民共和国婚姻法》对结婚年龄的规定。这类新闻经不起仔细和认真推敲，报道以后可能会产生负面影响，更不用说评奖了。

（原载《皖江传媒》2014年第5期）

新闻精品是怎样炼成的

——2014年度芜湖市好新闻获奖作品解读

2014年度芜湖好新闻评选工作已于年前落下帷幕。回顾本次好新闻的推荐作品和获奖作品,可以发现,一年来芜湖市各类新闻媒体能够围绕大局、服务社会、贴近群众,紧紧抓住经济社会又好又快发展这篇大文章,唱响主旋律,打好主动仗,传播正能量,为芜湖市创建省级国家级文明城市做出重要贡献。

本次评选共收到来自芜湖日报报业集团、芜湖广播电视台以及各县级新闻媒体推荐的作品70件,其中广电类广播消息6件、电视消息12件、广播专题1件、电视专题9件、系列报道2件、新闻访谈1件、长消息3件,报刊类消息10件、通讯15件、系列报道3件、新闻综述1件、评论3件、摄影4件。经过芜湖市2014年度好新闻评审委员会认真、细致、公平、公正的评审,最后评选出一等奖5件、二等奖10件、三等奖20件。

笔者认为,芜湖市一年来发生的重大事件和涌现出来的典型人物在推荐作品中基本有所反映,这些获奖作品采写编播的整体水平也较往年有明显提高。现综合各位评委的意见以及笔者的理解,对本次获奖作品进行简要的解读,以期探讨好新闻是如何打造出来的,未能获奖的作品还存在哪些薄弱环节。

一、新闻性是判断是否属于新闻作品的第一把戒尺

新闻作品应当具有新闻性,如果没有新闻性就不能称之为新闻。然而,在一

些新闻媒体所刊发的新闻作品中就存在这样比较低级的错误。比如说新闻由头、新闻时效性等，有的作品放到哪天刊发似乎都可以。一般来说，消息和评论最好在一两天之内刊发，通讯和深度报道在一周左右时间刊发为宜。好新闻应当是抢发的，拼的就是谁的时效性最强。

在本次推荐的新闻作品中，获得一等奖的电视消息《芜湖港货物吞吐量今天突破1亿吨》，仅看标题就可以知道，"今天"二字突出的就是时效性，实现当天新闻当天播报。获得二等奖的电视消息《南陵即将迈进高铁时代》，抓住的最佳时间节点就是合福铁路安徽段最后一根钢轨在南陵县境内铺设完毕的10月18日，这一天标志着合福铁路安徽段轨道铺设工作全线完工，南陵进入高铁时代便指日可待，此新闻可谓水到渠成。获得一等奖的电视消息《独家报道：为护乘客，公交"拖把哥"勇斗持刀女》，报道的是在一辆正常行驶的公交车上，一位中年妇女突然持刀砍向周围的乘客，严重威胁全车人的生命安全，公交司机在关键时刻挺身而出，冷静应对，不仅安全疏散了乘客，还积极配合赶来的特警成功制服了这位持刀行凶的女子。此新闻发生在当天下午1点17分，记者赶到现场进行出境报道的时间是1点50分左右，可见记者的反应和采访的速度都是非常快的，电视当晚进行了独家报道。这样的新闻是新鲜的，播报出来不愁没有收视率。不过，在时效性方面，报纸往往是无法与广播电视相比的，报纸的新闻稿件大多是下午和晚间编发，第二天早上见报，因此最快的新闻只能是"昨日新闻"。获得二等奖的报刊类消息《珠海航展"芜湖方阵"　制造业升级再谋"冲上云霄"》，就是该报特派记者从珠海发回的最新报道，此新闻发生在11月11日，该报第二天就在一版显著位置予以刊发，对于报纸来说这是比较及时的了。

当然，上述几件新闻作品之所以能够获得一等奖和二等奖，并非仅仅是因为新闻性强，新闻性的有无是判断一篇作品是否属于新闻作品的第一把戒尺，是必要条件，否则再优秀的作品也难以进入下一道评审程序。如果按照这把尺子来衡量，有些作品未能获奖而被打入"冷宫"就不难理解了。

二、题材重大是好新闻权衡和量级的最高标准

何谓题材重大？笔者的理解就是选题是否做到"顶天立地"。"顶天"就是新闻报道内容反映和体现党和政府的大政方针政策，"立地"就是党和政府的大政方针政策落地、生根、开花、结果，即接地气、本土化，否则地方媒体与中央媒体、省级媒体就没有区别了。具体来说，就是具有全国、全省视野的重大选题，立足

地方，在芜湖本市媒体上作个性化的呈现。获得一等奖的报刊类系列报道《“依托黄金水道，建设长江经济带”系列报道》、通讯《“三只松鼠”的成功“三级跳”》和电视消息《芜湖港货物吞吐量今天突破1亿吨》就属于此类新闻。

4月28日，中共中央政治局常委、国务院总理李克强在重庆主持召开座谈会，研究依托黄金水道建设长江经济带，为中国经济持续发展提供重要支撑。建设长江经济带上升为国家的一项重大发展战略，芜湖市正是这一经济带上的重要节点城市之一。随着国家这一战略的实施，作为沿江重点开放城市的芜湖，善于抢抓机遇，谋划打造经济与城市“双升级”，从而在新一轮区域经济发展中抢占战略先机。2014年，“打造黄金水道，建设长江经济带”被写入政府工作报告，长江黄金水道也有望再次迎来快速腾飞的“黄金期”。正是在这一政策的背景下，《芜湖日报》适时推出了“依托黄金水道，建设长江经济带”系列报道，展现芜湖市在新一轮长江经济带开发开放中所拥有的优势，以及依托黄金水道加快城市转型升级的思路和举措。该系列报道由7篇组成，标题分别为《“长江经济带”迎来跨越发展“黄金期”》《区域性外贸枢纽港建设撬动竞争新优势》《转型升级　铸造芜湖航运经济腾飞新引擎》《抢抓机遇借“势”出海　打造长江物流综合体系》《延伸黄金岸线　打造“水上芜申高速”》《芜湖如何分享上海自贸区的创新红利？》《抓住机遇　打造区域经济升级版》等。可谓是策划高端，选题重大，浓墨重彩，气势恢宏。

随着互联网和物流的日益发展与普及，国家鼓励民间资本、民营企业参与到物联网工程中来。作为新生事物的电子商务，如今已经在国内各大城市遍地开花。芜湖市的知名电商——“三只松鼠”，企业创始人、CEO章燎是个头脑精明、嗅觉灵敏、先知先觉、敢于尝试的人，经过仅仅23个月的运作就成功实现了从品牌创立到月度销售额突破1.6亿元，一跃成为国内电商的翘楚，章燎原和他的“三只松鼠”已经家喻户晓了。报道表明，章燎原的“生意经”中有一条至关重要，那就是“提倡互联网思维，高度关注消费者的用户体验”。可以说，这是他在竞争对手如云的市场上制胜的法宝。此报道最大的成功之处是，紧紧抓住“三只松鼠”从创业到发展过程中的“三级跳”：第一跳“大胆设想跳出资金困境”、第二跳“有舍有得跳出渠道危机”、第三跳“宽严相济跳出管理怪圈”，从融资到遇挫再到现代企业管理，传递出“三只松鼠”非凡的成功之道。从标题中的“三级跳”用词来看，既贴切传神又生动形象，让报道既有厚重感又有可读性。

电视消息《芜湖港货物吞吐量今天突破1亿吨》，报道的是芜湖港历史上第一次突破亿吨大关，成为安徽省第一个亿吨大港，在长江流域港口中名列第4位。

此新闻表明，近几年来，芜湖市瞄准国家发展战略，抢抓长江经济带建设的历史机遇，依托黄金水道加快跨江发展步伐，着力完善综合交通运输体系建设，为经济社会发展增添强劲动力和重要支撑。上游有池州、铜陵和安庆，下游有马鞍山和南京，可以预见芜湖市的发展实力与势头。新闻就要用事实说话，新闻就要这样善于用事实说话。事实胜于雄辩，议论再多也不能如此让受众信服。

三、有新意是好新闻评选的题中应有之义

新闻，顾名思义就应当有新意，好新闻就更不用说了。好新闻的新意还应当是标新立异，闻他所未闻，言他所未言。新闻最大的忌讳就是重唱“四季的歌谣”，重复“过去的故事”。老调重弹、拾人牙慧、缺少发现、缺乏创新的新闻，难免枯燥乏味，何谈吸引力。笔者认为，真正的新闻往往有两个方面的表现：一是新生事物，好比新瓶装新酒，自然是新鲜的，路人皆知，谁发现都是新闻，贵在机遇；二是旧事物呈现出新气象，老树新枝，好比旧瓶装新酒，也能醉了，唯有挖掘，别出心裁，才能有新的发现，从而让人感到眼前为之一亮。

在本次好新闻评选过程中，获得二等奖的电视消息《四岁女童走失　三千网友爱心接力终寻回》《众筹咖啡馆首现江城　一个店47个老板》，报刊类通讯《“丢了水泥，拿起纳米，污染少了，效益好了”　繁昌“矿山复绿”行动探索循环发展新路》《江城“奶奶考生”坐上钢琴考级台》等属于前者；获得二等奖的报刊类消息《城市化发展“唤回”数十万务工者》、通讯《奇瑞“梦之队”：铸造汽车工业的“中国引擎”》，以及获得一等奖的评论《“最后一公里”是段心路》等属于后者。

然而，芜湖市一位四岁小女孩澜澜意外走失后，短短两个小时，3 000多名热心网友利用微博在网上发布信息帮助寻找，上演了一场爱心大接力。这无疑是新媒体时代出现的一幕“活报剧”，值得媒体关注。“众筹”，这是一种合伙集资的新模式。芜湖市第一家由一帮年轻人尝试发起的众筹咖啡馆，竟然有47个老板，而且通过微信运营，这自然引起了媒体好奇和探究的目光。矿山开采，生态遭到破坏，山不再有青，水不再有绿，要想恢复原生态谈何容易。然而记者在繁昌采访时发现，当地的两家企业分别采用了纳米技术和新的环保工艺，既丢弃了水泥，减少了污染，又精简了人员，降低了成本，提高了效益。这种做法不仅值得提倡和推广，而且也呼应了资源节约型和环境友好型社会转型发展的新要求，其新闻价值毋庸置疑。当前社会已经步入老龄化社会，老龄人口在不断增加，这个群体在一定程度上属于弱势群体，老年人的晚年生活应当受到全社会的高度重

视。报道称,“虽说老年人钢琴考级在全国已不是新鲜事,但在芜湖乃至安徽省组织老年人参加钢琴考级尚属首例”。钢琴考级一般是面向孩子们的,但8月上旬镜湖区老年大学的8位“奶奶考生”却顺利通过上海音乐学院社会艺术水平考级,这的确是件新鲜事。

此外,像农民工春节返乡、芜湖市著名民族自主品牌企业奇瑞汽车公司,以及各种政策在落实过程中存在“最后一公里”的瓶颈问题等,均属于老话题,年年讲,但老话题在2014年有了新内容、新进展,这也是新闻。由于芜湖市连续四年GDP增速位居全省第一,下辖的无为县城市化发展迅速,这个向来是华东地区远近闻名的劳务输出大县,近年来出现了打工潮回流现象,留住了三四十万准备外出的务工者,农民工不再“东南飞”,这种趋势就是一个可喜的转折与变化。9月22日,奇瑞汽车发动机工程研究院凭借为民族汽车工业铸造高性能的发动机,斩获第五届全国杰出技术人才先进集体。记者把这个团队誉为“梦之队”,从筑梦、追梦到圆梦,再到续梦,展示了这支团队不断创新的光荣与梦想之旅,其成就让人刮目相看。本次推荐的《“最后一公里”是段心路》就不落俗套,让“最后一公里”这个老话题焕发了新意。文章认为,党群、干群之间存在着一堵无形之墙,怎样才能推倒这堵“隔心墙”,打通这“最后一公里”至关重要。该评论依托滨江公服中心的实践,为我们解读出这样一个朴实的道理:“最后一公里”其实是段心路,说难也不难,关键在“心”。用心去走,走通了,党心和民心、干群之心就会紧紧连在一起!由事说理,令人折服。

四、规范性是好新闻评选设置的一道门槛

任何文体都有自身的规范性,新闻也不例外。新闻的规范性较多,一些常见的又容易被疏忽的规范有:消息应当有消息头、导语,导语应当简洁,标题必须是一句话,结尾不能有过多的议论,要使用第三人称,不要使用形容词和副词等;广播电视新闻要使用同期声,镜头不能摆拍,声画要一致,不能事后补拍造假等。如果这些问题存在,那就是硬伤,这是芜湖市好新闻、安徽新闻奖乃至中国新闻奖设置的一道难以逾越的鸿沟,在评选过程中会遭到一票否决,甚至在形式审查中就被淘汰出局或打入“冷宫”。

在本次好新闻评选中,获奖作品的理由固然充足,未获奖的作品,当然也包括个别获奖作品在内,可能在某些方面存在这样或那样的缺憾,梳理起来主要表现在以下几个方面:

一是体裁混乱，文体不分。一些报道，尤其是广电类新闻，误把通讯或新闻专题作为消息推荐。比如，《不能忘却的伤痛——访“南京大屠杀”亲历者刘淑英》《土拨鼠送菜——三位大学生的创业梦》《约定》《疼痛中的坚守》《用瘦弱肩膀扛起苦难和信义的大义女子——谢书芳》等，仅从标题来看，这些不是消息，而是事件通讯或人物通讯。

二是格式不够规范。有的缺少导语，有的消息导语不够简洁，既不能很快入题，又显得特别冗长，或者略显啰唆。比如，《繁昌县试水“公建民营”幼儿园》的导语字数长达近200字，其太过冗长，不够简洁。《四岁女童走失　三千网友爱心接力终寻回》和《“丢了水泥，拿起纳米，污染少了，效益好了”　繁昌“矿山复绿”行动探索循环发展新路》两篇消息的导语均不是严格意义上的导语，只写事情的缘起，却不见事情的结果。

三是用词不够准确，表述欠妥。用词不当就会影响事实的描述，甚至造成新闻失实。比如，报刊类消息《小微企业抱团化解“道德风险”　互助合作基金为小微企业撬动7 000万贷款》中的“道德风险”内涵与文中内容不吻合，属于偷换概念。电视新闻专题《老去的“傻子”　不老的雄心》中两个主语发生了位移，老去的是“老傻子”年广九，有雄心的是“新傻子”年强，逻辑上显然出现了问题。电视新闻专题《堆漆画的传承之痛》未能紧紧围绕“痛”字做文章，三分之二的篇幅在报道堆漆画的创作工艺，也属于偏题了。

四是误把一些常规工作作为新闻来报道。这样的报道大多缺乏新闻性，更像是年终工作总结。比如，电视消息《立行立改惠民生》、电视专题《兴水惠民谱华章》，以及报刊类消息《开展“四有服务”擦亮窗口》《加强“小农水”工程质量监管》等，所反映的大多是政府部门的常规工作，不能称为新闻。

五是摆拍或补拍造假的痕迹明显。有的镜头内容违反常理，经不起推敲，甚至有弄虚作假之嫌疑。比如，电视消息《芜湖消防“背人哥”正能量全民点赞》中拍摄的一段视频，反映一位消防战士未穿消防服在楼道上奔跑的画面，可能就是后期补拍的，因为消防战士的着装不仅不符合现场消防灭火的要求，而且“背人哥”不慌不忙的神态和步履也与火灾现场的紧张气氛不协调。电视消息《约定》中有一个镜头，反映一位高度近视几乎看不见的程老师给清水盲人学校学生们上课的情景，按说师生眼睛都不好，老师怎么能在黑板上用粉笔字进行板书教学呢？这个镜头可能就穿帮了，其真实性不免让观众感到怀疑。

六是摄影图片缺乏视觉冲击力。新闻摄影强调的是动态，是瞬间，不能有物无人，也不能是静态。本次好新闻推荐的摄影图片缺乏具有视觉冲击力的新闻特写，有些遗憾，而且应该是单幅上报，有的却以整版的形式呈送，这就混淆了申报的类别，实属可惜。

（原载《皖江传媒》2015年第3期）

第五编

理论诠释

LILUN
QUANSHI

思想性·个性·人情味

——增强典型人物报道时代感和吸引力的三个着力点

典型报道包括典型事件报道和典型人物报道两个方面。在典型人物报道中，什么样的人物才能够进入记者采访报道的视野，什么样的人物报道写出来以后最容易打动受众的心灵，应该说，这是多年来新闻媒体和记者、编辑们一直在苦苦思索和小心求证的一道难题。笔者根据自己多年来的新闻实践和理论研究认为，紧紧抓住人物内在的思想，突出人物鲜明的个性，把渗透在人物日常生活中的人情味生动地描绘出来，进而把人物写深、写活、写实，这是增强典型人物报道时代感和吸引力的三个有效着力点。

其一，高尚的思想、崇高的精神境界是时代感强的具体体现。典型人物报道的一个重要特征就是强调写出人物鲜明而富有时代特征的思想，力戒单纯的叙事。因为对于典型人物来说，仅仅报道其事迹和经历，不反映其崇高的思想境界，这个人物往往徒具一只空壳，没有任何生命力。只有通过事迹和经历探索人物的内心世界，写出其灵魂之窗、思想之光，这样的典型人物才拥有打动人、感染人和教育人的力量。《中国青年报》记者郭梅尼在《怎样写先进人物的思想境界》一文中曾深有体会地说："中国有句古话：'山不在高，有仙则名；水不在深，有龙则灵'。报道先进人物，借用这句话来说：事例不在多，有'神'则灵。这里说的'神'是指先进人物的精神面貌、先进思想。我的体会：先进思想是先进人物报道的灵魂。先进思想刻画得好，先进人物的报道才能在读者中引起较大的影响”。[①]尽管任何先进事迹都是人创造出来的，可是对于一般人来说，有什么样的思想就会产生什么样的行动；对于典型人物来说，由于他们的思想是时代的精华，他们的言行往往又成为时代精神的一种折射。新华社记者张荣大等采写的人物通讯《好支书王廷江》就能说明这一问题。作为一名村党支部书记的王廷江，在短短的6年时间里，带领全村1 600人苦干实干，使全村人均年收入从300元猛增到6 000元。一口气读完这篇通讯，读者的确被王廷江的先进事迹深深打动。王廷江原本是一个文盲穷汉子，但在党的改革政策鼓舞下，苦干致富，成为山东沂蒙山区的一个“百万富翁”。然而，当富裕起来的王廷江看到“父老乡亲仍在穷窝窝里打滚，全村有个老光棍娶不上媳妇；村东头王自俭家五口住一间破土房，下雨天，屋里只有锅台那块不漏雨，只好把孩子放在锅台上睡觉……”，自己却感到心里不是滋味，他终于悟出了这样一个非常朴素的道理：“一人富不算富，大家富了才算数。”于是，他决心把自己苦心经营多年，拥有420万元固定资产和180万元流动资金的白瓷厂无偿捐献给村集体，带领群众走共同富裕之路，最终把一个贫穷落后的小村庄建设成沂蒙山区有名的富裕村。我们认为，王廷江的事迹之所以感人，关键不在于他的经营才干，而在于他那崇高的思想境界。他的思想境界高，因为他是党在新时期的农村富民政策的模范实践者。邓小平理论中一个非常重要的思想就是允许和鼓励一部分先富起来，然后带动更多的人走向共同富裕的道路。可以说，王廷江用自己的实践为邓小平这一理论在农村的贯彻落实作出了一个生动的注脚。这样的典型人物，不正是新闻传媒所积极寻求的采访和报道对象吗？这样的典型人物，不正是弘扬社会主旋律的重要载体吗？其思想性和时代感是不言而喻的。这样的典型人物报道，无论从新闻舆论的导向性还是从主人公的价值观来看，其传播效果必然是十分理想的。

其二，突出的个性、鲜明的性格是典型人物报道成功的重要依托。别林斯基在论述塑造艺术典型的时候，特别强调要有“独创性”，他认为，“在真正有才能的作家的笔下，每个人物都是典型；对于读者，每个典型都是一个熟识的陌生人”。[②]记者笔下的典型人物报道也应该是这样的，因为每个典型人物受其身世、生活、教育、工作、环境等影响和制约，其性格特征迥然不同：有的泼辣、豪爽，有的精明、谨慎，有的纯朴、坚毅，不一而足。就像作家要按照生活规律赋予人物以性格，又根据人物性格的要求去表现人物一样，记者要想把自己笔下的人物写活，首先就要选择那些新出现的、新发现的、个性突出的、性格鲜明的典型人物作

① 郭梅尼：《怎样写先进人物的思想境界》，《新闻战线》，1983年第10期。

② (俄)别林斯基：《别林斯基论文学》，新文艺出版社1958年版，第120页。

为采访对象，然后根据其个性特征去选择和报道他的事迹，挖掘其身上凝结着的人民的共同愿望和要求、时代的精神和气息。这样写出来的报道，人物才能活起来，主题也才可能是深刻的，报道才具有真正的吸引力。《北京青年报》记者李彦春去年2月份采写的人物通讯《魔芋大王何家庆扶贫西南九死一生》，就体现了典型人物报道这一要求。在记者的视野中，何家庆虽是一名大学教师，但他的装束却大大有别于传统教师的形象，"他穿着灰色的中山装，边边角角皆有针线缝补的痕迹，脚蹬一双无毛、发白的鹿皮鞋，面色黧黑，长发过耳。"这是何家庆独特的外貌特征，与此相关联的便是他那质朴的语言、鲜明的性格。一次，记者陪同何家庆参观北京颐和园，面对周围人因他的衣着、相貌而投来的异样的目光和议论，何家庆只得加快脚步，面呈难色地对记者说："干我们这行的，总是到没人的地方去，深山老林，高山上，那儿人少。我和植物打交道多，和人打交道少。"在记者采访期间，恰遇河南开封植物胶化工厂厂长敲门，他们开车数小时，专为请教魔芋胶技术而来，何家庆用纸笔认真记录，耐心解答，一如授课。临走前，厂长留下土特产，何家庆拎着下楼，说："你不带走，我就扔下去。"这就是何家庆的性格。1998年2月12日，何家庆在扶贫大西南前给女儿留下一封信，信中说："西部贫困状况令我忧心，我有种魔芋的技术，应当把这技术传给人民，因为我是人民教师，当为人民服务。"朴实无华的语言中有他那笃行信念。作为安徽大学生物系的一名教师，何家庆自费近3万元扶贫大西南305天，走过8个省108个县的产芋区，行程31 600千米（其中徒步8 000多千米），举办技术培训班62次，指导57家魔芋加工企业，培训2万余人，这种壮举在全国是绝无仅有的，其传奇经历令人震惊。难怪这位记者在采访后深有感触地说："在我10年记者生涯中，经历采访对象200多人，而这2天采访，何家庆的品格之高、操守之洁、笃行之韧、忧民之情、特立之行成为最打动我的被访者。"①应该说，这是何家庆鲜明的个性和独特的人格魅力深深打动了记者。这篇报道一经见报，就引起中央政策研究室、国务院研究室等有关部门的高度重视。国务院副总理温家宝、李岚清分别作了批示，要求广泛深入地宣传何家庆的先进事迹，其后《人民日报》、新华社、中央电视台、《中国教育报》、《科技日报》、《中国青年报》均对此作了详尽的报道，吸引和打动了无数受众，在全国引起强烈反响。

其三，写出人情味是增强典型人物报道可读性和吸引力的不可或缺的一种写作方法。在过去的典型人物宣传中，有些记者由于观念的原因习惯于把先进

① 李彦春：《发现何家庆——我的采访与我的感悟》，《中国记者》，2000年第6期。

人物的工作态度、政治热情同日常生活对立起来。在他们的笔下，先进人物不是一而再、再而三地推迟婚期，就是父母去世、妻儿生病也不去看一眼，三过家门而不入，这样的典型人物事迹报道出来，会让人感到可敬却不可近，可亲却不可信，读者不免产生这样的怀疑：难道这些先进人物都是苦修苦炼的清教徒不成？殊不知，现实生活中，先进人物也是人，也有普通人的心绪，他们并非不要家庭，并非六亲不认，并非不食人间烟火，而且先进人物不应是冷酷无情的人，他们有父母，有子女，有配偶，有普通人的生活和情感。他们之所以先进、典型并不是他们无情地舍弃这一切，而是在个人利益与集体利益、眼前利益与长远利益发生冲突的时候，能够做到后者服从前者，顾大局识大体，情愿牺牲"小我"以求得保全"大我"。人是有血有肉的，典型人物报道应当具有人情味。获得第六届中国新闻奖特别奖、由新华社和《人民日报》记者联合采写的人物通讯《领导干部的楷模——孔繁森》中，一个个生动感人的情节，就是通过富有人情味的语言和行动把孔繁森这个典型人物刻画得活灵活现，让人读后感到可见、可闻、可触。其中最吸引人、最具有可读性的情节就是孔繁森二次进藏工作前与亲人诀别的情景。二次进藏前孔繁森面临的家庭困难有四：一是"自己的身体状况不如从前了"，二是"年近九旬的老母，生活已不能自理"，三是"三个孩子尚未成年，需要有人照看"，四是"妻子动过几次大手术，体弱多病"。孔繁森虽然心里十分清楚，但还是服从了组织的安排。临行前他在与妻子王庆芝进行告别时，心里感到一阵阵发酸，并动情地说："庆芝，我欠你的太多了！等从西藏回来，我一定会加倍地补偿。"夫妻恩爱之情溢于言表。站在年近九旬的老母面前，孔繁森"用手轻轻梳理着母亲那稀疏的白发，然后贴在老人的耳朵旁，声音颤抖地说：'娘，儿又要出远门了，到很远很远的地方去，要翻好几座山，过好多条河'。""想到也许这是同年迈多病的老母亲的最后一面，孔繁森再也抑制不住内心的感情，'扑通'跪在母亲面前：'自古忠孝不能两全，娘，您要多保重！'说完流着眼泪给母亲深深磕了一个头。"这不仅是儿女情长，更是英雄古道热肠，孔繁森顾全大局，离开妻子和老母毅然赴藏，但在感情上他是充满了对母亲的孝，对妻子的爱，这是中国人的传统美德，是动人心弦、摄人心魄的。"无情未必真豪杰，怜子如何不丈夫"，如果一个人连自己的亲人都不爱，怎能奢想这种人能真正地爱党、爱国、爱人民呢？有些典型人物报道写得不近人情，往往不是人物本身缺乏人情味，而是记者思想的片面性、简单化，在认识上存在误区所造成的。

因此，笔者认为，思想性、个性、人情味是建构典型人物报道的三块基石，缺一不可。同时，这三者之间还应当是相伴相生、相摩相荡、水乳交融的，不能简单地把它们割裂开来。如果能真正做到这一点，我们的记者何愁笔下写不出具有较强时代感和吸引力的典型人物报道来呢！

（原载《应用写作》2001年第9期）

人物通讯采写的共通性和个性化差异

——对国内几家权威媒体关于张云泉先进事迹报道的解读

所谓人物通讯，一般是指以通讯的形式报道具有新闻价值的人物，反映其行为、事迹和生活，再现其精神境界、人生轨迹和生存状态，从而达到教育启迪或监督批判、警示社会的目的。[①]通俗地说，就是讲述新闻人物真实而感人的故事。2005年3月，一位名叫张云泉的地方信访局局长的先进事迹吸引了众多新闻媒体的目光，从3月19日～3月25日，由40多位记者组成的中央新闻采访团云集江苏泰州，集中对张云泉进行采访报道。随后一篇篇精彩、上乘的人物通讯报道相继在新华社、《人民日报》《光明日报》《中国青年报》和《南方周末》等强势推出，立即在社会上激起强烈的反响。在经过对上述几家知名媒体关于张云泉先进事迹的通讯报道进行了一番详细的比较和解读之后，笔者发现，人物通讯采写方法的共通性和个性化差异特征，在这些优秀的新闻报道中大多得到了具体而生动的印证和体现。同时，这也反映出不同媒体在应对同质化新闻中的各种策略与技巧。

一、人物通讯采写方法的共通性特征

人物通讯采写方法的共通性特征，主要表现在以下几个方面：

其一，现实针对性强。这里所说的针对性关涉通讯报道的主题。著名记者、新华社总编辑南振中在《记者的发现力》一文中强调，记者要“善于发现和表现最

① 刘明华、徐泓、张征：《新闻写作教程》，中国人民大学出版社2002年版，第401页。

能体现时代精神，对人们有较大激励和鼓舞作用的典型人物”。从中我们不难发现，新闻人物的选择必须具备两个条件：一是能体现时代精神，二是对人们有激励和鼓舞作用。也就是说，选择的采写对象如果与当下先进性的时代要求不相吻合或相差甚远，则不能让广大受众产生思想上和情感上的共鸣，也就难以收到以正确的舆论引导人、以高尚的精神塑造人、以先进的思想教育人的社会效果。江苏省泰州市信访局局长张云泉，以一个共产党员对人民利益和党的事业的忠诚，把信访部门作为党和政府直接联系群众的“窗口”，把信访工作与和谐社会建设紧密联系在一起，探索解决人民内部矛盾的新思路、新办法，妥善处理问题，协调利益纷争，为促进社会和谐、稳定做出了积极的贡献。显然，张云泉的先进思想和行为与党在新时期的路线、方针和政策一脉相承，新闻媒体把他作为报道对象而适时推出的长篇人物通讯，正契合了时代性的要求，因此具有很强的现实针对性。

其二，事迹可信度高。先进人物和模范人物在人物通讯题材中占有较大的比重，因而，这类人物的写作具有代表性。长期以来，“为社会树立榜样”是这类题材写作的“经典性”法则，也是人物表现成功与否的根本价值尺度。然而，这一“榜样法则”在人物通讯的报道实践中带来的一些问题却不得不令我们深思：它很容易导致新闻人物表现的真实性产生偏差，使报道的可信度下降，从而弱化甚至消解所期望的报道效果。研究者认为，问题的实质并不在于是否写榜样，而在于怎样写榜样，更本质的问题是：记者怎样界定和理解人物通讯中“榜样”这个概念？怎样写更符合传播规律的人物通讯以及怎样写更有效果？在过去的新闻采写实践中，带有普遍性特征的偏差在于：先验地以某种绝对化、纯粹化、理想化的标准，预制一种理想榜样模式，然后用这种模式来“套”现实中的人物，相当程度上是以简单化的宣传价值取代审美价值，从而给人物通讯的写作带来失真的明显弊端。[①]从上述几家媒体对张云泉先进事迹的报道中，我们不仅看不到带有这种“模式化”“脸谱化”的写作倾向与痕迹，而且记者笔下的主人公和他的事迹是那么鲜活和逼真，文本娓娓讲述的张云泉就像与我们朝夕相处、保持零距离接触的邻居家的大哥或大叔，非常亲切，非常友善，又非常的普普通通。当然，对这些真实事迹的搜集和捕捉是不能仅仅依靠听报告、看材料就能得来的，记者只有深入一线，深入实际进行采访才能挖掘出真实、可感的“血肉”来。参与本次活动采访报道的新华社高级记者张严平和朱旭东的体会是，采访前拿到介绍张云泉的材料时，他们并没有太强烈的“感觉”，因为材料上的事例只是概括性的。他们认

① 黄晓钟：《新闻写作：思考与训练》，四川大学出版社2002年版，第300页。

为，这些年推出的典型人物不少，虽大部分都非常真实而感人，但也有少数存在渲染的成分。带着一丝疑惑，他们在听取张云泉先进事迹汇报会时，除了觉得这个人很自然、不做作外，也还是没有太强烈的感受。不过，这两位经验丰富的记者并没有作罢而是进行了一次"单独行动"，"偷偷"找到几个材料中受过张云泉帮助的群众"突击采访"，一来为了深化素材，二来为了验证事例的真实性。没想到，正是这一次"一竿子插到底"的采访，令张云泉的形象在他们的心目中一下子变得无比鲜活，起初对这个"典型"的问号也逐渐化解了。①因此，在这种状态下采写的报道何愁不真实，受众怎么不感动？

其三，故事情节生动。我国唐代著名诗人白居易曾说过："感人心者，莫先乎情，莫始乎言。"这里把它引用到新闻报道上也是十分妥帖的：这里的"言"可以指新闻报道的文本；"情"就是新闻人物的情感，或称记者诉诸文本而传达出来的情感；"人"就是受众。通讯往往特别强调事件对受众个人的人性化、个人化的人情诱惑力。这种人情的故事有个报道假设：受众会认同被报道的人物或故事。清华大学新闻与传播学院李希光教授认为，新闻记者的核心任务是做好邮递员，准确无误地传送信息。但是，传递信息的新闻报道仅仅是完成了记者的一半工作，另一半工作是在这篇报道里讲一个能渗入读者或听者灵魂的好故事。一篇好的新闻故事化作品需要记者深入到那些往往被社会遗忘的角落去采访，去那些也许被视为所谓边缘文化或亚文化的社区，寻找那些可能对整个社会的未来发展有意义的故事，这些故事很可能是社会发展的某种趋势。②张云泉背后那一串串感人的故事经新闻媒体的大力宣传报道后，一时成为人们津津乐道、广为传颂的热门话题。《人民日报》记者程少华、龚永泉在报道中甚至这样说："说到张云泉对困难群众的情，多少人会记起一个个感人的瞬间，多少人会讲起一段段动人的故事，多少人会流下一行行滚烫的热泪！"③

其四，报道人情味浓。美国哥伦比亚大学新闻学院研究生院终身教授梅尔文·门彻在谈到新闻写作的艺术和人情味时说过：记者的文章是写给读者看，念给听众听的。他们知道，如果他们的报道不清晰，没有趣味，写得不好，那么他们的读者、观众和听众就会转而选择其他的报道。为了吸引、取悦易变的受众，记者开发出许多讲故事的方法——技巧和策略，这些方法能使报道生动、吸引人。为

① 郑春平：《采访张云泉，由感动变成敬佩》，《现代快报》，2005年4月9日A3版。

② 李希光：《畸变的媒体》，复旦大学出版社2003年版，第78页。

③ 程少华、龚永泉：《困难群众的贴心人——记江苏省泰州市信访局长张云泉（中）》，《人民日报》，2005年4月8日第1版。

了确保报道被人们阅读，新闻记者必须以一种呈现个人亲历的戏剧性事件的手法进行报道。新闻记者做到这一点的方法之一是：使用人们常用的词汇讲述故事。记者通过寻找到与事件有关的人，使新闻人格化和戏剧化。人情味是新闻的要素之一。[①]在新闻的采写实践中，记者在开始故事化新闻写作时首先都会思考这个问题：是写人还是写事？研究表明，在讲故事新闻学里，人物高于主题。就像一本小说那样，小说里到处都是人的故事，新闻故事也是通过人的故事传递信息。如果人物故事构思得巧妙，可以在叙述中转换话题，而读者很可能毫无知觉地被故事中的人物牵着鼻子走。此外，高情感的场景描写，而不是低情感的事实堆砌，是一篇激动人心的新闻故事所必需的。[②]在上述几家媒体对张云泉先进事迹的报道中，我们发现，记者通过叙述手段和文本信息把发生在主人公张云泉身上的个个感人至深的故事，戏剧性地呈现在读者面前，并赋予它人格化的魅力，使得这样写出来的新闻报道通篇洋溢着浓郁的人情味。从报道中我们获知，张云泉帮助过的都是些普通群众，无论是满身污秽、身无分文向政府求助一套寿衣的孙玉宝老人，还是父亡母疯且被多次收容遣送的"野丫头"方小娟；无论是无儿无女、年近花甲，流离失所而住在桥洞的盲人夫妇，还是因母亲遭遇人为横祸摔成重伤，且被肇事者恶意拖欠赔偿费而被迫放弃学业走上漫漫上访路的徐宇等，张云泉知情后都会亲自登门看望、慰问，或者在办公室里遇到，都会热情地端上一杯水，及时递上一条热毛巾，无微不至地呵护他们，帮助他们解决燃眉之急。新华社记者张严平和朱旭东的切身感受是，在采访中无时不在感受着张云泉与人民那种血脉相连的情和爱，这样的字眼虽然曾经听得太多，但在张云泉身上都实实在在地存在，力量无穷。[③]

二、人物通讯采写方法的个性化差异特征

同样的报道对象，同样的报道内容，但由于媒体的个性化差异导致推出的相关报道却各有千秋。就参与此次张云泉先进事迹报道的各家新闻媒体来说，新华社、《人民日报》《光明日报》《中国青年报》和《南方周末》等刊发的人物通讯各不相同，这种个性化的差异主要表现在以下几个方面：

其一，提炼的主题不同。主题是记者从新闻事实中提炼出来的一种思想见

① (美)梅尔文·门彻：《新闻报道与写作》(展江主译)，华夏出版社2003年版，第68页。

② 李希光：《畸变的媒体》，复旦大学出版社2003年版，第88页。

③ 郑春平：《采访张云泉，由感动变成敬佩》，《现代快报》，2005年4月9日A3版。

解，是记者凭借事实传递给受众并对之施以影响的一种意念。主题是记者从对材料的分析中确立起来的，它又是对材料所蕴藉的意义和价值的一种独特发现，一种独具慧眼的发掘和提升。[①]然而，主题又具有多元性，同一题材可能产生多个相互并行不悖的主题。记者从不同的认识角度会对同一事物进行多侧面的报道，即同一题材可以写出不同主题的多篇通讯报道，特别是一些重大题材。此外，各家媒体拥有自己的个性以及不同的目标受众，因此记者在报道材料的选择和主题的提炼上往往会有所不同。报道的主题一般可以通过新闻作品的标题反映出来。众所周知，《人民日报》作为党中央的机关报，它的目标受众主要是以党政干部为主，政策性和导向性显著，其最大特色是权威性和严肃性。在张云泉先进事迹的报道中，它连续推出了3篇报道，标题分别为：《信访局长的好榜样》《困难群众的贴心人》《群众工作的行家里手》。从这一组标题我们可以看出，报道的主体是一位模范信访局长，他的工作对象是困难群众，他的工作任务是做好群众工作。尤其是与之配发的3篇评论员文章《先进性教育的生动教材》《迎着老百姓的方向走》和《为和谐社会建设做贡献》，更是将这一主题非常明确地揭示出来。《光明日报》作为一份以高级知识分子为目标受众的国家级媒体，也在一版显著位置连续推出了3篇人物通讯，标题分别为：《洒向人民的深情》《刻在党徽上的忠诚》和《铸就坚定的信念》，与之配发的3篇评论员文章也分别对“深情”“忠诚”和“信念”进行一一对应性解读，即“牢记宗旨，情系百姓”“忠诚事业，无怨无悔”和“提高能力，保持本色”。新华社主要承担向国内各大媒体用户供稿的任务，它的目标受众最复杂，它的报道要满足大众的“口味”，因此被业内人士戏称为“大众情人”。它这次推出的长篇人物通讯的标题是《爱因信仰而璀璨》，文中穿插的小标题分别是：“爱是一种心贴心的情感”“一句‘共产党好’让爱有了最幸福的回报”“无私无畏才能爱得风骨铮铮”“爱需要一种忍辱负重的胸怀”“爱与智慧同辉”和“爱是一种崇高的奉献”。本文作者张严平和朱旭东在谈到这篇报道题目的由来时是这样解释的：“最大的敬佩便来自于他的无私无畏，淡泊名利，爱憎分明。地方信访局长本来可以做得很‘滑头’，但张云泉却恁是‘实打实’地在这个位置上干了整整22年！如果说一开始这么干，还有很多理由可以猜测，如今快退休了还是这么干，只能说明一个问题：张云泉是个为信仰而活着的人。”[②]于是，通讯的主题就这么锁定下来了。

其二，取材的路径不同。由于报道主题的差异导致取材的路径、方法和范围

---

① 丁柏铨：《当代新闻文体写作》，陕西师范大学出版社1998年版，第70页。

② 郑春平：《采访张云泉，由感动变成敬佩》，《现代快报》，2005年4月9日A3版。

有别。随着新闻事业的不断发展，媒体之间的业务竞争也相应加剧，即使是对同一题材进行采访报道，不同媒体也会想方设法从不同角度入手。竞争的压力、媒体生存和发展的压力，都要求记者在采访中尽量挖掘到别人没有发现的角度并深入地调查研究。实践表明，这也是媒体能够成功地推出独家报道而取胜的法宝之一。报道的主题决定材料的选择。就拿《中国青年报》和《南方周末》来说，由于《中国青年报》始终不忘自己为广大青年朋友说话，给全中国亿万青年朋友树立起人生的理想和信念这一办报宗旨，在报道张云泉的先进事迹中，它着重选择并突出报道了张云泉是如何"引导青年干部做好群众工作"的相关内容，报道说："在做群众工作方面，张云泉有很多经验和体会，其中一条是：青年干部要多到一线"；"处在风口浪尖的张云泉，……每次，他都是把安全留给同事和年轻人，把危险留给自己"；"提议让市级机关新提拔的年轻副处级领导干部或局长（主任）助理，到信访部门工作锻炼"[①]等均成为该报的报道重点。《南方周末》一向追求深度报道，融思想性和可读性为一体，走市场化运作的路子。该报版推出题目为《一个信访局长的铁胆柔肠》的整版长篇人物通讯，从标题到文中的几个小标题我们可以看出报道的侧重点，即张云泉工作中"硬"的一面和"柔"的一面。对待困难群众，他心地善良，是个"柔肠局长"；对待"拿老百姓的事不当事的权势者"，他又是一个有名的"铁胆局长"，无私无畏。报道的选材就是围绕这两点展开的。

谁占有第一手资料谁就能写出独家的报道。虽然说信息时代很难有信息垄断意义上的独家新闻，我们一些记者凭借其丰富的采访经验和灵活的采访方法，充分发挥其主观能动性，有时也会有自己略施小计的空间和回旋余地。在这次报道中，我们发现，新华社的两名记者就不满足于看先进事迹材料，听先进事迹报告团的汇报，他们对采访团的集体采访兴趣不大，而是采取了单独的行动，"偷偷"找了几个材料中涉及并受到张云泉帮助过的群众进行"突击采访"。正是这一次"单独行动"，他们意外获取了其他媒体难以取得的一些鲜活的材料。高爱华的事例就是其中之一：普通女工高爱华曾因工作问题铁了心想自杀，后经张云泉苦口婆心的劝阻，终于打消了这个念头，并对张云泉表达这样的倾情"回报"：任何时候，只要需要，我和我的全家，都愿意为张云泉牺牲一切……"[②]这段材料在其他媒体的报道中是找不到的，也正是这段材料让新华社记者感到前所未有的感动和震撼，并"催生"出"爱"这一独特的报道视角和报道主题，进而推出感动中国的长篇

① 戴袁支：《引导青年干部做好群众工作——记江苏泰州市信访局局长张云泉（下）》，《中国青年报》，2005年4月9日第1版。

② 郑春平：《采访张云泉，由感动变成敬佩》，《现代快报》，2005年4月9日A3版。

报道《爱因信仰而璀璨》。

其三，结构的类型不同。通讯结构是指一篇通讯中内容的层次安排和材料的组织方式，是通讯的外在形式。通常所说的“谋篇”“布局”等概念，也就是指结构安排。如果说主题是通讯的“灵魂”，材料是通讯的“血肉”，那么“结构”则是通讯的“骨骼”。考虑和确定好结构，犹如树立一个骨架，“血肉”就有了适当的依附和归属。通讯的结构和样式多种多样，最常见的结构思路是纵式结构和横式结构。一般来说，纵式写作符合事物发生发展的自然状态，有助于清楚表现事物进程的脉络；横式写作能更自主地安排材料，有利于体现记者的报道意图和思想。通过对上述几家媒体关于张云泉事迹的报道的考察，我们发现，各家媒体记者们均不约而同地选择了横式写作的结构形式。不过，在横式结构下分的子结构类型中，各家报纸的报道形式又有所区别，有的选择了故事组合型结构，有的选择了分类组合型结构。故事组合型是横式结构最基本的类型，在人物通讯中采用的频率最高。无论是写个人还是写群像，只要围绕主题及报道思想，选择人物经历的几个最突出的故事，将它们有机组合在一起就能很快成篇。在此次报道中，新华社和《南方周末》就选择了这种写作类型进行采写。新华社的通稿紧紧围绕“爱”这一主题精心挑选了发生在张云泉身上的12个新闻故事进行组合报道。这12个故事分别是：把病重的老人视为父亲，把流浪的小姑娘认作女儿，为失明的老人洗脚，帮绝望的老夫妇新生，为一桩16年的冤案奔波，为一对盲人夫妇的安危向权势者发出警告，多年的信访工作在他身上留下斑斑疮痕，种种发泄在他头上的怨气，用三鞠躬化解千人上访，用敏锐的眼光发现事件背后的问题，曾被误认为是“冒牌局长”，妻子也曾是上访者等。[①]《南方周末》以张云泉的爱心、良心和责任心为主题，用讲故事的方式给这位信访局长画了5幅漫画般的肖像素描：从柔肠局长到铁胆局长，从千手观音到善舞局长，再到冒牌局长，故事性强，趣味性浓。而分类组合型结构则是按照报道对象不同特性的几个表现方面，进行分类组合描述或描绘的结构方式，力求从这些不同方面立体地展现人或事较完整的面貌。此次报道中，《人民日报》《光明日报》和《中国青年报》就选择了这一形式。这三家报纸分类报道的标准主要是：根据张云泉的思想和行为的先进性及其对社会的示范作用来进行划分，《人民日报》和《光明日报》的分类规则在其配发的相关评论员文章中得到非常明确和清晰的表现，此在上文中有关主题部分的分析中已作了阐述，这里就不再赘论。下面仅就《中国青年报》的报道作一简

① 张严平、朱旭东：《爱因信仰而璀璨——记优秀共产党员、泰州市信访局局长张云泉（上、下篇）》，新华社北京2005年4月6、7日电。

要分析：该报把张云泉的先进事迹划分成三类：第一类是坚持群众观点，具体体现在张云泉常说的三句话上，即“群众把我们看作希望，我们绝不能让群众失望”“共产党的干部都应该是人民的儿子”“做人必须像人，当官不可像官”；第二类是善待百姓，具体体现在张云泉的行为举止上，即“为民众安危，他拍案而起”“为社会和谐，他苦口婆心”；第三类是引领青年干部做好信访工作，具体体现在张云泉的工作方法上，即“他把安全让给年轻人”“引导年轻干部学做群众工作”和“寻求化解社会矛盾的有效途径”等。

其四，报道的形式不同。报道的形式往往受多方面的因素制约，比如报纸的性质、报纸的出版周期、媒体的个性以及媒体的目标受众等内在因素和外在因素。《人民日报》和《光明日报》的党报性质，决定了它们必须把政治思想性和舆论导向性作为报道的首要任务。因此，它们在报道形式上采取边述边评的写作方法，均在一版显著位置开辟“时代先锋”专栏，分上、中、下连续三天滚动报道，且每天配发相关主题的本报评论员文章，进一步强化报道的主题，提升报道的水平，扩大报道的影响。新华社则根据媒体用户的需要，在一个主标题《爱因信仰而璀璨》的统率下，分上、下两篇分别在4月6日和7日两次播发通稿，报道采取前述后评的方式，引导受众，每篇报道的篇幅大约占据对开报纸的半个版面，或四开报纸的一个整版。《中国青年报》虽也在一版连续三天推出3篇通讯报道，但报道只述不评，也没有配发相关的评论员文章，秉承用事实说话的新闻话语立场。《南方周末》由于其出版周期为一周，不适合做连续报道，因此就在“人物”版用近一个整版的篇幅推出只有客观报道、没有主观评价的长篇人物通讯，坚持不求面面俱到，但求故事情节丰富、可读性强的审美准则。应该说，上述这些报道形式各异，精彩纷呈，彰显出面对同题、同质新闻事实时，不同媒体各自独特的运作方式，显示出各家媒体在同质化新闻竞争中的不同策略与技巧。

（原载《城市党报研究》2005年第3期）

地方媒体参与报道国内重大事件的策略及其意义

——从《南京晨报》“神六”飞天报道谈起

2005年10月12日至17日，我国“神舟六号”（以下简称“神六”）载人航天飞船从成功发射到顺利回收，无疑是一件牵动十三亿中国人敏感神经的重大事件。在国内，几乎所有的新闻媒体均连续多天开辟专版、专题“聚焦”和追踪报道此事。然而，对于地方新闻媒体来说，面对发生在国内这一重大的新闻事件，如何与国家级媒体一起参与现场的采访与报道？本文试图通过对《南京晨报》关于“神六”飞天报道的理念与实践的解析，来探寻地方新闻媒体在参与国内重大事件报道上的策略及其意义。

地方媒体参与报道国内重大事件的策略

笔者通过对多家地方新闻媒体关于这一议题的考察后认为，《南京晨报》对“神六”飞天全过程的参与报道相当成功，它的操作理念与实践经验告诉我们，地方媒体报道国内重大事件的策略主要表现在以下四个方面：

其一，特派记者在第一时间到第一现场抢发独家新闻。由于国内重大事件在发生时间和地点等客观因素，对地方新闻媒体的采访和报道没有太大的不利因素和太多的限制条件，因此，这时能否先知先觉地或者说果断地派记者前往事件现场进行采访报道，就涉及一家媒体的高层决策者及其从业人员的新闻理念了。因为这已经不是“做到”和“做不到”的事情，而是“想到”和“想不到”的事情。从本次“神六”飞天报道的情况来看，绝大多数地方媒体推出的专版或专题报道，均是“清一色”人云亦云的相同报道，很少能找到本报独家报道的踪影，新闻同质化倾向异常明显。而在这次“神六”飞天报道中，《南京晨报》早在2005年10月6日就特派了刘炎迅、黄益两名记者远赴甘肃酒泉东风航天城作实地采访，见证这一历史时刻的到来；在“神六”两名航天员名单基本确定的时候，该报就迅速派出记者潘瑞锴到费俊龙的家乡江苏昆山阳澄湖畔的巴城镇进行“蹲点”采访；当“神六”即将返回的时候，该报又立即特派记者张风到“神六”主着陆场内蒙古四子王旗进行探访，迎接航天英雄平安归来；同时又特派记者白寒到北京专访有关航天专家，就飞船的回收和下一步我国航天事业的发展计划进行采访。这四路记者均发回了大量的第一手资料，极大地丰富和活跃了报纸的版面内容。

其二，“规定动作”与“自选动作”相结合，加大自采新闻的力度。这里所称的“规定动作”是指为了保证新闻报道内容的权威性和准确性，地方媒体往往选用新华社通稿对某一重大事件进行及时报道；“自选动作”则是指媒体根据自己的报道需要，对新华社记者采访范围以外的相关领域及其内容进行拾遗补阙式的采访报道，以满足本媒体受众的知情权。事实上，地方媒体特派记者去重大事件现场主要是为了完成“自选动作”的特殊报道任务。在“神六”飞天报道期间，《南京晨报》使用新华社通稿主要集中在这样几个特殊而重要的时段，即10月12日“神六”成功发射及其飞天过程，10月13日航天员在轨道舱内进行空间科学实验，10月15日胡锦涛总书记同宇航员天地通话，以及10月17日“神六”按计划顺利返回的相关报道。此举体现了《南京晨报》在“神六”报道中所具有的严明的组织纪律性和高度的政治思想觉悟。此外的大量报道则是该报特派的各路记者从新闻现场发回的独家报道，它们包括记者从酒泉东风航天城发回的《“神六”亮相发射场》《晨报记者百米内与“神六”合影》《宇航员今天将进行大体验　首飞主驾江苏费俊龙可能最大》《为“神六”忙碌的江苏人》《晨报记者揭秘东风航天城》等，另外，还有记者从费俊龙家乡昆山发回的、从内蒙古主着陆场发回的、从北京发回的《“神六”轨道附近有500个太空垃圾》《24小时天气监控为“神六”护航》《我国十到十五年可载人登月》等相关报道，这些报道均为该报记者独自担纲采写的鲜活的第一手材料，弥足珍贵，共同构成了《南京晨报》异彩纷呈、有别于其他同类地方新闻媒体的同源异质报道。

其三，前方记者与后方记者既分工又合作，在本土新闻挖掘上下工夫。由于在重大事件发生时，地方新闻媒体具有先天不足的缺陷，无论人力、物力还是财力都不能与新华社和国家级新闻媒体相媲美。因此，地方新闻媒体要在新闻的选择性上做文章，选择那些与本媒体自身性质和定位相适应的软新闻。本土新闻就应当是地方媒体主攻的对象之一，因为本土新闻一直就是地方新闻媒体天然拥有的一大“富矿”，只有立足地方，办出地方特色，才能显示出地方媒体的独特个性和特殊价值。《南京晨报》本土新闻的采集方式和渠道主要有两种：一种是围绕这一重大的新闻事件在后方就地取材，一种是到新闻现场寻找和挖掘与地方相关的新闻人物、新闻事件进行采访报道。该报从10月9日开始，后方记者就立足南京展开与“神六”飞天事件相关的专题采访报道，相继推出《南京两家企业产品用于“神六”》《南京上市公司为“神六”造设备　晨光造金属软管装上“神六”》《紫台专家“测算”“神六”飞天轨道　追踪“神六”的“千里眼”凝聚南京科学家和科研机构的智慧和心血》等本土新闻。与此同时，赴酒泉东风航天城进行现场采访的特派记者，也在事件现场广泛搜集并采访与江苏和南京有关的新闻事件和新闻人物。这些本土化新闻报道无形中拉近了媒体受众与重大新闻事件之间的心理距离，也让江苏的读者为“神六”的成功飞天倍感自豪和骄傲。

其四，综合相关媒体信息，构建媒体间资源共享、多方联动机制。在重大新闻事件面前，任何一家新闻媒体的力量都是非常有限的，记者的数量有限，记者的能力有限，因而获得的新闻资源也必然是有限的，不可能将所有有价值的信息全都收进自己的“囊中”。所以，媒体间加强新闻资源的互通和共享就显得尤为必要。地方新闻媒体除了共享新华社的通稿外，还可以与异地的新闻媒体在稿源上互通有无，及时弥补自己在采访过程中难以避免的采访“盲区”和报道“空白点”，以便完成对重大事件进行多角度、多方位报道的任务，进而提高报道效果。在此次“神六”飞天报道中，《南京晨报》分别转载和综合了其他一些媒体的相关报道，比如《央视积极准备现场直播》《飞船副着陆场使用启动》《上发射架要看天气变化》等内幕新闻，就是采纳“神六”发射基地媒体《兰州晨报》和《西部商报》的独家披露；在“神六”成功发射的第二天，该报还在专版的显著位置全文转载《人民日报》当天为“神六”飞天所发的权威社论《神六，迈向太空的新起点》；当获悉另一位航天员聂海胜是湖北枣阳市人时，且正值他在太空过41岁的生日，该报就迅速转载了湖北《楚天金报》对聂海胜家乡祝贺其生日的新闻报道《家乡举办热闹非凡生日宴》。显然，这种整合相关媒体信息“为我所用”的办法，是地方新闻媒体弥补自身采写条件先天不足的一种手段、一种策略，同时也说明了新闻媒体之间除了正当的业务竞争外，在信息资源共享方面还存在着相互合作的广阔空间，既是竞争对手，又是合作伙伴。《南京晨报》这一做法正在为媒体间联动机制的建立进行着有益的探索。

地方媒体参与报道国内重大事件的意义

经过对以《南京晨报》为代表的一些地方新闻媒体的考察和分析，笔者认为，地方媒体参与报道国内重大新闻事件主要有以下几个方面的意义：

其一，推出独家新闻报道，有利于彰显媒体个性。在信息时代，虽然任何一家新闻媒体都不可能垄断某种新闻资源，尤其是重大新闻的资源，但性质不同的媒体、定位不同的媒体，只要充分发挥自己的主观能动性，总能寻找、发现和挖掘到适合自己需要的有关信息，这样采写出来的报道可能是别的媒体所疏忽和遗漏的，也可能是别的媒体所不感兴趣的，当然大多又是记者不到事件现场则无法捕捉到和采写到的，而这类报道对于本媒体的受众来说却往往是重要的、新鲜的和感兴趣的，这就是独家新闻。媒体的个性和风格正是通过这一篇篇独家报道逐渐确立和形成的。

其二，参与重大事件报道，有利于打造媒体品牌。当重大新闻事件发生时，地方媒体在力所能及的情况下快速出击，参与采访和报道，可以打造自己的知名度、扩大自己的影响、塑造自己的形象、树立自己的权威性。地方新闻媒体也要有全国眼光乃至全球视野，不能满足于开辟国内国际重要新闻的版面、栏目和播出时段，还要力争让自己的记者尽可能地出现在重大事件的现场作独家报道。《南方周末》作为一家地方媒体，之所以能够拥有全国的知名度和巨大的发行量，与它一向把全国重大事件纳入自己的报道视野密切相关。《深圳特区报》就曾因为独家报道邓小平同志视察深圳的新闻《东方风来满眼春》而一度名噪全国，甚至引起国外新闻界的高度关注，而该报记者陈锡添也因此一跃成为中国新闻界的名人。由此可见，在重大新闻事件面前，媒体通过记者的主动介入并发出自己真实的声音是打造媒体品牌的一个强有力的手段，而无动于衷、无所作为只能让自己坐失良机。

其三，提高新闻报道质量和水平，有利于增强媒体的核心竞争力。时下新闻媒体之间的竞争异常激烈，在市场经济条件下，有竞争是常事，也是好事，竞争有利于媒体在重压中前进，否则就谈不上发展。在国内重大新闻事件的报道中，地方媒体记者如果能够与国家级媒体记者同场竞技，可以从国家级媒体记者身上学到平时难以学到的采访本领，在报道的比较中可以不断提高自己的业务水平。中外大量的媒体实践表明，传媒发展必须遵循的范式之一就是通过采集或整合相关信息资源，形成比较有核心竞争力的内容，然后再凭借这些独特的新闻内容来达到吸引受众的目的。在西方国家，不少成熟的媒体甚至把自己独家采集和掌控的新闻内容作为业务扩张和进行赢利的一种重要手段，即内容授权。“内容为王”一直是西方新闻媒体信奉和恪守的一条发展理念。目前在我国，一些地方新闻媒体要真正实现与国际传媒业“接轨”，还有一段较长的路要走。

其四，特派记者到一线“练兵”，有利于培养高素质的新闻人才。新闻媒体之间的竞争归根到底是新闻人才的竞争，只有拥有一流的新闻采编队伍才能办出一流的新闻媒体。因此，各家媒体在自己的发展战略中都十分重视新闻人才的选拔和培养，把培养“名记者”“名编辑”“名主持人”列入重要的议事日程抓紧抓好，狠抓落实。在培养过程中，除了培养他们扎实的政治素质、理论素质和知识素质外，还要着重培养他们过硬的新闻实战能力，而重大新闻事件现场正是他们“练兵”的最佳“战场”。相对于国家级新闻媒体，地方媒体拥有这种锻炼的机会较少，因此更应紧紧抓住这些难得的机遇，把政治素质高、业务能力强、具有一定发展潜力的新闻记者分期分批地送到一线去，放手让他们去锻炼，开阔他们的视野，磨练他们的意志，丰富他们的新闻实践经验，以便让他们更快地成长为媒体的业务骨干。《南京晨报》这几年在这方面的工作一直开展得很好，本次特派到甘肃酒泉采访“神六”的记者之一黄益，从事记者职业仅4年，就先后参与北京全国“两会”、郑和下西洋600周年、连宋行、东南亚海啸、世界旅游峰会和“神六”飞天等国内外重大题材的报道，如今已成为该报时政要闻部的骨干记者。近几年来，一些崭露头角的新闻记者大多是在非常时期或非常状态中因执行特殊的采访任务而一举成名的。当前，全国新闻媒体正在开展的新闻业务“大练兵”活动，就是为这一理念作了生动而又具体的注解与诠释。

（原载《声屏世界》2006年第4期）

新闻媒体的精品意识、法制意识和合作精神

——从一则关于重庆“井喷”的现场报道说开去

一、研究缘起：重庆“井喷”事故报道

2003年12月23日22时左右，地处重庆市开县高桥镇的川东北气矿一矿井突然发生天然气“井喷”事故，截止到12月30日，共有234人在此次恶性事故中罹难。面对这起严重的突发性灾难事件，新闻媒体的职责和第一反应就应是以最快的速度、以最充分的报道形式，把灾难的详细情况告之受众，以满足社会大众的知情权。就这一点来说，国内的很多新闻媒体确实做到了，还意识到对此次事件不能仅满足于或停留在笼统的、概括式的消息报道上，而是力求用现场报道的形式，以详细的细节描写来凸显这场灾难的真实情状，从而达到传播效果的最大化。然而，在对国内一些主流媒体的考察中，我们发现，少数媒体在报道这一事件的过程中，就操作层面而言却出现了一些不规范的现象，这值得业内人士深思。

首先，让我们来看一篇刊登在安徽省一家颇有知名度和影响力的《新安晚报》上关于此次事故的现场报道片断：“25日下午，记者在距离高桥镇两公里左右的三喜村，就可以听到巨大的海啸般的声音，像飞机起飞时产生的巨大轰鸣声。放眼看去，只见一股黄白色的浓烟弥漫天空，一团巨大的火焰，呼呼地在300平方米左右的一个斜山坡上燃烧。火团高约30米，宽约80米。火团周围几百米的土地都被烧得焦黄。一阵风吹过来，就闻到了一股刺鼻的臭鸡蛋的味道，让人十分难

受。”笔者认为，此段报道中有违反常理的成分。试想，一个站在距离事故现场两公里左右地方的人，“放眼看去”，怎么能看到如此清晰的情景，并作出如此精确的判断：一个300平方米左右的斜山坡、30米高80米宽的火团、被烧得焦黄的土地等。读了这篇报道，笔者的第一反应是怀疑此段文字是记者想象、臆造的产物。出于对新闻的敏感，笔者马上开始搜索此消息的来源，发现此新闻的消息头上赫然标注“据新华社”字样，难道新华社记者能犯如此低劣的错误吗？于是，笔者不厌其烦地查阅了当天的各大报纸，诸如《新民晚报》《文汇报》《扬子晚报》《中国青年报》《北京青年报》《羊城晚报》等，并一一进行核对，结果在所有刊发的新华社通稿上均未能找到此段描述性的报道文字。然而，出乎笔者意料的是，在阅读当天的《中国青年报》相关报道时却发现此段文字原来出自该报，再逐字逐句核实，结果发现《中国青年报》这篇冠以“本报重庆开县12月25日现场报道”字样的独家报道被上述那家报纸在转载时给断章取义了，中间的一段连续报道被掐去了，只选取了它的前后两个部分，并加以简单组合。笔者之所以得出这样的结论，证据来自当天《扬子晚报》相同题材、相同内容的报道，因为《扬子晚报》在这篇题为《“井喷”造成数百人伤亡》的长篇报道文末，醒目地标注了“据新华社、中国青年报”字样，从而给我们提供了佐证材料。这里，我们不妨再来看一看《中国青年报》记者田文生采写的这篇题为《惊心“井喷”大救援》的相关报道：“25日上午9时许，记者前往高桥镇采访”，“车行至距离高桥镇两公里左右的三喜村，记者听到巨大的海啸般的声音，像飞机起飞时产生的巨大轰鸣声。远远的天边，也泛着淡淡的红光，低一些的空中冒着股股白烟，冒烟处明显看得出靠近地面的空气在跳跃，一阵风吹过来，就闻到了一股刺鼻的味道，让人十分难受”。“25日12时17分，记者从后山绕道，前往距事发地最近的现场。”“15分钟以后，我们登上了第一个山头，可以看到现场。记者的心一下绷紧了，放眼看去，只见一股黄白色的浓烟冲上天，伴随着的是闷雷似的声音在山那边回响。但见一团巨大的火焰，呼呼地在300平方米左右的一个斜山坡上燃烧。据介绍，火团高30米，宽80米，火周围几百米的土地都被烧得焦黄，距离火团120米的地方，高高耸立着一个钻井钢架。”两者一比照，可以看出：《中国青年报》记者的所见所闻原来是在事故现场，而不是在两公里之外的地方。笔者认为，上述那家晚报至少犯了两个低级错误：一是不该如此不假思索，想当然地删改新闻，从而闹出了违背生活逻辑的笑话；二是不该打着新华社旗号肆意摘编其他媒体的新闻稿，且不注明出处。当然，在查证中，笔者发现犯如此低级错误的媒体不独《新安晚报》一家，还有广州的一家在全国颇有影响的《羊城晚报》，该报在转摘《中国青年报》的这篇报道时竟然也未注明出处，只在消息头上标注“本报综合新华社报道”字样。

二、研究结论：新闻媒体操作失范与对策

众所周知，面对一起突发性事件，很多媒体尤其是远离事发地的地方新闻媒体，很难在第一时间派出记者前往采访报道，于是，按照惯例大多选择采用新华社通稿或有关国家级媒体的权威报道。这是一种较为有效的报道方式，且无可厚非。但任意摘编其他媒体新闻且不注明出处的做法却不被允许和不受法律保护。就上述两家晚报关于重庆“井喷”事件的这则报道来看，它虽然不影响新闻整体的真实性，却在新闻操作的层面上表现出失范状态，至少有以下三点可以引发我们的思考。

其一，媒体的新闻精品意识显得有所弱化，亟待强化。目前，新闻业界越来越多的人不得不接受这样一种事实，少数新闻媒体及其从业人员在心态上显得较为浮躁，急功近利的思想表现得较为直露。为了追求发行量或收视率，媒体的改革大多局限在形式上，诸如媒体在版式上的“跟风”现象，新闻的同质化倾向等，却很少把精力投放到新闻报道内容的改进上，以致媒体的个性难以树立起来。而这一切与媒体从业人员的业务素质和专业理念有着密切的关系。就《新安晚报》的这则报道来说，虽然编辑处理新闻稿件的时间极为有限，但稍微细心一些还是可以避免这种常识性错误的。在把新闻的时效性放在第一位的同时，还要提高新闻的精品意识。殊不知，检验一家新闻媒体的竞争力最终还是取决于新闻作品本身。

其二，媒体的法制意识显得有些淡薄，亟待加强。法制意识淡薄在行为上具体表现为“侵权”和“违规”。这里所说的“侵权”是指侵犯新闻作品的著作权。因为新闻作品的作者享有《中华人民共和国著作权法》规定的权利，即发表权、署名权、修改权、保护作品完整权、使用权和获得报酬权等。而侵犯新闻作品著作权的行为主要表现为抄袭。抄袭的表现形式又分为两种，一种为直接抄袭，即将他人的作品整篇、整章、整段或稍加改动加以抄袭，变成另外的作品发表；另一种为间接抄袭，即对他人的作品斩头去尾、改头换面，在语句等一些枝节方面进行增减和删改，然后作为另外的作品加以发表。根据这一规定，我们认为《新安晚报》的报道几乎全部摘编了《中国青年报》的报道，因此其行为属于直接抄袭；而《羊城晚报》的那篇题为《井喷现场10万人大疏散》的报道，由5个部分组成，其中前3个部分的内容摘编自《中国青年报》，后两部分摘编自新华社通稿，因此属于间接抄袭。《中国新闻工作者职业道德准则》规定：尊重同行和其他作者的著作权，反对抄

袭、剽窃他人的劳动成果。上述两家晚报擅自使用《中国青年报》的独家报道，显然违反了《中华人民共和国著作权法》和此条规定。

这里所说的“违规”是指违反使用新华社通稿的相关规定。因为按照有关版权规定，消息前一旦标明“本报讯”，这就表示此消息是本报独家采集的新闻，本报对此条消息拥有版权，其他新闻媒体不得任意转载、抄袭。报社在使用通讯社的新闻稿时，必须标明其电头，以示此消息版权属该通讯社所有。对于通讯社的电讯稿，报社无权任意增补更改，但是可以删节，即编辑学上通常所说的“只能加工，不能添料”。上述两家晚报在综合新华社通稿时却糅合了《中国青年报》的报道且未注明，就违反了此项规定，同时也损害了新华社的名誉和形象。

其三，媒体间的精诚合作精神显得有所欠缺，亟待建构。《中国新闻工作者职业道德准则》规定：“新闻界同行之间应建立平等、团结、友爱、互助的关系。提倡互相学习、互相支持，开展正当的业务竞争”。从《中国青年报》这则长篇报道的字里行间我们不难获知，此篇新闻稿是《中国青年报》记者田文生在新闻发生的第一时间，冒着中毒的危险翻山越岭、呕心沥血采写的作品，它的价值和分量从被许多家媒体当天就予以争相转载的事实即可窥见一斑。该报记者田文生在不到一天的时间内完成的这篇长达5 000多字的长篇现场报道实属不易，怎能被其他媒体轻而易举地据为己有了呢？抄袭、剽窃和未经许可的摘编，不能视为“合作”，而应看作是对“合作”机制的一种钝化和挫伤，不仅不具建设性，反而具有破坏性。笔者认为，我们的新闻媒体在给优秀的新闻报道提供展示空间的同时，也要给报道的媒体及其他记者的权利以相应的尊重。在新闻界相互竞争异常激烈的形势下，媒体间精诚合作的意识显得尤为重要。我们提倡良性竞争，反对恶性竞争。作为新闻教育界和研究队伍中的一分子，笔者热忱地希望国内的新闻传媒，在培养“名记者、名编辑、名主持人”的呼唤声中，能够为新闻杰出人才的成长提供一个充分展示才能的平台；在我国加入WTO、实现全球一体化的背景下，面对海外媒体对国内市场的虎视眈眈，能够积极地为我国新闻界打造更多的新闻“巨人”多出一份力。因为当下中国不缺少传媒，缺少的是走在世界新闻前列充当领航员的传媒“旗舰”。

（原载《采写编》2004年第4期）

后　记

之所以把这本书的主书名取名为《对话新闻》，是因为受到美国《纽约时报》编辑方针的启发。大约从21世纪初开始，该报把自己的办报宗旨或者说编辑方针，由原来的"All the News That's Fit to Print"(刊登所有适宜刊载的新闻)，替换为现在的"It's All about the Conversation"(所有的一切都是关于对话)。我的理解是，"对话"可能更准确地表达出新闻媒体、记者和新闻之间的主客关系和互动关系。

《对话新闻：新闻采写理论与实践》是一本新闻作品汇选集，其中包括新闻采写作品和新闻研究作品两类。我这一生主要经历了两个单位、扮演了两个角色：一个是把我塑造成职业新闻教师的安徽师范大学，一个是给我人生涂抹点亮色、圆我新闻记者梦的新安晚报社。担任记者编辑工作虽然只有两个年头，但它在我的记忆中却是刻骨铭心、永生难忘的。从1997年那个隆冬的季节开始，宝贝女儿尚不到半岁，芜湖长江大桥也未通车，每个周初和周末都要在芜湖和合肥两座城市之间辛苦地来回穿梭与奔波。时空切换在不知疲倦为何物的年龄，新闻的获得感和成就感弥漫着、充盈着我的人生时空，对新闻的激情和敬畏让我一时忘却物质上和身体上的付出。在我的印象中，芜湖和合肥之间经过的每一个道口、每一座桥梁及其所耗费的时间均能精确到分钟来把控；在安徽日报老报社的二楼，经过一段长长的过道迈入简陋的新闻采编大厅时，总能见到总编辑钱玉岁老先生那高大、瘦削的身影，不时听到他那洪钟般的声音穿墙而过；骑上自行车穿行在合肥林林总总的省级单位、市级单位和普通百姓简陋的小家之间，与高官、与达人、与普通市民进行着心灵的对话和沟通；与光清、家濂以及大报的邦坤等几位兄长般的主任记者一起，出没在各种新闻现场，一番喧嚣过后随意在街头巷尾找个小吃店把肚子填饱；每当完成一天的采写任务从编辑部回到中国科学技术大学附近临时租住的小屋里，夜深人静之际，与华睿、从慎两位同道在那里海阔天空般地海侃……如今，这一切都变成了一个个记忆的碎片，偶尔在我的人生天幕上一闪即过，划出一道道光亮的痕迹。

本书收录的大多是我在《新安晚报》工作期间采写的新闻作品和在国内一些报刊陆续发表的新闻作品。这些报刊主要有：国家级的《光明日报》《中国政协报》《新闻出版报》《中国体育报》，省级的《安徽日报》《扬子晚报》《华东信息日报》《安徽青年报》《安徽法制报》《安徽教育报》《安徽工人报》《体育信使报》《安徽老年报》《文摘周刊》，地市级的《芜湖日报》《大江晚报》《皖江商报》《皖江晚报》《黄山日报》《颍州晚报》，以及新华社的《经济世界》《开放》、北京的《法制与新闻》《中国教工》、海南的《新世纪》、安徽的《法制导刊》《安徽工运》《廉政风云》等。这里需要说明的是，一些采访和写作是在当时的语境下完成的，因此仍保留它们的历史原貌和原始记录，基本未作大的修改。

书中的新闻研究作品主要是遴选了与新闻采写实践相关的业务性论文，其中既有一般性的研究文章，也有针对安徽新闻奖和芜湖新闻奖获奖作品进行评论和分析的文章。此外，还收入应约接受新闻媒体采访的访问录，或评价某个新闻策划，或点评某系列新闻报道，或就某个热点事件表达自己的观点等。这些新闻媒体主要包括《中国社会科学报》《南方日报》《东方今报》《安徽日报》《新安晚报》《合肥日报》《大江晚报》等。事实上，这是以不同的形式与新闻媒体进行深入而广泛的“对话”。

这些年来，一直有将这些散落在各个报刊的新闻作品遴选汇编成册的念头，只是“人在江湖，身不由己”，经常被一些事务缠身，难以脱身。此次恰逢部校共建新闻学院的契机，我便把2016级新闻传播学术硕士和专业硕士的研究生们召集到一起，帮我把这些零散的、泛黄的新闻纸质作品一一输入电脑，建成电子文档，按时交给出版社。因此，这里特别要感谢部校共建新闻学院，感谢安徽师范大学出版社，感谢这帮可爱的同学们，尤其是远在《西藏日报》当记者的2013级汪纯、在浙江嘉兴学院南湖学院新闻系任教的2014级夏琪和在安徽人民广播电台当记者的2015级吴义务三位研究生，他们在2017年春节期间放弃休息时间帮我一字一句地校对书稿，让我深感荣幸和温暖。

从《京华时报》休刊，到《东方早报》转型，在纸媒市场，刚刚逝去的这个冬天多少令传统媒体人感到寒意阵阵。在新媒体时代，但愿此书能给始终热爱新闻的人们送上一丝暖意，让我们以新闻的名义抱团取暖，彼此慰藉。

沈正赋

2017年10月8日